So geht Vermögensaufbau an der Börse

Uwe Lang

Uwe Lang

So geht

Vermögens-aufbau

an der Börse

Börsenbuchverlag

Gestaltung Cover: Maja Hempfling
Gestaltung, Satz und Herstellung: Anna Lena Schramm
Vorlektorat: Elke Sabat
Korrektorat: Sabine Runge
Druck: CPI books GmbH, Leck, Germany

ISBN 978-3-68932-030-0

Bibliografische Information der Deutschen Nationalbibliothek:
Die Deutsche Nationalbibliothek verzeichnet diese Publikation in der Deutschen Nationalbibliografie; detaillierte bibliografische Daten sind im Internet über <http://dnb.d-nb.de> abrufbar.

BÖRSEN MEDIEN
AKTIENGESELLSCHAFT

Postfach 1449 • 95305 Kulmbach
Tel: +49 9221 9051-0 • Fax: +49 9221 9051-4444
E-Mail: info@plassen-buchverlage.de
www.plassen.de
www.facebook.com/plassenverlag
www.instagram.com/plassen_buchverlage

Inhalt

Einleitung

Wie dringend der Bedarf an einer Beratung für die finanzielle Altersvorsorge ist, wurde mir bewusst, als *DER SPIEGEL* im Juni 2024 dem Thema gleich eine ganze Titelgeschichte widmete. Ich war überrascht. Denn obwohl ich im selben Jahr an meinem Wohnort mehrmals kostenlose Informationsveranstaltungen über eine effektive Altersvorsorge und bei Bedarf auch Einzelberatungen angeboten hatte, schien das Interesse nicht besonders groß. Vermutlich scheuen sich die meisten Menschen, in einer kleinen Gemeinde andere wissen zu lassen, dass sie in dieser Hinsicht Beratungsbedarf haben. Vor allem Männer haben häufig den Ehrgeiz, zu zeigen, dass sie auf diesem Gebiet schon alles wissen, was nötig ist. Hinzu kam wohl auch noch, dass die meisten Menschen glauben, was nichts koste, sei auch nichts wert.

Dabei hat sich herausgestellt, dass in der Tat für immer mehr Menschen die gesetzliche Rente für die Altersvorsorge nicht reicht. Ergänzungen wie Riester- und Rürup-Rente beziehungsweise private Lebensversicherungen sind aber für die meisten Menschen nicht geeignet, weil sie zu wenig Rendite abwerfen.

Ein neuer Vorschlag ist nun die „Aktienrente", nachdem bekanntlich der Aktienmarkt meistens sehr gute Renditen erzielt. Und das sollte doch den künftigen Rentnern zugutekommen. In Schweden hat man damit gute Erfahrungen gemacht. Die Beiträge der Arbeitnehmer werden dort am internationalen Aktienmarkt angelegt – und zwar, ohne dass die Versicherungen und Banken damit Profit machen können, wie es bei Lebensversicherungen, Riester- und Rürup-Renten der Fall ist. Dennoch wird sich die Aktienrente in Deutschland nicht so schnell durchsetzen. Sie wird kritisiert, weil dies mithilfe eines großen Kapitalstocks geschehen soll, der bis zum Jahr 2035 aufgebaut wird. Dafür muss sich der Bund verschulden und Geld am Kapitalmarkt aufnehmen.

Egal, wie es mit der gesetzlichen Rente und deren Ausgestaltung weitergehen wird: Die Idee der Aktienrente ist grundsätzlich gut. Allerdings muss sich im Moment noch jeder Bürger selbst darum kümmern, wie das persönlich gestaltet sein soll. Wir müssen selbst Aktien kaufen! Und wir müssen dabei unabhängig werden von „Beratern" aus der Finanzwelt, die bei ihren Hinweisen großenteils Eigeninteressen verfolgen. Aber dazu bedarf es einiger Informationen, die dieses Buch liefern soll.

Die verwendeten Abbildungen in diesem Buch beruhen vor allem bei den Aktiencharts auf dem Programm „TAI-PAN 21" des Verlagshauses Lenz + Partner, dem ich hiermit herzlichen Dank sage.

Kapitel 1

Vorsorgemöglichkeiten und Zukunftsängste

Fehler bei der Altersvorsorge

Gerade bei der Altersvorsorge werden zahlreiche Fehler gemacht, die sich nur noch schwer korrigieren lassen. Nehmen wir ein konkretes Beispiel, das sich in meinem Bekanntenkreis tatsächlich so zugetragen hat. Eine Pensionärin, 75 Jahre alt, wohnt jetzt in einem Seniorenheim und hatte durch den Verkauf ihres Hauses rund 300.000 Euro zur Verfügung. Zusätzlich zu ihrer Rente benötigt sie monatlich noch rund 1.000 Euro, um ihren bisherigen Lebensstandard zu halten. Sie überlegte nun, ob sie 200.000 Euro ihres Kapitals entweder am Aktienmarkt anlegen oder lieber in eine lebenslange monatliche Festrente von 726 Euro investieren sollte, die ihr eine Versicherung anbot. Die restlichen 100.000 Euro wollte sie zur Sicherheit auf ein Sparbuch legen, um flexibel zu bleiben.

Die Versicherung rechnet so: Eine 75-jährige Frau hat eine durchschnittliche Lebenserwartung von 13,11 Jahren. Bei einer monatlichen Auszahlung von 726 Euro kostet das die Versicherung 114.214 Euro. Aber sie kann mit den 200.000 Euro in diesen Jahren gut wirtschaften. In sicheren Aktien angelegt (fünf Prozent Dividendenrendite im Durchschnitt), werden aus den 200.000 Euro in 13 Jahren 377.000 Euro.

Abb. 1.1 Entwicklung von 200.000 Euro in 13 Jahren

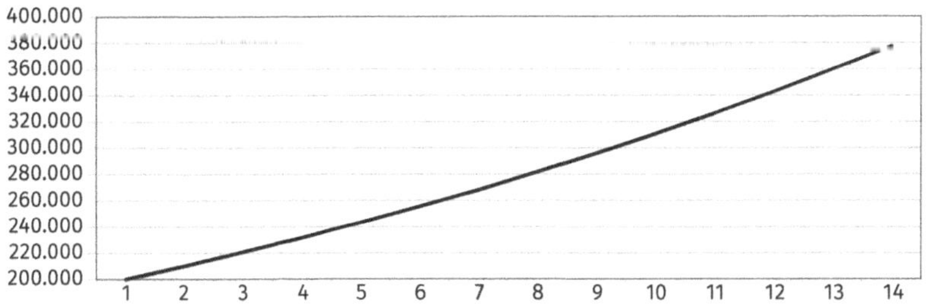

Wie sich 200.000 Euro bei fünf Prozent Dividendenrendite in 13 Jahren entwickeln.

Abzüglich der ausbezahlten 114.214 Euro verbleiben dann 262.786 Euro Gewinn. Selbst wenn die Pensionärin 105 Jahre alt wird, kostet das die Versicherung nur 261.360 Euro. Die Versicherungsgesellschaft hat dann aber in 30 Jahren aus 200.000 Euro allein mit fünf Prozent Dividendenrendite 864.380 Euro gemacht, ganz abgesehen davon, dass sich die Aktien bis dahin mit ziemlicher Sicherheit im Kurs mehr als verdoppelt haben werden.

Abb. 1.2 Entwicklung von 200.000 Euro in 30 Jahren

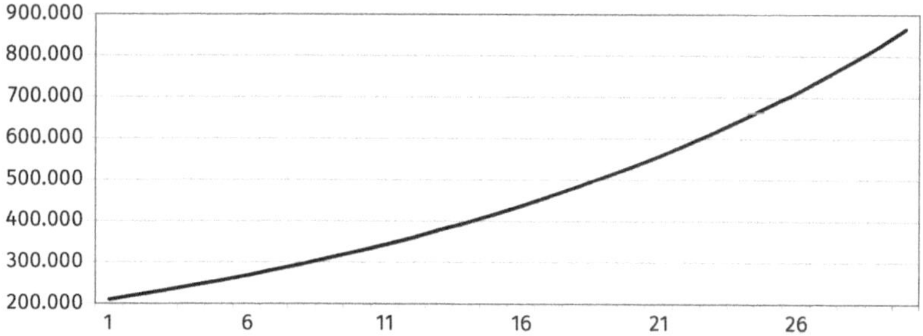

In 30 Jahren werden bei fünf Prozent Dividendenrendite aus 200.000 Euro fast 900.000 Euro.

Ein großartiges Geschäft für die Versicherung! Und für die Pensionärin? Ihre 200.000 Euro sind für immer weg! Käme es zum Beispiel zu einer höheren Geldentwertung, sodass sich innerhalb von zehn Jahren die Heimkosten verdoppeln und sich auch die Preise für Lebensmittel und Reisen stark verteuern, bliebe sie immer auf den monatlichen 726 Euro sitzen.

Ja, leider hat sie das so gemacht! Sie gab die 200.000 Euro der Versicherung, legte aber auf meinen Rat hin wenigstens die restlichen 100.000 Euro in Aktien an und nicht aufs Sparbuch, wo es so gut wie keine Zinsen gibt.

Vernünftiger wäre es gewesen, wenn sie selbst die 200.000 Euro in Aktien zu fünf Prozent Dividendenrendite angelegt hätte und 100.000 Euro zur Sicherheit auf ein Sparbuch. Ihren monatlichen Bedarf von

1.000 Euro hätte sie sogar durch 100.000 Euro auf dem Sparbuch acht Jahre lang abdecken können. Mit ihren Aktien hätte sie in diesen acht Jahren zusätzlich 95.400 Euro erwirtschaftet, und zwar allein mithilfe der fünf Prozent Dividendenrendite. Die Schwankungen am Aktienmarkt konnten ihr gleichgültig sein. Für Anleger mit geringem Einkommen entfällt ja auch die Quellensteuer. Und für Notfälle besäße sie immer noch ihr Aktienpaket, das vermutlich langfristig im Wert steigt, wie es bisher fast immer der Fall war.

Kurzum: Die beste Geldanlage sind im Prinzip Aktien. Es hat seine Gründe, wenn ich gerade als Pfarrer und Seelsorger in einer Zeit, in der so viele über die „Aktienbesitzer“ lästern, darauf hinweise und erkläre, wann Aktienkäufe genau richtig sind und wann man es lieber bleiben lassen sollte. Es gibt so viele Ratschläge. Manche sind brauchbar, andere weniger. Nach der Lektüre dieses Buchs wissen auch Sie, was davon zu halten ist.

Zwar können Dividenden in schweren Wirtschaftskrisen auch mal ausfallen. Aber selbst wenn das passieren sollte: Im Laufe der Zeit passen sie sich bei besseren Konjunkturaussichten auch wieder den Gegebenheiten an. Man darf als Anleger nur nicht den Fehler machen, stur an „Pleite-Aktien“ festzuhalten. Die wichtigste Kennzahl für die Qualität von Aktien ist die „Relative Stärke“. In diesem Buch wird gezeigt, wie wichtig es ist, stets nur Aktien zu halten, die von ihrer Relativen Stärke her zumindest „guter Durchschnitt“ sind.

Wenn jetzt häufig von manchen Börsenbeobachtern davon gesprochen wird, dass die „fetten Jahre“ endgültig vorbei seien und wir unseren Lebensstandard aus diesem Grund im kommenden Jahrzehnt stark einschränken müssten, dann ist das Unsinn. Natürlich gibt es gute Gründe, weniger umweltschädlich zu reisen oder weniger Fleisch zu essen. Dies aber aus Vernunftgründen und nicht, weil man sich einschränken müsste. Negative Stimmungslagen gab es auch 1975, 1982, 1998, 2003 und 2009, und alle diese Krisen hat der Aktienmarkt überwunden. Und das wird auch künftig so sein.

Neben Aktien sind auch Anleihen und Gold gute Möglichkeiten, in Krisenjahren sein Vermögen abzusichern. Die Zeit der Negativzinsen ist vorbei und Gold hat seinen Wert seit Jahrtausenden beibehalten. Aber auch hier gibt es wichtige Regeln, die zu beachten sind und die in diesem Buch erklärt werden.

Riester-Renten, Rürup-Renten, Kapitallebensversicherungen

Die Bundesregierungen haben sich ja so manches einfallen lassen, um die Rente aufzubessern. Da gibt es zum Beispiel die Riester- oder die Rürup-Rente. Diese waren zwar gut gemeint, aber die Ergebnisse sind sehr mager. Und das liegt einfach daran, dass der Staat die nähere Ausgestaltung den Banken und Versicherungen überlassen hat, die daran kräftig mitverdienen wollen. Es gibt zum Beispiel 22 Varianten der Riester-Rente. Sie erzielen jedoch im Durchschnitt nur eine Rendite von 0,8 Prozent, die Rürup-Renten (89 verschiedene Angebote) erreichen im Durchschnitt zumindest ein Prozent. Über zwei Prozent schafften es gerade zwei Angebote der Rürup-Rente, von den Riester-Renten schafft es keine. Der Hauptfehler: Die Versicherer, die die Produkte konstruiert haben, haben (vielleicht absichtlich) mit zu hohen Lebenserwartungen gerechnet. Das hat die Rendite gedrückt. Und die Förderregeln, die sich nach der Zahl der Kinder und nach dem Einkommen richten, sind viel zu kompliziert. Typisch deutsche Bürokratie!

Dass sich auch Kapitallebensversicherungen nicht rechnen, hat sich inzwischen wohl herumgesprochen. In jährliche Rendite umgerechnet sind sie die schlechteste Geldanlage überhaupt! Wenn Sie Ihre Familie im Todesfall absichern wollen, dann tun Sie es, aber vermengen Sie nicht Risikoabsicherung mit Geldanlage!

Sind Immobilien eine Alternative zum Aktienmarkt?

Anleger, denen die Schwankungen des Aktienmarktes zu heftig sind, fragen sich, ob es nicht ratsam sei, am Immobilienmarkt einzusteigen.

Wenn Sie die Absicht haben, in einer selbst genutzten Immobilie zu wohnen, ist das immer sinnvoll, zumal bei den im historischen Vergleich noch niedrigen Zinsen. Sie haben hoffentlich aber nicht vor, eine Immobilie zu kaufen und dann nur zu vermieten? Dazu müssen Sie sich gut auskennen, denn es macht Arbeit, Unkosten und vielleicht auch noch Ärger.

Von offenen und geschlossenen Immobilienfonds rate ich ebenfalls ab. In der Finanzkrise 2007/08 kamen die offenen Immobilienfonds in Bedrängnis, weil zu viele Anleger gleichzeitig ihr Geld abzogen. In der Folge wurden die meisten Fonds jahrelang geschlossen. Und geschlossene Immobilienfonds sind völlig unflexibel. Ihr Geld ist jahrzehntelang gebunden und Sie zahlen hohe Gebühren.

Einfacher hätten Sie es da mit Immobilienaktien. Diese können Sie täglich kaufen und verkaufen. Schauen Sie sich aber genau an, wie diese Unternehmen mit ihren Mietern umgehen! Die Unterschiede sind beachtlich. Einige der Unternehmen sind auch hoch verschuldet. Außerdem sind die Immobilienpreise vor einiger Zeit so stark gestiegen, dass momentan kaum Spielraum nach oben besteht. Die zunehmende Verbreitung von Homeoffice und Versandhandel haben zudem Gewerbeimmobilien unattraktiver gemacht.

Die Argumente der Crash-Propheten

Es ist noch gar nicht so lange her, dass es einige Unheilspropheten geschafft haben, Tausende Anleger mit Crash-Theorien zu verunsichern und es sogar zu einer Besprechung im *SPIEGEL* (Nr. 48/2019, Seite 59 ff.) zu bringen. Besonders Marc Friedrich und Matthias Weik haben schon seit dem Jahr 2012, vier Jahre nach der letzten Finanzkrise, permanent mit Büchern und Vorträgen vor einem Crash gewarnt, der um ein Vielfaches verheerender sein würde als der Kurssturz im Jahr 2008. Hinzugesellt hat sich dann auch Max Otte mit dem Buch „Weltsystemcrash", wobei er sich nicht mehr so genau festlegen mochte wie noch Anfang 2018, als er behauptete, die Börse werde noch in Donald Trumps erster Amtszeit (also bis Dezember 2020) zusammenbrechen. Friedrich und Weik legten sich fest, dass das Unheil bis spätestens 2023 die gesamte Gesellschaft erreichen werde. Alle diese Befürchtungen haben sich nunmehr in Luft aufgelöst.

Viele Anrufer in meinen Sprechstunden waren der Meinung, man müsse sich doch mit den Argumenten der Crash-Propheten auseinandersetzen. Nun, wenn es denn wirklich „Argumente" wären! Aber im Grunde handelt es sich vor allem um wirre Verschwörungstheorien, mit denen die Crash-Propheten ihre Anhänger ködern. Da heißt es zum Beispiel, Komiker regierten das Land. Oder die Europäische Zentralbank wolle das Bargeld abschaffen. Dazu sei aber doch der Hinweis gestattet, dass ähnliche Untergangspropheten bereits seit Beginn der 1970er-Jahre ihr Unwesen treiben. Sie prophezeien seither immer wieder neu den völligen Zusammenbruch unseres Wirtschaftssystems. Vor 16 Jahren bekam ich angesichts der damaligen Finanzkrise folgendes Schreiben:

„Glauben Sie wirklich und immer noch, dass dieses charakterlose, korrupte, kriminelle und von Gier zerfressene Finanzsystem mittelfristig überleben kann? Jetzt werden die Staaten wohl in den Staatsbankrott und schließlich in die Währungsreform getrieben werden und wir werden den Zusammenbruch der größten Industrienationen erleben. Wünschen wir uns Gottes Schutz und Bewahrung; wir werden es dringend brauchen!"

Ich kann diese Äußerung nicht nur angesichts der damaligen Ereignisse gut nachvollziehen. Auch der Cum-Ex-Skandal, als Anleger mithilfe gewiefter Geldexperten Staat und Steuerzahler um viele Milliarden Euro betrogen haben, zeigt ja die Richtigkeit dieser Kritik an unserem Wirtschaftssystem. Trotzdem teile ich nicht die Ansicht, dass es am Ende ist und wir vor einem finanziellen Zusammenbruch stehen. Wir müssen jedoch immer wieder neu dazulernen und Missstände beseitigen, anders geht es nicht.

Übertreibungen werden von der Börse immer wieder korrigiert, aber von abstrusen Verschwörungstheorien lässt sie sich nicht beeindrucken. Schon die letzten 200 Jahre haben gezeigt: Unternehmensbeteiligungen blieben insgesamt als Sachwerte langfristig immer im Aufwärtstrend!

Abb. 1.3 Weltindex seit 1970 in Punkten

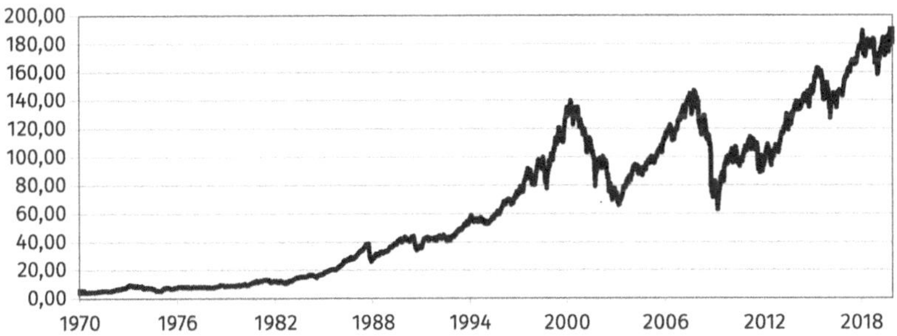

Trotz erheblicher Schwankungen stiegen die Aktienkurse in 50 Jahren kräftig.

Bedroht die weltweite Verschuldung die Börse?

Ein Argument der Crash-Propheten beruht auf der Annahme, dass die Staatsschulden immer uneinbringlicher werden und daher zwangsläufig zu Währungsreformen führen. Diese Meinung ist zwar populär, lässt aber volkswirtschaftlichen Sachverstand vermissen. Staaten und Unternehmen können und müssen immer dann Fremdkapital aufnehmen, wenn die Kosten des Fremdkapitals geringer sind als die daraus resultierenden Gewinne. Wir werden darauf noch näher eingehen. Zunächst nur so viel: Unternehmen sind derzeit eher zögerlich mit

Investitionen, trotz niedrigerer Zinsen als vor 50 Jahren. Für das, was sie im Moment vorhaben, reicht ihnen großenteils ihr Eigenkapital.

Staaten müssen ebenfalls mit Fremdkapital arbeiten, wenn das Wirtschaftswachstum angekurbelt werden muss, damit entsprechend neue Arbeitsplätze entstehen. Außerdem wird den Anlegern Gelegenheit gegeben, ihr Kapital verzinslich anzulegen, statt es zu horten. Es ist ja genügend Kapital vorhanden, nur will es niemand haben. Inflationär wirkt Staatsverschuldung nur dann, wenn sie schneller ansteigt als das Kapitalvermögen der Staatsbürger insgesamt. Das ist jedenfalls momentan nicht der Fall. Die Inflation ist im Vergleich zu den 1970er-Jahren mit rund zwei Prozent noch niedrig, die Investitionsbereitschaft der Staaten auch. Man ist stolz auf eine „schwarze Null", statt in die Infrastruktur zu investieren.

Sind die Banken „Krisengewinner" und halten „Zombiefirmen" künstlich am Leben?

Ein Vorwurf der Crash-Propheten lautet, die Banken und Versicherungen würden durch staatliche Geldvermehrung immer wieder vor der Pleite gerettet. Die Vorgänge während der Finanzkrise 2007/08 legen diese Auffassung nahe. Doch gerade diese Krise hat gezeigt, dass auch gefährlich scheinende Krisen durch internationale Zusammenarbeit bewältigt werden können. Nicht die Banken sind damals gerettet worden, sondern die Sparer, die ihr Geld den Banken anvertraut hatten. Ja, manche Banken waren zum Teil arglos mit den ihnen anvertrauten Geldern umgegangen und hatten teils windige US-Hypotheken und hoch verschuldete Staaten unterstützt. Es stimmt, dass die Zentralbanken durch Garantien die Liquidität der Banken aufrechterhielten und damit die Sparer und den Wert ihrer Anlagen gerettet haben. Wäre das nicht geschehen, wären tatsächlich viele mittelständische Firmen pleitegegangen. Die Behauptung, die Rettung hätte den

Steuerzahler viel Geld gekostet, ist jedoch falsch. Wenn sich Staaten an Banken vorübergehend beteiligt hatten – der deutsche Staat zum Beispiel an der Commerzbank –, dann zu Minipreisen. Mit Gewinn konnten und können diese Beteiligungen wieder veräußert werden. Bei der Rettung Griechenlands in den Jahren 2012 bis 2015 hat zum Beispiel der deutsche Staat sogar Gewinn gemacht.

Wie wenig hingegen die Banken zu „Krisengewinnern“ wurden, mag man an den Kursen der Deutschen Bank, der Commerzbank und der Schweizer UBS von 2007 bis 2019 ablesen. Sie waren „Krisenverlierer“!

Abb. 1.4 Deutsche Bank in Euro | WKN 514000

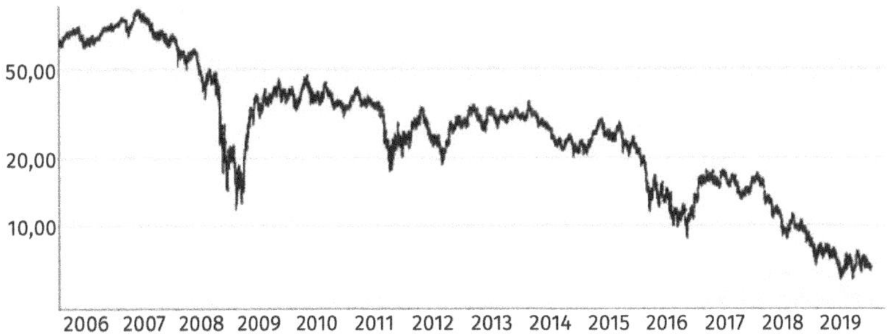

Von 2007 bis 2019 fiel der Kurs der Deutschen Bank von 90 auf 6,50 Euro. ©Tai-Pan

Abb. 1.5 Commerzbank in Euro | WKN CBK100

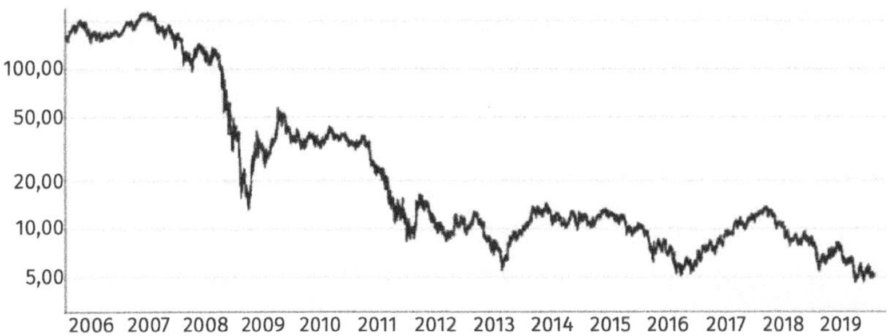

Von 2007 bis 2019 fiel der Kurs der Commerzbank von 200 auf 5 Euro. ©Tai-Pan

Abb. 1.6 UBS Group in Schweizer Franken | WKN A12DFH

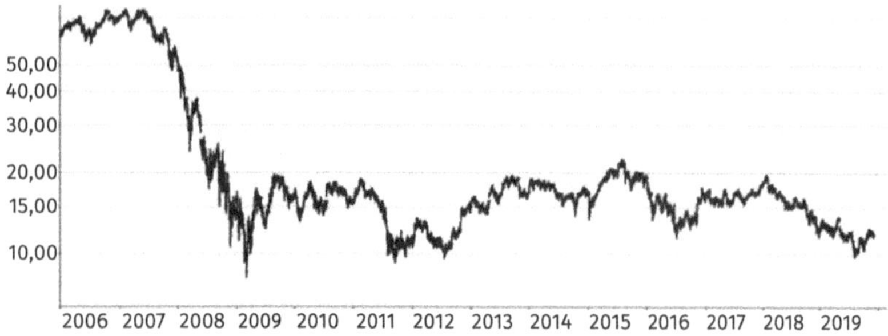

Von 2007 bis 2019 fiel der Kurs der UBS von 75 auf 12 Schweizer Franken. ©Tai-Pan

Seit 2007 sind die Anforderungen an die Banken unter anderem durch die Einführung von „Stresstests" stetig gestiegen, um bei künftigen Krisen auch ohne staatliche Hilfe und ohne Hilfe der Zentralbanken überleben zu können. Riskante Engagements wie das Investmentbanking wurden kräftig beschnitten. Deutsche Bank, Commerzbank und UBS mussten sich völlig neu ausrichten!

Nun wird immer wieder behauptet, Banken und vor allem sogenannte „Zombiefirmen" seien nur durch die Negativzinsen am Leben erhalten worden. In Wirklichkeit seien sie pleite. Das ist völliger Unsinn! Unrentable Unternehmen bekommen von Banken zu diesen niedrigen Zinsen gar kein Geld. Die Banken sind sehr vorsichtig geworden, nicht zuletzt aufgrund der „Stresstests", mit denen geprüft wird, ob die Banken über genügend Eigenkapital verfügen.

Ja, die Niedrigzinsen der Zentralbanken haben manchen Unternehmen und auch Banken Zeit zur Konsolidierung gegeben, was ihnen auch geholfen hat. Aber die Hauptursache der Niedrigzinsen war nicht die Politik der Zentralbanken, sondern die mangelnde Investitionsbereitschaft von Unternehmen und Staaten, die neue Schulden mieden und ihr Geld zusammenhielten.

Seit 50 Jahren empfehlen die Crash-Propheten den Anlegern, in Gold, Silber, Grundstücke, Wald und Streuobstwiesen zu investieren. Dabei lassen sie Aktiengesellschaften als Sachwerte wohl deshalb nicht gelten, weil diese ihrer Meinung nach zum großen Teil pleitegehen werden und daher als Anlagewert zu unsicher seien. Sie sprechen gern von einem „Kollaps der Systeme, der alles mit sich reißt". Aber das ist völlig aus der Luft gegriffen. Im Übrigen widersprechen sich die Crash-Propheten ständig, wenn sie einerseits eine tiefe Deflation wie 1930 bis 1932 mit 20 Prozent Arbeitslosen heraufbeschwören, andererseits gleichzeitig eine Hyperinflation wie in Deutschland 1923 erwarten, dazu eine neue Flüchtlingskrise, schlimmer als 2015, und einen Zusammenbruch der Banken, was angeblich nur eine Frage der Zeit sei. Ja, was nun eigentlich?

Offenbar geht es den Crash-Propheten gar nicht mehr um eine logische Erklärung der Abfolge, sondern nur um Panikmache, wozu jedes Ereignis der Vergangenheit zur Illustration recht ist, und das ohne jeden Zusammenhang.

Wird die Eurowährung auseinanderbrechen?

Die Gemeinschaftswährung Euro hat sich marktwirtschaftlich glänzend bewährt und verhindert, dass europäische Länder wie Italien nicht konkurrenzfähige Unternehmen durch Abwertung ihrer Währung künstlich am Leben erhalten. Die Gemeinschaftswährung in einem großen Teil Europas erleichtert Importe und Exporte und beseitigt viele bürokratische Hürden. Die Einführung des Euro war dringend nötig, um mit Amerika und Asien mithalten zu können. Eine Abkehr vom Euro und der erneute Rückfall in wirtschaftliche Kleinstaaterei hätte schlimme Auswirkungen.

Abb. 1.7 Euro in US-Dollar | WKN 965642

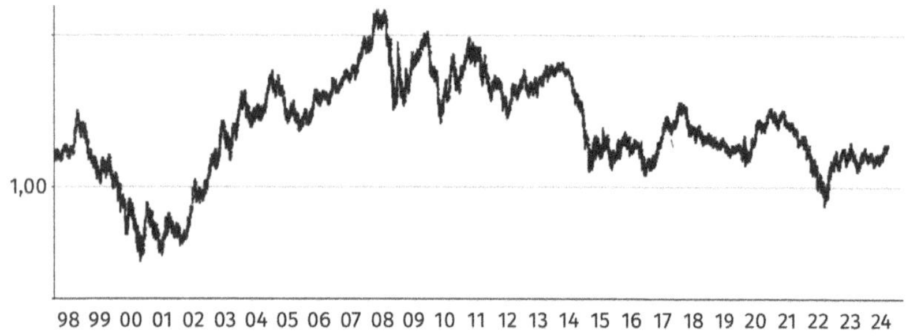

Der Euro hat sich seit seiner Einführung zum Dollar gut behauptet.

In der obigen Grafik sehen Sie die Entwicklung des Euro zum Dollar seit 1998. In der Hightech-Krise 1999 bis 2002 ging es abwärts. Dann war er bis zum Jahr 2008 überbewertet, kam danach wegen der Kapitalknappheit in Südeuropa ins Gerede und notiert im Moment wohl bei seiner tatsächlichen Kaufkraft. Freilich ist der Kurs des Euro zum Dollar auch immer von politischen Gegebenheiten und von der Einigkeit der Europäer abhängig.

Dem Euro droht vor allem dann Gefahr, wenn einige europäische Länder Eigeninteressen über das große Ganze stellen und Europa sich damit gegenseitig aller Chancen beraubt.

Angst vor dem finanziellen Abstieg

Wenn derzeit so viele Anleger den Crash-Propheten zustimmen, dann aus Angst vor dem finanziellen Abstieg. Warum wollte eine Mehrheit der Briten die EU verlassen, obwohl es ihnen schadete? Warum wählte die Hälfte der US-Amerikaner 2016 einen offensichtlich unfähigen Präsidenten, der ihnen keinerlei Vorteile brachte? Und warum tat sie es 2024 wieder? Warum gingen in Frankreich „Gelbwesten“ auf die Straße, destabilisierten die Regierung und brachten das Wirtschaftswachstum auf null? Warum wählten in Ostdeutschland über 30 Prozent der Wahlberechtigten eine rechtspopulistische Partei, die ihnen keinerlei Besserstellung bringt?

Eine wesentliche Ursache ist einfach Ärger. Der Kapitalismus, der 100 Jahre Wohlstand für alle brachte, ist „entgleist", sagen Fachleute. Man hört von Stellenabbau, von Standortschließungen. Man bekommt mit, dass die Vermögensschere zwischen einigen wenigen und den Normalverdienern immer weiter aufgeht, was vor allem daran liegt, dass sich die Topmanager in ihren Aufsichtsräten weltweit gegenseitig irrsinnig hohe Gehälter und Boni genehmigen und niemand dagegen einschreitet – und dies auf Kosten der Aktionäre, denen ja schließlich die Unternehmen gehören, und auf Kosten der „normalen" Mitarbeiter in den Unternehmen, die nur 0,5 Prozent von dem erhalten, was ihre obersten Chefs bekommen. Das weckt die Wut der Machtlosen und gleichzeitig die Überzeugung, dass das ganze „System" korrupt und damit zum Untergang verurteilt sei. Kein Wunder, dass sich viele einfach abgehängt und unbeachtet fühlen. Sie suchen nach Ursachen und „Schuldigen"! Und sie wollen es „denen da oben" einfach mal zeigen. Sie wollen mit ihrem Verhalten irgendetwas verändern, wobei es ihnen zunächst egal ist, was dabei herauskommt.

Hier stellt sich die Frage nach der sozialen Gerechtigkeit – und diese muss politisch gelöst werden. Aber bitte nicht dadurch, dass man nun rechtsgerichteten Populisten hinterherrennt!

Kapitel 2

Mögliche Anlageinstrumente

Anleihen

Doch kommen wir nun zur Frage, wie Sie sich finanziell aufstellen können, ja sollten, um – unabhängig von echten oder vermeintlichen Krisen – Ihren Lebensabend erfreulich gestalten zu können. Beginnen wir mit Anleihen. Sie werden von Staaten, Banken oder Unternehmen ausgegeben. Wenn ich eine Anleihe kaufe, bin ich der Gläubiger und der Ausgeber der Anleihe ist mein Schuldner. Er verspricht mir, bis zum Ende der Laufzeit der Anleihe jährlich einen vereinbarten Zins zu zahlen und am Ende die volle Summe zurückzuerstatten. Da Anleihen einen festen Zins bieten, spricht man dabei auch von „festverzinslichen Wertpapieren". Früher nannte man sie auch „Rentenpapiere", weil sie sozusagen als zusätzliche Rente dienten.

Der Vorteil von Anleihen ist, dass sie an der Börse täglich gehandelt werden. Damit kann man sie dort jederzeit zu einem „Kurswert" kaufen und verkaufen. Die Börsenumsätze sind groß genug, man findet auch für sechsstellige Beträge immer einen Käufer oder Verkäufer.

Wie hoch der Kurswert der Anleihe ist, hängt von der Restlaufzeit und den momentanen Zinsbewegungen ab.

Ein Beispiel: Im Februar 2016 wurde unter anderem eine neue Bundesanleihe (WKN 110239) zum Kurs 100 und mit einem Zinssatz von 0,5 Prozent für die folgenden zehn Jahre herausgegeben. Damals waren die Zinsen für deutsche Bundesanleihen wegen mangelnder Nachfrage sehr weit gefallen. Wer trotzdem noch unbedingt Bundesanleihen kaufen wollte, musste sich mit so einem geringen jährlichen Zins zufriedengeben. Mittlerweile sind die Zinsen gestiegen, daher ist der Kurs der Anleihe entsprechend gefallen, weil die Rendite 0,5 Prozent ja festgeschrieben ist. Läuft so eine Anleihe noch mehrere Jahre und steigen die Zinsen für neue Anleihen weiter, dann können die Kursverluste schon erheblich sein. Die Auszahlung erfolgt aber pünktlich zum Laufzeitende zum vollen Nennwert (bei der genannten Anleihe im Februar 2026 zum Kurs 100).

Die Ausschüttung ist etwas anders geregelt als bei Aktien. Bei Aktien gibt es an einem bestimmten Tag nach der Hauptversammlung eine Dividende, danach fällt der Kurs der Aktie etwa um die Höhe des Dividendenbetrags. Die Aktie wird nun „ex Dividende" notiert, das heißt, neue Käufer erhalten diese Dividende nicht mehr.

Bei Anleihen gilt aber eine andere Regelung: Der Käufer bezahlt beim Kauf der Anleihe die Zinsen für die Zeit mit, die seit der letzten Ausschüttung vergangen ist. Diese Zinsen nennt man Stückzinsen. Dafür erhält er aber am Tag der Ausschüttung den vollen Zinssatz für zwölf Monate, auch wenn er die Anleihe erst vor kurzer Zeit gekauft hat. Die Ausschüttung verändert den Kurswert der Anleihe also nicht. Wenn er die Anleihe vorzeitig verkauft, bekommt er auch die Stückzinsen gutgeschrieben, die seit der letzten Ausschüttung angefallen sind.

Der Zins darf nicht mit der „Rendite" der Anleihe verwechselt werden. Wenn Sie zum Beispiel drei Prozent Zinsen auf Ihre Anleihe jährlich garantiert bekommen, aber der Kurswert der Anleihe 105 beträgt, dann liegt die Rendite nicht bei drei Prozent, sondern weniger, weil die Rückzahlung zum Laufzeitende ja nur zum Kurs 100 erfolgt.

Beim Kauf einer Anleihe geben Sie nicht die Stückzahl an, die Sie kaufen wollen, sondern den Gesamtbetrag im „Nennwert", der dann bei Fälligkeit ausbezahlt wird, also zum Beispiel 40.000 Euro, die Sie anlegen wollen.

Aktien, Anleihen oder Festgeld?

Aktien sind riskanter als Anleihen, weil sie von der Ertragskraft der betreffenden Unternehmen abhängig sind. Läuft es für ein Unternehmen gut, winken aber auch Kursgewinne, die mit Anleihen nicht zu erreichen sind. Vorsichtige Anleger werden daher in der Regel zum Teil in Aktien, zum Teil in Anleihen engagiert sein.

Für einen 77-jährigen Rentner kann dies zum Beispiel bedeuten, dass er 30 Prozent Aktien in seinem Depot als Höchstanteil ansieht. Es darf aber auch mehr sein. Für ihn wären 80 Prozent auch noch möglich, wenn er den Markt gut beobachtet.

Im Grunde müssen alle, die Geld anlegen, selbst wissen, wie hoch sie den Aktienanteil in ihrem Depot setzen. Dabei kommt es auf das Lebensalter und die Risikobereitschaft an. Wenn Sie sich zum Beispiel entschieden haben, 80 Prozent Aktien im Depot zu halten und nur 20 Prozent Liquidität, dann bleiben Sie im Prinzip auch dabei, solange es keine Verkaufssignale für Aktien gibt. Wir werden Verkaufssignale noch besprechen.

Die Frage, ob der Aktienanteil im Depot zu hoch ist, lässt sich mit einer simplen Faustregel beantworten: Solange man gut schlafen kann und nicht die ganze Woche über vor dem Fernseher die Börsennachrichten verfolgt, ist der Aktienanteil nicht zu hoch.

Wenn die Aktien schon ein bis zwei Jahre kräftig gestiegen sind, sind jederzeit Kurskorrekturen möglich. Dann sollten Sie grundsätzlich nur solide, unterbewertete Aktien kaufen. Meiden Sie hingegen Aktien mit sehr hoher Bewertung, selbst wenn man ihnen noch so hohes Wachstum nachsagt. Woran Sie hoch bewertete Aktien erkennen? Auch dazu später mehr.

Was den Aktienmarkt beflügelt, ist vor allem das Streben der Anleger nach Rendite. Diese können sichere Anleihen nicht immer bieten. Dafür sind die Zinsen noch zu niedrig. Sie liegen bei deutschen Bundesanleihen derzeit nur bei rund zwei bis drei Prozent. Festgeld bringt oft etwas mehr. Aber für Anleger mit mehr als 100.000 Euro ist es doch ein gewisses Risiko, das Geldvermögen nur einer einzigen Bank anzuvertrauen. Bis zu 100.000 Euro können Sie gut und gern bei Ihrer Hausbank als Tagesgeld parken, wenn die Rendite stimmt. Das ist natürlich bequemer und zudem gebührenfrei.

Für Anleihebesitzer ist die Inflation das größte Risiko. Ist sie sehr hoch, bekommt man zwar am Laufzeitende den Betrag im „Nennwert" zurück, aber das Geld ist dann nicht mehr so viel wert wie zum Zeitpunkt des Kaufs. Außerdem sinkt bei Zinssteigerungen der Kurswert der Anleihe, die man bereits besitzt, und man muss beim vorzeitigen Verkauf an der Börse mit Kursverlusten leben.

Auch Unternehmensanleihen bieten sehr oft eine höhere Rendite. Aber was ist, wenn das Unternehmen in Konkurs geht? Man kauft doch Anleihen statt Aktien, um solche Risiken zu vermeiden! Wenn ich Anleihen kaufe, dann in der Regel nur Bundesanleihen, bei denen der Staat selbst die Rückzahlung garantiert.

Wer kauft denn Anleihen mit Negativzins?

Von 2019 bis Januar 2022 waren die Renditen deutscher Bundesanleihen sogar negativ. Man musste also dafür bezahlen, dem Bund Geld im Austausch für seine Anleihen zur Verfügung zu stellen. Hätte mir das jemand in den 70er- oder 80er-Jahren des vorigen Jahrhunderts prophezeit, dem hätte ich gesagt, dass das völlig ausgeschlossen sei. Denn wer sollte dann solche Anleihen überhaupt noch kaufen? Nun, „normale" Sparer tun das wohl nicht. Es handelte sich bei diesen Anleihen mit Negativzins auch nicht um neue Papiere, sondern um solche, die schon lange auf dem Markt waren. Deren Kurse waren so stark gestiegen, dass sie für die Restlaufzeit mittlerweile eine negative Rendite aufwiesen.

Mit anderen Worten: Wer diese Anleihen hatte, bekam beim sofortigen Verkauf mehr Geld, als wenn die Rückzahlung zum Verfallsdatum abgewartet wurde.

Und warum verkauften die Anleihebesitzer dann nicht gleich?

Das konnte mehrere Gründe haben: Unwissenheit, Bequemlichkeit oder auch Spekulation. Denn wenn die Rendite dieser Anleihen noch tiefer ins Minus rutschen würde, wären ja immer noch weitere Kursgewinne möglich. „Und warum sollte es nicht auch mal Negativzinsen von zwei oder drei Prozent geben?", werden sich manche Leute gedacht haben.

Doch diese Spekulation war übertrieben. Denn in der Tat hat es ja auch 2019 bis 2021 niemand gewagt, *neue* Anleihen mit einem Negativzins zu versehen. Die Kauf-Hemmschwelle wäre bei den meisten Sparern zu hoch gewesen. Sie hätten dann doch gefragt: „Hält man mich jetzt für blöd?"

So ist anzunehmen, dass Negativzinsen auch künftig immer nur eine vorübergehende Erscheinung sein werden.

Wie konnte es überhaupt zu einem so tiefen Zinsniveau kommen?

Nun, da haben unsere „Verschwörungstheoretiker" schon längst eine passende Antwort parat. Mir flatterte im Jahr 2020 einmal mehr ein Schreiben von angeblichen „Kapitalschützern" mit dem Vermerk „vertraulich" ins Haus. Diese vermeintlichen Kapitalschützer tun so, als wüssten sie etwas, was die dumme Masse der Anleger noch nicht weiß.

Es gebe angeblich einen Plan der Europäischen Zentralbank, die Anleger entweder zu zwingen, ihre Ersparnisse aufzulösen und zu konsumieren, oder wer das nicht wolle, werde mit Negativzinsen belastet. Und da sich das wohl viele Anleger nicht gefallen lassen und ins Bargeld flüchten würden, habe die Zentralbank bereits einen Geheimplan. Der Euro werde in zwei Parallelwährungen aufgeteilt: Bargeld und Buchgeld. Und das Bargeld werde dann einfach entsprechend abgewertet.

So etwas war und ist auch künftig natürlich völliger Unsinn. Denn Sparer haben es nicht nötig, Bargeld zu horten. Sie können in den Dollar oder sogar in asiatische Währungen ausweichen, wenn sie wollen.

Nein, die Gründe für die tiefen Zinsen lagen in der damaligen Sparpolitik der Länder, Kommunen und Unternehmen. Es wurde zu wenig investiert. Kredite wurden zu wenig benötigt!

Freilich hat die Europäische Zentralbank in den Jahren 2012 bis 2021 auch mitgeholfen, die Zinsen mit Rücksicht auf stark verschuldete

Länder möglichst niedrig zu halten. Griechenland, Italien, Spanien und Portugal konnten sich auf diese Weise günstig am Kapitalmarkt refinanzieren.

Fremdwährungsanleihen mit hoher Rendite kaufen?

Häufig werden auch Fremdwährungsanleihen empfohlen. Hier liegt das Risiko im Devisenkurs der Fremdwährung, wenn diese gegen den Euro fällt.

Ich persönlich setze auf deutsche Bundesanleihen. Ihre Rendite ist zwar nicht hoch, aber sie sind zum Parken von Geldern gut geeignet, weil man sie täglich zum Börsenkurs verkaufen und wieder in Aktien einsteigen kann, wenn die Zeit gekommen ist.

Fremdwährungsanleihen würde ich meiden. Bedenken Sie Folgendes: Wenn Sie mit Standardaktien in einem gut gestreuten Depot einmal Kursverluste erleiden, sehen Sie Ihren Einsatz wahrscheinlich in zwei bis drei Jahren wieder. Wenn Sie aber mit Fremdwährungsanleihen oder bei Euro-Anleihen mit zahlungsunfähigen Partnern eine Pleite erleben, dann ist Ihr Geld für immer fort.

Abb. 2.1 Rendite 10-jährige Staatsanleihe Brasilien

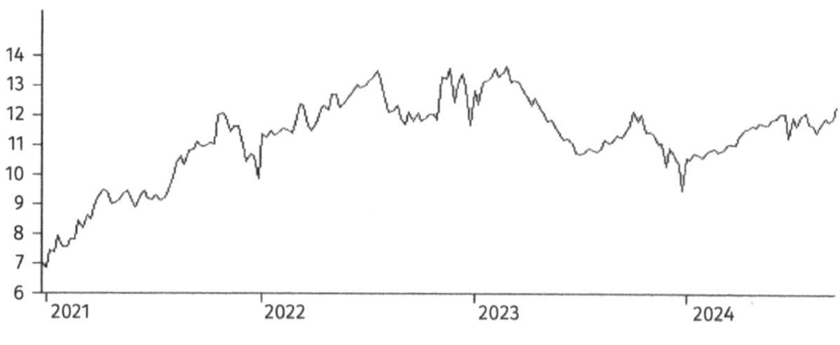

Die hohen Renditen brasilianischer Anleihen locken, sind aber riskant.

Nehmen wir als Beispiel Brasilien, wo die Anleiherendite mit rund zwölf Prozent oft verlockend hoch ist. Aber wer etwa Anfang 2021 in eine 10-jährige brasilianische Anleihe investierte, weil die damalige Rendite von sieben Prozent sehr attraktiv erschien, fuhr innerhalb von zwei Jahren Kursverluste von rund 40 Prozent ein, weil sich die Rendite neuer Anleihen fast verdoppelte. Zur Entschädigung stieg der Kurs der brasilianischen Währung (Real) zwar eine Weile kräftig an, weil ihn die neuen Hochzinsen attraktiver machten.

Abb. 2.2 Brasilien Forex in Euro | WKN 000102

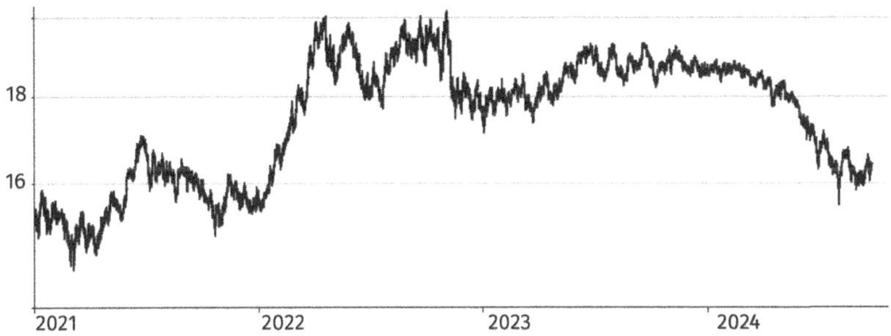

Der Kurs der brasilianischen Währung fiel von 2022 bis 2024 kräftig.

Besitzer des 7-Prozent-Papiers freilich hatten damit immer noch große Verluste. Gut, sie könnten ihr 7-Prozent-Papier auch bis zur Rückzahlung 2031 halten und jedes Jahr sieben Prozent Zinsen bekommen. Aber wird sich auch die brasilianische Währung in den nächsten Jahren wenigstens auf dem aktuellen Niveau halten? Die Kursgewinne des Brasilianischen Real gegen den Euro im Jahr 2022 waren eben nur möglich, weil die Regierung mit noch höheren Zinsen lockte. Dass sie das nicht durchhalten kann, zeigt die neueste Entwicklung im Jahr 2024!

Sie sehen, was alles zu bedenken ist, wenn man in Fremdwährungen einsteigt. Suchen Sie für Ihr Geld einfach sichere Parkmöglichkeiten, an die Sie wieder gut herankommen können!

Kryptowährungen

Der Anlage in Gold widme ich ein eigenes Kapitel. Nicht unerwähnt lassen möchte ich aber eine weitere Anlagemöglichkeit, die vor allem in den letzten zehn Jahren an Aufmerksamkeit gewonnen hat: Die Rede ist von Bitcoin und anderen „Kryptowährungen" wie Ethereum und Ripple. Sie werden von manchen Anlegern wie Gold als Ersatz für Zentralbankgeld gesehen, dem sie wegen seiner ständigen Entwertung kein Vertrauen mehr schenken.

Abb. 2.3 Bitcoin in US-Dollar

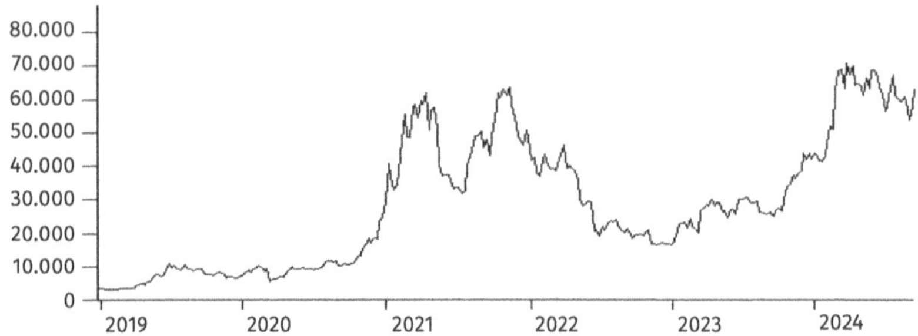

Die starken Kursgewinne beim Bitcoin lockten zahlreiche Anleger an.

Was ist der „Bitcoin" überhaupt? Er ist eine Art elektronisches Geld, mit dem die Teilnehmer untereinander Überweisungen abwickeln können, ohne eine zentralisierte Währung oder Banken verwenden zu müssen. Erreicht wurde dies durch die Schaffung eines Netzwerks, das als Blockchain bekannt ist. Die Blockchain ist ein dezentrales elektronisches Kontobuch (Distributed Ledger), das von einer Nutzergemeinde verwaltet wird. Diese stellt sicher, dass bei jeder Durchführung einer Bitcoin-Übertragung der Übergang des Eigentums an der Währung in einem digitalen Kontobuch verzeichnet wird. Die Befürworter dieser Kunstwährung argumentieren, dass sie im Unterschied zum Zentralbankgeld nicht unter einer ständigen Ausweitung der Geldmenge leidet.

Mit der zunehmenden Verbreitung des Bitcoin bemühen sich nun auch Finanzkonzerne darum, ihn in Form von Futures auf Dollar- oder Eurobasis zu handeln. Für diejenigen, die nur spekulieren wollen, ohne sich mit Bitcoin einzudecken, wird er inzwischen sogar in Form von Zertifikaten gehandelt.

Sein Nutzen bestünde darin – so seine Fans –, dass er ein staatlich unabhängiges Finanzinstrument sei und anonym gehalten werden könne. Man glaubt auch, auf diese Weise Vermögen bequem verstecken zu können, denn wer wie viele Bitcoin sein Eigen nennt, weiß niemand außer dem Besitzer, der durch ein Passwort an dieses Vermögen gelangen kann. Und da es den Bitcoin weltweit gibt, spielen auch Landesgrenzen keine Rolle. Man könnte also meinen, man könnte überall und jederzeit anonym mit Bitcoin zahlen, wo es die Konzerne, die etwas verkaufen wollen, gestatten. Aber das stimmt nicht. Mit der Weiterentwicklung der künstlichen Intelligenz lassen sich Bitcoin-Geschäfte immer besser nachvollziehen. Darauf haben sich schon Analysten spezialisiert und das wird auch staatlichen Stellen nicht schwerfallen, wenn sie es für nötig erachten.

In den letzten 15 Jahren hat sich der Bitcoin-Kurs seit seiner „Geburt" spekulativ vertausendfacht. Die Spekulanten setzen darauf, dass die Landeswährungen durch eine ausufernde Geldmenge mit der Zeit wertlos werden. Hingegen kann die Menge an Bitcoin nur in geringem Maß erweitert werden. Eher schrumpft sie, weil Besitzer sterben oder ihr Passwort vergessen. Aber dass es sich bei einer Vertausendfachung des Kurses um eine maßlose Übertreibung handelt, liegt auf der Hand. Denn so schnell hat sich normales Geld ja nicht entwertet. Da die Kurse stark schwanken und nicht berechenbar sind, rate ich von solchen Spekulationen ab. Niemand kann genau sagen, was denn der tatsächliche innere Wert eines Bitcoin ist. Und warum ist diese „Währung" so gestiegen? Nun, der Bitcoin setzt wie gesagt zunächst einmal darauf, dass durch die lockere Geldpolitik der Zentralbanken das normale Geld seinen Wert verliert. Und wenn irgendetwas am Markt steigt, gibt es eben Spieler, die mit aufspringen, einzig mit dem Ziel, schnelle Kursgewinne zu machen. Sie springen dann natürlich auch ganz schnell wieder ab, wenn die Spekulation brenzlig zu werden beginnt. Diese Spielchen kennen wir ja auch am Aktienmarkt. Manche Analysten halten Kryptowährungen sogar für völlig wertlos, einen wirtschaftlichen Nutzen haben sie jedenfalls nicht.

Ich halte die Spekulation mit Bitcoin für eine echte Gefahr – nicht nur für unbedarfte Anleger, sondern auch für die Umwelt, denn der Stromverbrauch der Blockchain ist riesig. Es geht einfach nicht, nur für eine Kunstwährung so viel Strom zu verbrauchen wie das Industrieland Niederlande. Und es schießen ja immer mehr Kryptowährungen aus dem Boden, die im Grunde nur eine Funktion haben, nämlich Spekulationsobjekt für Zocker zu sein. Dieser Meinung hat sich sogar die chinesische Regierung angeschlossen. Da ein hoher Prozentsatz der Rechenleistung dieser Kryptowährungen wegen des billigen Stroms aus Mining-Farmen in China stammt, ging die Regierung jetzt dagegen vor, sodass die entsprechenden Geräte in andere zentralasiatische Länder verlegt werden mussten.

Aber was soll das? Es bleibt eine ungeheure Energieverschwendung für ein völlig unnötiges Projekt. Die Staaten der Welt könnten sich beim nächsten Klimagipfel schnell darauf einigen, den Handel mit diesen Kryptowährungen zu verbieten. Derville Rowland, Vorstandsmitglied der europäischen Wertpapieraufsichtsbehörde, meinte dazu: „Krypto-Vermögenswerte sind eine unregulierte Investition, und Anleger sollten sich bewusst sein, dass sie ihre gesamte Anlage verlieren können.“ Dem ist nichts hinzuzufügen.

Vermutlich wird das Interesse am Bitcoin und den anderen Kryptowährungen bald wieder abnehmen, wenn all ihren Fans klar wird, dass kein wirtschaftlicher Nutzen vorliegt.

Übrigens: Die große Mehrheit der Bitcoin befindet sich in festen Händen. 96 Prozent der Bitcoin gehören nur vier Prozent der Nutzer. Die Gefahr bei Bitcoin besteht darin, dass es sich die Staaten auf Dauer nicht gefallen lassen, dass große Umsätze sozusagen im Dunkeln stattfinden.

Der Staat Singapur war früher einer der wichtigsten Förderer von Kryptowährungen. Doch mittlerweile gibt es ein Umdenken. Inzwischen betrachtet man in Singapur Kryptowährungen nun doch als ungeeignetes Zahlungsmittel und als „äußerst gefährlich für Kleinanleger". Die Spekulationsblasen, auf die unbedarfte Anleger immer wieder hereinfallen, seien einfach zu groß.

Meine Meinung: Diese Kryptowährungen haben keine Zukunft, schon deshalb, weil sie eine Riesenmenge Energie verbrauchen. Und das ist heute einfach nicht mehr vertretbar. Ein Ersatz für Gold mit seiner 5.000-jährigen Tradition sind Kryptowährungen also nicht.

Kapitel

3

Der Umgang mit Aktien

Warum Aktien?

Aktien sind Unternehmensbeteiligungen und damit Sachwerte. Das wurde vor allem in den Zeiten besonders wichtig, als Geld nichts mehr wert war, zum Beispiel in Deutschland 1923 oder nach dem 2. Weltkrieg. Unternehmensbeteiligungen behalten ihren Wert. Sie sind nur dann wertlos, wenn ein Unternehmen in Konkurs geht oder, wie im Fall Wirecard, sich als „Schwindelunternehmen" herausstellt. Aber das sind Ausnahmen, und ein Anleger wird sich ja zweckmäßigerweise nicht nur auf ein Unternehmen konzentrieren, sondern sein Anlagekapital auf mehrere Unternehmen verteilen, am besten auf 10 bis 20. In Börsenzeitschriften und -büchern wird immer wieder mit Recht auf die Erfolgsgeschichte der Aktienanlage hingewiesen. Wer seit Anfang 1960 immer im DAX als Daueranleger investiert gewesen wäre, hätte bis heute seinen Einsatz von damals verdreißigfacht und eine durchschnittliche jährliche Rendite von sechs Prozent erzielt. Für österreichische und schweizerische Anleger gilt in etwa das Gleiche, wenn man bedenkt, dass im österreichischen ATX (Austrian Traded Index) und im Schweizer SMI (Swiss Market Index) die Dividendenauszahlungen nicht enthalten sind. Und der Schweizer Franken hat auch hohe Währungsgewinne erzielt.

Aber vergessen Sie nicht die zahlreichen schlaflosen Nächte zwischendurch nach massiven Kursstürzen, die es ja auch gab! Nach solchen 50-Prozent-Abstürzen wie 1973/74, 1987, 2002 und 2008 glaubten dann auch nur wenige an eine wirtschaftlich gute Zukunft. Da hieß es nur: „Nie wieder Aktien!" Das wird immer wieder vergessen in Zeiten, in denen es mit Aktien gut läuft und langfristige Statistiken die Runde machen.

Abb. 3.1 **DAX (2006–2024) in Punkten**

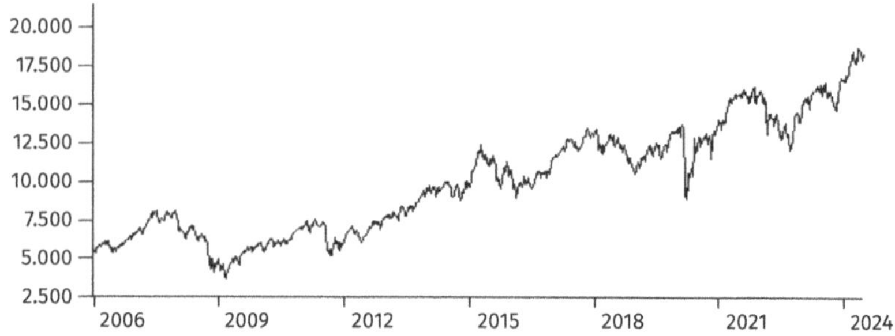

Der deutsche Aktienindex (DAX) hat sich seit 2006 vervierfacht.

Aktien als beste und einfachste Geldanlage

Sie sind 25 Jahre alt und möchten mit 65 Jahren ein Vermögen von 500.000 Euro haben? Wie viel müssen Sie monatlich in den DAX investieren, um auf diese Summe zu kommen?

Nur 200 Euro! Voraussetzung wäre, dass der DAX wie in den letzten drei Jahrzehnten durchschnittlich um sieben Prozent pro Jahr zulegt. Freilich gehen dann noch Steuern ab. Außerdem ist es unrentabel, monatlich Aktien im Wert von 200 Euro zu kaufen. Kaufen Sie in diesem Fall besser jährlich für 2.400 Euro einen DAX-ETF! Auf den optimalen Kaufzeitpunkt kommen wir später noch zu sprechen.

ETFs sind Wertpapiere, die einen ganzen Aktienindex abbilden, zum Beispiel den DAX oder den Euro Stoxx 50. Letzterer umfasst die 50 wichtigsten Aktien der Eurozone. Oder Sie kaufen einen „Weltindex“, der die 1.000 größten Unternehmen aus der ganzen Welt widerspiegelt. Der aber wird freilich vor allem von den US-Unternehmen dominiert, man könnte also gleich einen ETF auf einen US-Index kaufen. Andererseits wäre man damit wieder währungsabhängig. Jedenfalls wird durch Käufe eines ETFs das Risiko, das beim Kauf einzelner Aktien besteht, entsprechend gestreut.

Nehmen wir eine Person, die von optimalen Kauf- und Verkaufszeitpunkten keine Ahnung hatte und einfach von 2005 bis 2024 jährlich denselben Betrag – sagen wir 10.000 Euro – in DAX-Käufe investierte, entweder durch den Kauf eines DAX-ETFs oder durch eine Auswahl, die in etwa der DAX-Zusammensetzung entspricht. Es wären also insgesamt in 20 Jahren 200.000 Euro investiert worden.

Nehmen wir weiter an, man hätte jedes Jahr das riesenhafte Glück gehabt, die Aktien immer zum tiefsten DAX-Wochenschlusskurs des jeweiligen Kalenderjahres zu kaufen. Wie viel Geld hätte man heute?

Das Anlagevermögen hätte sich weit mehr als verdoppelt. Bei einem DAX-Stand von heute wären es 511.288 Euro.

Aber die interessante Frage ist nun die: Was wäre gewesen, wenn man das große Pech gehabt hätte, jedes Jahr beim höchsten Wochenschlusskurs des DAX zu kaufen? (Das ist auch ein wenig realistischer, denn die meisten Menschen kaufen am liebsten, wenn die Stimmung gerade bestens ist.)

Sie meinen vermutlich, dass von den 200.000 Euro wohl nicht mehr viel übrig ist?

Falsch geraten! Es wären heute immer noch circa 91 Prozent mehr, nämlich 382.662 Euro.

Woran das liegt? Unternehmenswerte und damit auch der DAX und andere Aktienindizes steigen aufgrund des Wirtschaftswachstums langfristig!

Sie sehen, die Anlage in Aktien erfordert gar nicht so viel Mut. Sie erfordert nur ein wenig Gelassenheit und manchmal gute Nerven, um die ständigen Schwankungen auszuhalten.

Der Cost-Average-Effekt

Die Grundidee regelmäßiger Indexkäufe ist die Vermeidung des Risikos, im falschen Moment zu kaufen. Wer unabhängig von den Kursen gleichmäßig weiter kauft, bekommt in Zeiten niedriger Kurse mehr Indexanteile als zu Zeiten hoher Kurse und gleicht damit das Risiko des Kaufzeitpunkts teilweise aus. Man nennt dies den Cost-Average-Effekt. Diese Methode wird deshalb so gepriesen, weil sie unabhängig macht von den persönlichen „Bauchgefühlen". Man kauft immer stur zum gleichen Zeitpunkt im Jahr und setzt immer denselben Geldbetrag ein, egal, ob die Stimmungslage für Aktien gerade besonders gut oder schlecht ist. Allerdings ist das tatsächlich nur ein *teilweiser* Risikoausgleich! Denn es gab auch Zeiten, in denen die Aktienindizes *jahrzehntelang* per saldo überhaupt nicht mehr gestiegen sind, wie wir noch sehen werden. Außerdem: Was soll man denn eigentlich kaufen? Doch nicht immer die gleichen Aktien! Das Risiko muss doch gestreut werden und das geht eben mit dem Kauf von sogenannten „ETFs".

Die Methode „Aktien kaufen und behalten" wird auch stets dann wieder aufs Tapet gebracht, wenn die Kurse gerade besonders hoch sind, man rückblickend auf fünf bis zehn Jahre schöner Erfolge verweisen und kein Mensch sich vorstellen kann, dass DAX und Euro Stoxx 50 auch einmal wieder um 40 Prozent fallen könnten. Aber genau das kommt alle paar Jahre vor.

Die Cost-Average-Methode ist zwar sehr bequem, aber durch die Wahl von geeigneten Kauf- und Verkaufszeitpunkten und durch eine gute Aktienauswahl lassen sich meistens bessere Renditen erzielen. Sie werden das alles noch in diesem Buch kennenlernen.

Die Börse vergessen, aber die Unternehmen gründlich analysieren?

„Vergiss doch die Börse und analysiere einfach jedes Unternehmen gründlich!" Diese Meinung vertritt Thorsten Polleit (Volkswirtschaftsprofessor und Chefvolkswirt der Degussa) in seinem Buch „Vom intelligenten Investieren".

Zunächst, so meint er, muss der Investor feststellen, ob der Wert eines Unternehmens höher ist als sein derzeitiger Kaufpreis an der Börse. „Kostet beispielsweise eine Aktie an der Börse 40 US-Dollar und beträgt ihr Wert (den Sie als Investor nach aufwendiger Analyse ermittelt haben) 100 US-Dollar, so beträgt die Sicherheitsmarge 60 Dollar oder 60 Prozent: Um diesen Betrag bzw. Prozentsatz kann der Wert der Aktie fallen, ohne dass Ihr investiertes Kapital verloren geht." („Vom intelligenten Investieren", Seite 15.)

Doch erstens kann es sich bei jeder Analyse nur um eine punktuelle Einschätzung handeln. Märkte sind ständig in Bewegung. Eine Vorhersage über die Gewinne der kommenden Jahre, wie sie Polleit voraussetzt, ist unmöglich. Schon in wenigen Monaten kann sich das Bild völlig verändert haben. Aufträge können wegbrechen oder zunehmen. Um ständig auf dem Laufenden zu bleiben, müsste man permanent in engem Kontakt mit der Unternehmensleitung stehen, die Bilanzen genau überprüfen und obendrein ein Experte der entsprechenden Branche sein. Und das bei 700 Unternehmen, wie ich sie beobachte? Hinzu kommt, dass selbst die Topmanager des Unternehmens die zukünftige Entwicklung und die zu treffenden Maßnahmen falsch einschätzen können. Ebenso wissen sie nicht, was die Konkurrenz plant. Man denke zum Beispiel nur an die Kapitalvernichtungen, die Edzard Reuter und Jürgen Schrempp beim Autokonzern Daimler angerichtet haben! Sie sind viel zu teuer in andere Unternehmen eingestiegen, angeblich, um neue Märkte zu erschließen. Doch es endete jedes Mal mit großen Verlusten.

Weiß die Börse alles?

Diese Meinung vertreten mehrere Volkswirtschaftsprofessoren – sogar die überwiegende Mehrheit. Zum Teil haben sie ja recht. Aktienbesitzer staunen oft, warum der Kurs „ihrer" Aktie einfach nicht steigen will, obwohl ständig gute Nachrichten über die Firma veröffentlicht werden. Warum bloß lassen die glänzenden Eigenkapitalquoten und hohen Quartalsgewinne den Kurs nicht nach oben klettern?

Der Grund ist der, dass die Börse diese guten Zahlen längst kennt und in ihren Kursen berücksichtigt hat. Und wenn immer mehr gute Meldungen publiziert werden und der Kurs trotzdem nicht weiter steigt, wissen erfahrene Anleger, was zu tun ist: Sie verkaufen!

Trotzdem ist auch diese Theorie (man nennt sie „Theorie der effizienten Märkte") falsch. Würde sie stimmen, dann dürfte der DAX nicht Ende Dezember 2007 bei 8.067 Punkten liegen und nur ein gutes Jahr später, Anfang März 2009, bei 3.666 Punkten. Die Börse weiß keineswegs alles. Sie verfügt zwar über alle gegenwärtigen Informationen. Aber was die Zukunft betrifft, auf die es ja ankommt, da tastet sie, sucht und vor allem übertreibt sie mitunter auch maßlos. Gerade die Übertreibungen der Börse nach oben und unten sind unsere Chance für Gelegenheitskäufe und -verkäufe.

Anderes Beispiel: Im März 2000 war jedermann überzeugt, es habe eine „neue Zeit" begonnen, alle bisherigen Bewertungen von Unternehmen seien viel zu niedrig. Der DAX stand bei 8.000 Punkten. Drei Jahre später war man überzeugt: Alles ist kaputt, es wird nie wieder, wie es einmal war. Und der DAX stand bei 2.400 Punkten.

Wäre die „Theorie der effizienten Märkte" richtig und würden die Börsenkurse stets ihrem Wert entsprechen, wäre jeder Börsenhandel überflüssig. Aber die Börse gibt es eben deshalb, weil es unterschiedliche Einschätzungen über den richtigen Wert von Unternehmen, Anleihen und auch Währungen gibt.

Ein tragisches Beispiel, wie sich die Börse irren kann: Wirecard

Es stimmt zwar, dass die Börse künftige Entwicklungen meistens richtig einschätzt, weshalb die „Relative Stärke" einer Aktie auch die wichtigste Kennziffer bleibt. Aber manchmal ist „die Börse" eben auch völlig blind und ignoriert alle Warnungen und fundamentalen Daten. Das hat nicht nur der Neue Markt im Jahr 2000 gezeigt, sondern vor vier Jahren auch das Beispiel „Wirecard". Diese betrügerische Firma, die ich als Mitglied im TecDAX im Jahr 2006 in meine Beobachtungslisten aufnahm und die 2018 sogar in den DAX aufstieg, konnte offenbar 15 Jahre lang alle Analysten und Börsenprofis an der Nase herumführen.

Abb. 3.2 Wirecard-Kursentwicklung (2006–2020) in Euro

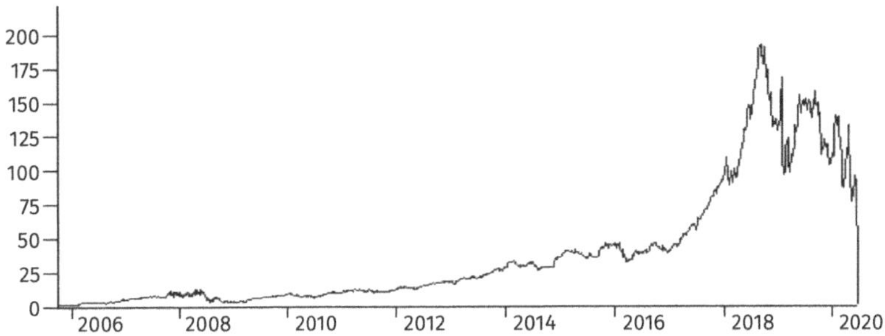

Der Wirecard-Kurs fiel binnen zwei Jahren von 200 auf 0 Euro.

Mein Börsenbrief hat diese Aktie nie empfohlen. Nicht, weil ich die Betrügereien geahnt hätte, sondern weil dieser Finanzdienstleister in der Bewertung stets viel zu teuer war.

Wie „Bauchgefühle“ in die Irre führen

Es war im März 2016, als die Aktienkurse wieder einmal nachgegeben und alle positiven Erwartungen enttäuscht hatten. Ein Leser schrieb: „Immer wieder lese ich Horrormeldungen über den Zustand der Weltwirtschaft, die mich beunruhigen und im Widerspruch zu Ihren Börsensignalen stehen. Die Wirtschaft der USA und Japans stehen am Abgrund. Die Notenbanken drucken nur noch Geld; damit lässt sich keine Krise beheben. Die Blase in China ist geplatzt. Der DAX wird total kollabieren.“

Natürlich kann man sich immer Sorgen machen. Bei genauerem Hinsehen zeigte sich aber, dass es sich dabei eher um „Bauchgefühle“ als um harte Fakten handelte. Ganz ähnliche Befürchtungen gibt es seit 1970, seit ich mich mit der Börse beschäftige, regelmäßig. Als wirkliche Gefahr drohte, etwa 1987 und 2000, weil die Aktienkurse viel zu schnell gestiegen waren, waren die Ängste hingegen merkwürdigerweise gleich null. Da war man euphorisch. Und die Crash-Propheten schwiegen! Freilich kann es zu Kreditausfällen kommen. Aber die Banken waren 2016 dagegen sehr viel besser gewappnet als 2008. Eine Rezession drohte nicht, die Stimmung war einfach schlecht! Und das war ein gutes Zeichen. Kursgewinne macht man nicht dann, wenn man Aktien kauft, wenn alles eitel Sonnenschein ist, sondern dann, wenn die Stimmung noch schlecht ist.

Wirklich gefährlich wird es erst, wenn Europa als wirtschaftliche und politische Union scheitert. Oder wenn Länder nahezu unregierbar zu werden drohen, weil Egoismus sowie politische Unvernunft, Hass und Gewalt überhandnehmen wie 1933 in Deutschland – aber hoffentlich nicht in unserer Zeit!

Die Übertreibungen bei manchen Hightech-Werten erinnern an die Euphorie Anfang 2000

Abb. 3.3 Artikel im *Tages-Anzeiger*

Tages-Anzeiger · Freitag, 14. April 2000

AKONTO

bseits aller Hektik im ländlichen Bayern denkt Börsen-Pfarrer Uwe Lang über seine Anlageempfehlungen nach.

«Ich habe alle meine Aktien verkauft»

Buchautor Uwe Lang im April 2000 mit einer Aussage, die nicht dem Zeitgeist entsprach.

Dieses Bild und die Überschrift sind 25 Jahre alt und stammen aus einem Artikel des *Tages-Anzeiger* vom 14. April 2000. Damals konnte ich es nicht fassen, wie Anleger Aktien der Deutschen Telekom zu Kursen von über 100 Euro und hochspekulative Aktien des Neuen Marktes mit Kurs-Umsatz-Verhältnissen von über 120 unbefangen kaufen konnten. In meinem Börsenbrief BÖRSENSIGNALE vom 10. April 2000 war damals zu lesen:

„Die Praxis, dass immer mehr Kleinanleger mit geliehenem Geld spekulierten, erinnert unangenehm an das verhängnisvolle Jahr 1929 vor dem großen Börsenkrach … Im Grunde haben die Kursverluste der Informationstechnologie, Medien, Software, Biotechnik und Telekommunikation bisher nur den größten Kursunfug bereinigt. Auf solidem Fundament sind die meisten Aktien dieser Branchen noch längst nicht, zumal in den letzten zwei Tagen schon wieder zahlreiche Käufer am Markt waren, die immer noch nicht begriffen haben, dass sie hier scharenweise in eine Sackgasse rennen und für ihr gutes Geld viel zu teuer einkaufen, sodass die Risiken in keinem Verhältnis mehr zu den Kurschancen stehen."

Daher auch die Aussage gegenüber dem *Tages-Anzeiger*: „Ich habe alle meine Aktien verkauft."

Abb. 3.4 Euro Stoxx 50

Der Euro Stoxx 50, der die 50 größten Aktien der Eurozone umfasst, hat sich von 2000 bis 2003 in etwa gedrittelt.

Diese Vorsicht war damals sehr begründet, wie am Index Euro Stoxx 50 abzulesen ist, der sich damals nach drei Jahren fast gedrittelt hatte.

Aber es gibt sehr wohl Parallelen zwischen damals und heute. Das liegt daran, dass heute viele Anleger und zum Teil auch ihre Berater nicht mehr auf den inneren Wert von Aktien achten, sondern nur noch dem Trend folgen.

Dem Trend folgen – aber welchem?

Mit Prognosen ist es eben gern so, dass die Gegenwart schlicht in die Zukunft fortgeschrieben wird. Nun, was einen laufenden Trend betrifft, so zeigt sich grundsätzlich, dass die Börse zwar langfristig relativ „rational" handelt – kurzfristig jedoch oft in die eine oder andere Richtung übertreibt.

Daher betone ich immer wieder, dass es als Privatanleger unerlässlich ist, nicht einfach jedem Trend blind zu folgen. Man muss einschätzen können, wie nachhaltig ein Trend überhaupt ist. Allerdings lässt sich nicht immer zweifelsfrei sagen, ob ein Trend auf einem festen Fundament ruht!

Manchmal ist es angesichts der Umstände besonders schwierig: die Folgen der Coronamaßnahmen, Russlands Krieg gegen die Ukraine, die Auswirkungen der Wirtschaftssanktionen, die hohen Inflationsraten, die drohende Weltrezession – immer wieder wird die Nachhaltigkeit eines jeden Trends infrage gestellt!

Abb. 3.5 Nvidia in Euro | WKN 918422

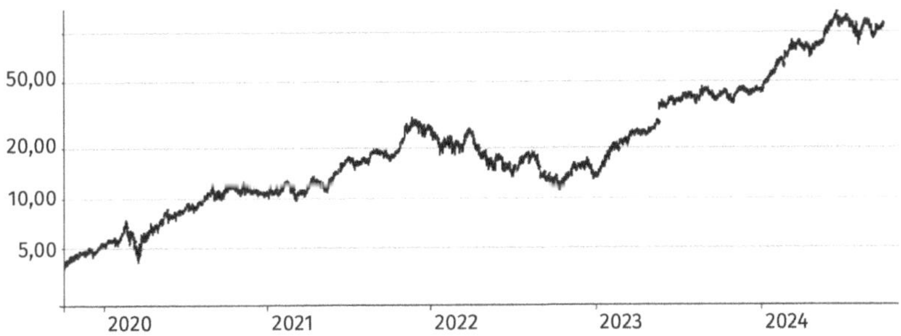

Die Nvidia-Aktie war in den Jahren 2023 bis 2024 das begehrteste Anlageobjekt.

In den Jahren 2023/24 war der Chiphersteller Nvidia das begehrteste Ziel der Anleger. Sie kauften noch, als die Aktie mit einer Bewertung des 50-fachen Jahresumsatzes notierte. Wie problematisch eine so hohe

Bewertung ist, wird noch erläutert. Nvidia ist ein gutes Beispiel für die Schwierigkeit, zukünftige Kurse richtig einzuschätzen. Gut, das Unternehmen zeigte starkes Umsatz- und Gewinnwachstum. Aber die Börse nahm diese Wachstumsraten der Jahre 2022 bis 2024 auch für die folgenden Jahre schon voraus. Vielleicht zu Recht? Das eben war die Frage, bei der sich die Experten uneins waren. Börsenanfänger gehen immer ganz naiv davon aus, dass „die Börse" schon richtigliegen wird, wenn Aktien wie Nvidia, der Autobauer Tesla, die Internet-Kommunikationsportale Zoom Video und Snap oder der Pharmawert Moderna mit irrsinnig hohen Kurs-Umsatz-Verhältnissen und Kurs-Buchwert-Verhältnissen gehandelt werden.

Warum der Autobauer Tesla trotz hoher Bewertung gekauft wurde

Abb. 3.6 Tesla in Euro | WKN A1CX3T

Der Autobauer Tesla überraschte in den Jahren 2020 und 2021 mit riesigen Kursgewinnen.

Seit April 2015 beobachte ich die Tesla-Aktie zusammen mit 117 weiteren US-Werten und vergleiche wöchentlich den Kurstrend mit anderen US-Aktien. Tesla lag damals nur auf Platz 96 von 118 US-Aktien, aber mit einem Kurs-Umsatz-Verhältnis (KUV) von stolzen

8,24 und einem 29-fachen Buchwert. Also war die Aktie von ihrer Relativen Stärke her nicht so attraktiv, um sie zum Kauf zu empfehlen. Freilich hatte sich der Kurs zuvor seit Anfang 2012 schon einmal verzehnfacht.

In unserer Ausgabe vom 3. August 2015 erfolgte dann eine erste Besprechung dieser Aktie in BÖRSENSIGNALE. Hier mein Artikel von damals:

„Bei Autobauern auf Tesla setzen?

Eine deutsche Börsenzeitschrift wagte in ihrer Titelgeschichte vom 22.7.2015 die Prognose, die deutsche Autoindustrie sei durch eine Konkurrenz aus den USA (Tesla) sehr gefährdet. Tesla ist ein Hersteller von Elektroautos und setzt dabei auf Batterien, die von Solarenergie gespeist werden. Das Model III von Tesla, das Ende 2017 kommen soll, habe bereits eine Reichweite von 352 km und beschleunige von null auf hundert in 5,6 Sekunden. Und der Preis von rund 30.000 Euro sei auch akzeptabel.

Doch der Umsatz von Daimler ist 40-mal höher als der von Tesla. Die Experten der UBS sind der Meinung, die Solarbatterien von Tesla würden vermutlich den hohen Erwartungen nicht gerecht.

Wir beobachten Tesla weiter sehr genau. Momentan scheint ein Kauf der Aktie bei einem Kurs-Umsatz-Verhältnis von 10,52 (Daimler 0,67!) und einem Kurs-Buchwert-Verhältnis von 44 (Daimler 2,12) etwas abenteuerlich. Da sind sehr viele Vorschusslorbeeren drin."

So weit meine Einschätzung aus dem Jahr 2015. Habe ich die Aktie damals unterschätzt? Keineswegs! Die Aktie ist ja dann vier Jahre lang auch nicht weiter gestiegen, bis sich der Kurs überraschend von August 2019 bis Dezember 2021 noch einmal verzwanzigfachte. Und dies größtenteils in der Zeit der Coronakrise! In der Ausgabe vom 20. Juli 2020 bin ich noch einmal auf Tesla eingegangen und habe erklärt, warum ich diese Aktie nicht empfehlen kann:

„Völlig unverständlich ist es, wenn Anleger den US-Autobauer Tesla jetzt mit dem 12-fachen Jahresumsatz und dem 60-fachen Buchwert bewerten. Auch VW, BMW und Daimler, die viel mehr Stückzahlen absetzen, aber ein KUV und KBV unter 1 aufweisen, beginnen nun, in größeren Mengen Elektroautos herzustellen. Wer solche Preise für Tesla bezahlt, kann entweder nicht rechnen oder ihm fehlt jeder Sachverstand für die Lage der Autoindustrie."

Was hat die US-Großanleger dazu getrieben, diese Aktie trotzdem bis Ende Dezember 2021 so hochzujubeln (KUV 29, KBV 41) und Elon Musk zum reichsten Mann der Welt zu machen? Es waren wohl drei Gründe:

1. Die Annahme, dass die Verbrennungsmotoren in zehn Jahren vor dem Aus stehen und Tesla als Marktführer bei Elektroautos dann alle Konkurrenten weit hinter sich gelassen haben wird.

2. Ein Aktiensplit im Verhältnis 1:10, der unbedarften Anlegern den Eindruck vermitteln sollte, die Aktie sei noch billig.

3. Die plötzliche Kurssteigerung, die viele „Technische Analysten" dazu bewog, unbedingt dabei sein zu müssen, ohne Rücksicht darauf, wie hoch die Aktie bereits bewertet war.

Dieser Irrglaube, dass „die Börse" immer recht hat, egal ob die Kurse noch vernünftig sind oder nicht, ist im Grunde immer wieder anzutreffen. Auch ich habe von 1987 bis 2000 allein die „Relative Stärke" favorisiert und Bewertungen wie KUV und KBV gar nicht veröffentlicht, weil sie mir damals nicht besonders wichtig erschienen. Erst die völlig unsinnigen Kurse der meisten Aktien vom Neuen Markt im Jahr 2000 haben mich dann zum Umdenken veranlasst. Ja, „die Börse" hat meist recht, aber eben nicht immer!

Der Kurs der Tesla-Aktie hat sich seit 2021 nicht mehr so gut entwickelt. Wer zu Höchstkursen eingestiegen ist, hat dies inzwischen bitter bereut. „Billig" war die Aktie aber auch Ende 2024 nicht. Die

Bewertung mit dem 7-fachen Jahresumsatz und dem 11-fachen Buchwert war immer noch viel zu hoch für eine Auto-Aktie, die ja normalerweise nur mit dem einfachen Jahresumsatz bewertet wird.

Der Fall „GameStop“

Für andere Schlagzeilen sorgen wiederum andere Kleinanleger. Sie verabreden sich auf Internetplattformen, um Aktien, bei denen große Fonds mit Leerverkäufen auf fallende Kurse setzen, gezielt nach oben zu kaufen. Die Aktie der US-Firma „GameStop“, einer Handelskette für Computerspiele, die 2020 noch unter einem Dollar gehandelt wurde, stieg im Jahr 2021 durch eine solche Aktion von 14 Dollar auf zwischenzeitlich 285 Dollar!

Abb. 3.7 GameStop in Euro | WKN A0HGDX

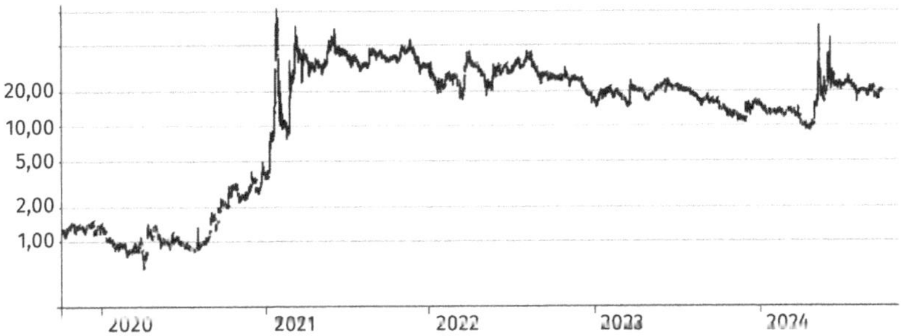

Der Kurs der GameStop-Aktie folgt einem Kräftemessen von Klein- und Großanlegern.

Dies war möglich, da Fonds ab einer gewissen Summe ihre Leerverkäufe angeben müssen, und für Kleinanleger sind diese Aktien dann leicht ausfindig zu machen.

Mithilfe von Onlinebrokern lassen sich Käufe über das Smartphone mit wenigen Klicks tätigen, zwar mit Abstrichen, wo und zu welchem

Preis gekauft werden kann, doch das ist für Kleinanleger angesichts der Einfachheit der Transaktionen vernachlässigbar.

Der Fall „GameStop" hat einige Fonds sogar an den Rand der Pleite getrieben, da sie gezwungen waren, ihre Leerverkäufe zu schließen und zu kaufen, um ihre Verluste einzudämmen. Dies trieb den Kurs dann noch einmal enorm nach oben. Wenn man als Kleinanleger in solch einem Szenario wieder rechtzeitig verkauft, kann mit wenig Einsatz ein guter Gewinn erzielt werden.

Im Fall „GameStop" ermittelten schließlich sogar die US-Staatsanwaltschaft und die Börsenaufsicht, da die Plattformanbieter den Handel zwischenzeitlich beschränkt hatten, wovon in diesem Fall einzig die großen Fonds profitierten. Dies lässt sich wohl als möglicher Fall von Marktverzerrung interpretieren. Es ist nicht unwahrscheinlich, dass den Anbietern künftig ein solches Vorgehen untersagt werden wird.

Die mitunter durchaus kritikwürdige Praxis der Leerverkäufe hatte damit plötzlich Gegner in Form von Kleinanlegern, auf die die großen Fonds künftig achten werden müssen. Sollte dieses Beispiel Schule machen, werden vereinzelte Kursübertreibungen sicherlich noch zulegen. Immerhin spricht man bereits jetzt von den „Corona-Aktionären", also jener großen Zahl an Kleinanlegern, die während der Lockdowns den Weg an die Börse gefunden haben. Viele Onlinebroker vermelden daher auch ungewöhnlich viele Neukunden. Und das Handelsvolumen an den US-Börsen soll sich mittlerweile vervierfacht haben!

Von solchen „konzertierten" Käufen waren aber wohl nicht nur kleine US-Aktien betroffen, sondern auch Titel wie Blackberry, Nokia oder Varta. Um hier nicht versehentlich in eine Falle zu tappen, ist es daher unabdingbar, nicht nur die Kursentwicklung einer Aktie zu verfolgen, sondern unbedingt auch ihre Bewertung zu beachten. Das Kurs-Umsatz-Verhältnis ist eine gute Orientierung. Wir kommen noch darauf zu sprechen. Titel, die mit einem zweistelligen KUV oder gar höher gehandelt werden, sind jedenfalls keine Kaufkandidaten!

Erinnerungen an die Oktober-Crashs

Wie wir noch sehen werden, läuft die Börse in den Monaten Mai bis Oktober deutlich schwächer als von November bis April. Der Oktober ist als Crash-Monat besonders berüchtigt, vor allem wegen der starken Kursverluste 1929, die eine tiefe Depression einleiteten, sowie wegen des Börsencrashs vom 19. Oktober 1987. Damals wurde mein Börsenbrief, der zu dem Zeitpunkt noch „Rundbrief" hieß, durch einen *SPIEGEL*-Artikel berühmt, weil er fast das ganze Jahr 1987 vor einem weltweiten Kurseinbruch gewarnt hatte.

Abb. 3.8 S&P 500 (1985–1987)

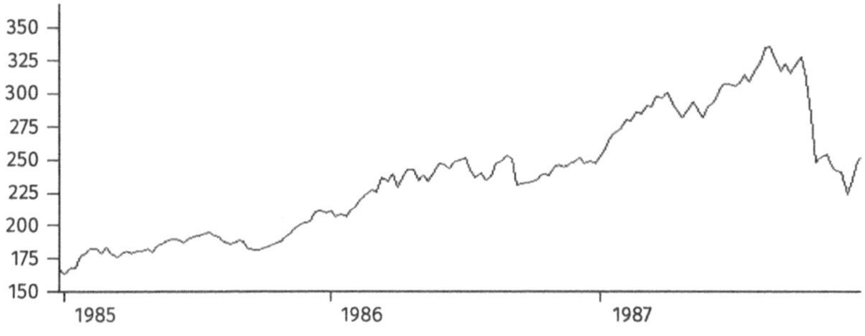

Am 19. Oktober 1987 geriet der amerikanische S&P 500 in einen 1-Tages-Crash.

Die Zinsen waren 1987 kräftig gestiegen, was der Hauptgrund für meine Warnungen war, denn die Zentralbanken bekämpften damals massiv die Inflation. Vor Konjunkturflauten, Rezessionen und Zahlungsunfähigkeit von Banken, Unternehmen und Staaten – so wie heute – hatte man damals weniger Angst. Was aber die damalige Lage auch noch kennzeichnete, waren die weit überhöhten Aktienkurse und der schwache Dollar.

Auch die Erinnerungen an die schwarzen Montage am 16. Oktober 1989 und am 27. Oktober 1997 sind noch nicht vergessen, ebenso die scharfe Baisse nach der Lehman-Pleite im Oktober 2008.

Abb. 3.9 DAX (Juni–Oktober 1989) in Punkten | WKN 846900

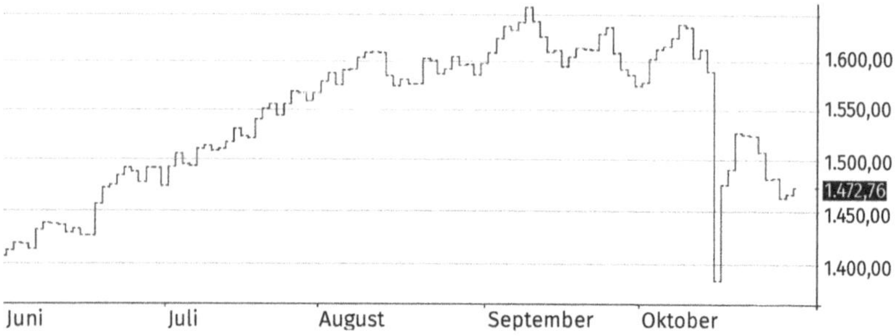

Der DAX erlebte am 16. Oktober 1989 einen „schwarzen Montag".

Abb. 3.10 DAX (Juli–Oktober 1997) in Punkten | WKN 846900

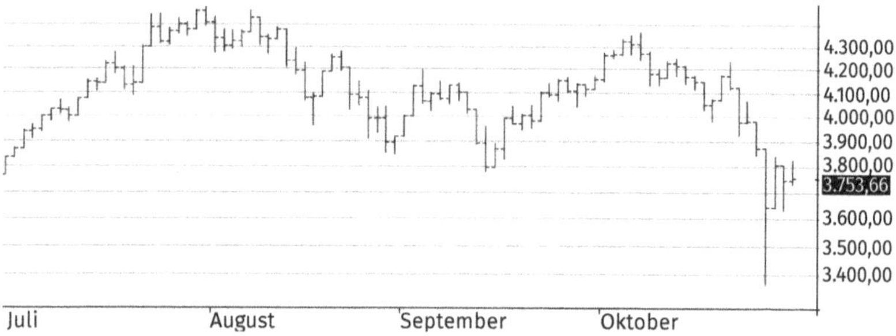

Am 27. Oktober 1997 gab es erneut einen „Tagescrash".

1997 hatte die Asienkrise für Panikverkäufe an *einem* Tag gesorgt, was vor allem den Kleinanlegern heftige Verluste bescherte, ehe es dann schnell wieder aufwärtsging, bis diese Krise von August bis Mitte Oktober 1998 noch ein zweites Mal zuschlug.

Abb. 3.11 DAX in Punkten | WKN 846900

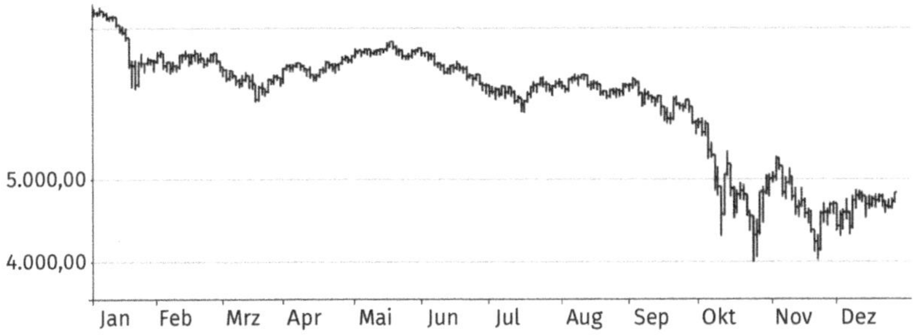

Die Finanzkrise 2008 halbierte den DAX-Wert.

Die Finanzkrise der Jahre 2007/08 erreichte ihren Höhepunkt mit der Pleite des Bankhauses Lehman Brothers im Oktober 2008. Es kam zu Verlusten beim DAX von über 50 Prozent!

Der so gefürchtete Oktober war aber oft auch ein sehr freundlicher Börsenmonat. Manche Berater warnen vor allem vor Jahren, die mit einer 7 enden. Doch das gehört meiner Meinung nach in das Reich der Legenden.

Antizyklisch handeln?

Es gibt eine kaufmännische Grundregel, die lautet: Kaufe billig, verkaufe teuer. Diese Regel ist für jeden nachvollziehbar und klingt logisch. Doch die Anleger, die im Jahr 2024 bei DAX-Kursen von über 19.000 und bei SMI-Kursen von 12.000 kauften, taten genau das Gegenteil. Das kommt an der Börse oft vor. Gut, bei steigenden Kursen kann man ja auch noch kaufen. Aber historische Höchstkurse sind immer auch ein Warnsignal! Im Februar 2000 waren die Absätze von Aktienfonds weltweit am höchsten, als auch die Kurse nahezu ihr Hoch erreicht hatten. Hingegen stieg die große Masse im März 2003, als die Aktien zu Traumkursen zu bekommen waren, aus Wut oder Panik aus, der DAX lag bei

2.200 und die Fondsabsätze fielen fast auf null. Man wollte weder Aktien noch Aktienfonds besitzen. Heute sind nun sowohl Fonds als auch Zertifikate wieder äußerst begehrt. Denn die Kurse sind ja hoch.

Aktien als Daueranlage?

Viele Börsenexperten sind der Ansicht, wer bei seinen Anlageentscheidungen auf günstige Zeitpunkte zum Kaufen und Verkaufen setze, sei rettungslos verloren und schneide immer schlechter ab als ein Daueranleger. In Wirklichkeit kenne niemand die richtigen Kauf- und Verkaufszeitpunkte. Dazu bewege sich die Börse zu unregelmäßig. Die richtige Strategie sei, auf Indizes verschiedener Länder zu setzen, breit zu streuen und zu kaufen, wenn man Geld übrig habe, und die Wertpapiere dann einfach zu behalten. Schwankungen solle man einfach aushalten, meinen sie. Krisen seien vergänglich. Der Anleger dürfe sich von ihnen nur nicht einschüchtern lassen, er solle einfach seine Aktien beziehungsweise seine Wertschriften auf Aktienindizes behalten, dann werde er langfristig gute Renditen erzielen. Der Crash von 1987 zum Beispiel war bald aufgeholt und erscheint heute nur noch als Minikorrektur. Denn langfristig gehe es nach oben. Und daran werde sich nichts ändern.

Abb. 3.12 DAX in Punkten | WKN 846900

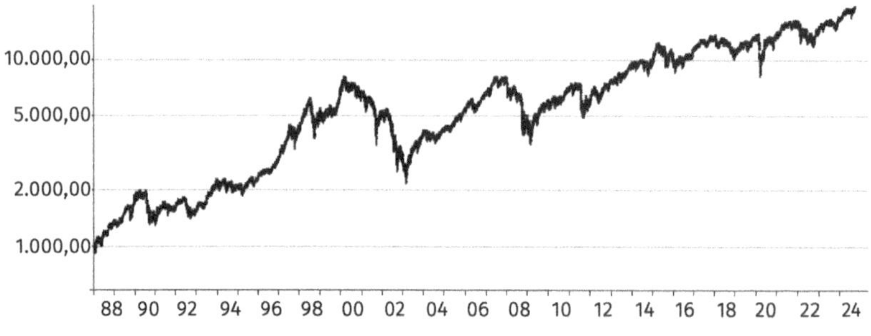

Per saldo geht der DAX nach oben, aber dazwischen gibt es auch starke Einbrüche.

Gerade beim DAX sehen Sie aber auch die Nachteile dieser Buy-and-Hold-Strategie. Denn derartige Schwankungen, wie man sie zum Beispiel beim DAX in den vergangenen 30 Jahren erleben konnte, machen die Auffassung fast lächerlich, dass es gut sein soll, zu beliebigen Zeiten zu kaufen. Wer die Grafik anschaut, für den ist sonnenklar, dass man „oben" auch mal verkaufen und „unten" wieder einsteigen muss.

Trotzdem wünscht sich immer wieder eine große Anzahl von Anlegern Empfehlungen für eine *Daueranlage* am Aktienmarkt. Vielfach wird diskutiert, ob es nicht doch sinnvoll sei, einfach gute Aktien oder noch besser Index-Zertifikate auf den DAX oder SMI zu kaufen und zu behalten, wenn man das Geld nicht dringend braucht. Das sei, so wird argumentiert, doch besser als das mühsame Aussuchen, Kaufen und Verkaufen einzelner Aktien. Das koste doch zum einen Gebühren. Und zum andern zeige doch die langfristige Entwicklung, dass es letztlich immer weiter aufwärtsgehe. Als Beispiel wird der Kurseinbruch von April 2015 bis Februar 2016 genannt. Das habe man ohnehin nicht genau vorhersehen können, und außerdem seien die Kursverluste auch längst wieder aufgeholt. Hätte man nicht eine bedeutend bessere Performance erzielt, wenn man einfach alles gehalten hätte, nach dem Motto „Augen zu und durch"?

Diese Argumentation klingt zwar verlockend, vor allem in Zeiten einer langen Aktienhausse, wie wir sie derzeit erleben, wenn man sich nicht vorstellen kann, dass die Kurse auch wieder stark fallen können. Man weiß jedoch nie im Voraus, wie tief ein Kurseinbruch geht. Ich denke da an die Jahre 1973, 1987, 1990, 1992, 1998, 2002 und 2008. Die Kurseinbrüche, sogar bei den Standardwerten (DAX, SMI), betrugen hier bis zu 50 Prozent.

Aber gibt es denn nicht einige Aktien, die man trotz aller Schwankungen einfach halten kann, weil sie ein robustes Geschäftsmodell haben und dazu noch eine attraktive Dividende aufweisen?

Die Argumente der „Daueranleger" sind durchaus nachvollziehbar. Die Erfahrung zeigt schließlich, dass solide Unternehmen wie Siemens,

Mercedes, BASF, Allianz oder RWE in Deutschland sowie Nestlé, Novartis, UBS oder Zurich in der Schweiz im Grunde immer gehalten werden können, weil sie preiswert sind, immer gut verdienen und nach einer Aktienbaisse auch sofort wieder gekauft werden.

Aber Vorsicht! Betrachten wir einmal die heftigen Schwankungen, die vermeintlich „sichere“ Aktien in manchen Jahren aufweisen: Diese zeigen, dass es ratsam ist, Aktien nicht als Daueranlage zu betrachten, sondern zu reagieren, wenn sich Trends ändern.

Abb. 3.13

Siemens in Euro | WKN 723610

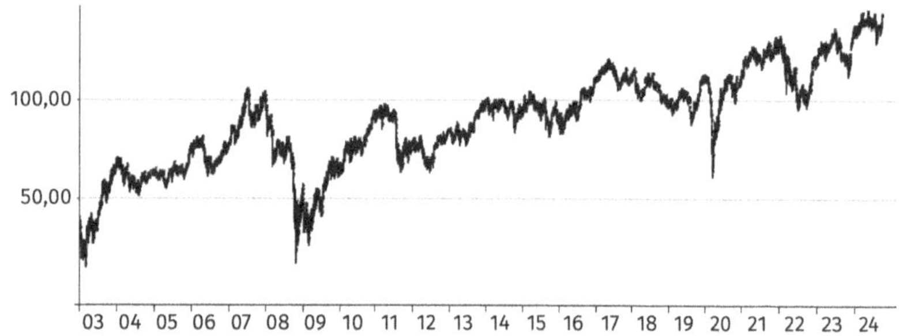

Mercedes-Benz Group in Euro | WKN 710000

Siemens und Mercedes gelten als wichtige Repräsentanten des DAX.

Abb. 3.14

Nestlé in Schweizer Franken | WKN A0Q4DC

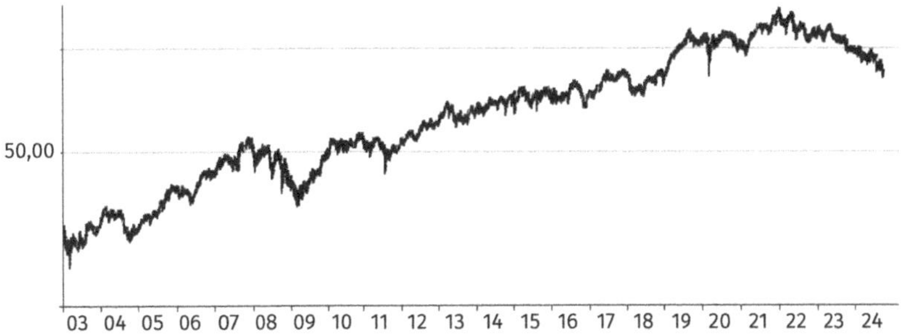

Novartis in Schweizer Franken | WKN 904278

Nestlé und Novartis gelten als wichtigste Werte des Schweizer SMI.

Die vier obigen Charts zeigen die Kursentwicklung in den letzten 20 Jahren. Lohnt es sich dann überhaupt, solche Aktien zwischendurch abzustoßen, weil man mit einer Aktienbaisse rechnet – die dann oft doch nicht so schnell kommt, wie man sie erwartet?

Nun gut, bei diesen Aktien hat sich die Daueranlage auf sehr lange Sicht von Jahrzehnten schon bewährt. Aber ich bin aufgrund meiner Erfahrung der letzten 50 Jahre trotzdem der Meinung, dass man jede Aktie verkaufen sollte, die ihr 9-Monats-Tief unterschreitet. Auch scheinbar unerschütterliche Konzerne wie die Deutsche Bank, Allianz, RWE oder UBS (in den unteren Charts ebenfalls über 20 Jahre dargestellt) haben in der Vergangenheit zeitweilig extrem starke Kursverluste hinnehmen müssen und dann oft lange gebraucht, bis sich der Kurs erholt hat.

Abb. 3.15

Deutsche Bank in Euro | WKN 514000

Allianz in Euro | WKN 840400

RWE in Euro | WKN 703712

Deutsche Bank, Allianz und RWE waren zeitweilig keine „sicheren Werte".

Abb. 3.16 UBS Group in Schweizer Franken | WKN A12DFH

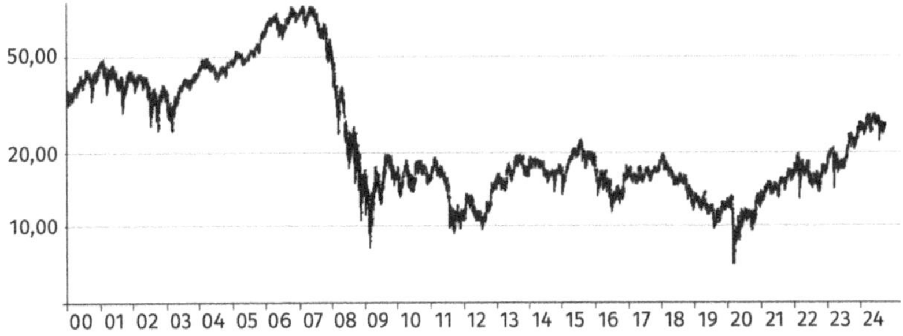

Die Schweizer Großbank UBS bescherte ihren Anlegern in den Jahren 2007 bis 2008 schwere Verluste.

Diese Beispiele zeigen, dass es eben auch bei scheinbar „sicheren Aktien“ jahrelange Flauten geben kann. Auf der sicheren Seite ist man nur, wenn man grundsätzlich jede Aktie aus dem Depot entfernt, die ein 9-Monats-Tief meldet.

Gut, ein „Daueranlage-Konzept“ ist für alle geeignet, die ihre Aktien in der Regel auch mal ein paar Jahre liegen lassen wollen, ohne sich ständig darum kümmern zu müssen. Denn die Dividenden bieten meist mehr als deutsche Bundesanleihen (2024 rund 2,5 Prozent), und langfristig geht der Aktienmarkt ja sowieso nach oben.

Trotzdem ist dieses Daueranlage-Konzept nicht mein Konzept. Ich möchte mithilfe guter Kauf- und Verkaufszeitpunkte und der Relativen Stärke mehr Rendite herausholen. Gute Standardwerte sind zwar alle ziemlich sicher, werden aber kaum richtige „Renner“ an der Börse sein. Denn auch die Börse weiß um die Sicherheit dieser Aktien und hat sie schon entsprechend bewertet.

Außerdem können auch bisher „sichere“ Konzerne in eine Krise geraten, wie zu sehen war. Wer also eine dieser Aktien hat, tausche sie unbedingt aus, wenn sie plötzlich immer wieder neue Jahrestiefkurse meldet, während der breite Aktienmarkt noch stabil ist! Das wäre ein Zeichen dafür, dass etwas mit dem Unternehmen nicht mehr stimmt.

Aber kehren wir zurück zum Thema „Daueranlage". Die Befürworter empfehlen folgende Vorgehensweise:

Bevorzugen solle man Exchange Traded Funds (ETFs). Das sind, wie schon erwähnt, Wertpapiere, die an der Börse gehandelt werden und zum Beispiel einen Aktien- oder Rohstoffindex nachbilden. Sie sind als Sondervermögen im Unterschied zu Zertifikaten nicht auf die Zahlungsfähigkeit der ausgebenden Bank angewiesen. Sie behalten ihren Wert also auch dann, wenn Ihre Bank in Konkurs gehen sollte. Daueranleger weisen darauf hin, dass Aktienindizes wie der DAX zwar schwanken, aber diese Schwankungen solle man einfach aushalten. Krisen gebe es eben, und sie führten zu Kursstürzen. Aber der Anleger dürfe sich davon nicht einschüchtern lassen, er solle einfach seine ETFs behalten, dann werde er langfristig gute Renditen erzielen. Denn langfristig gehe es nach oben. Und daran werde sich nichts ändern. Es sei schließlich Allgemeinwissen, dass sich die Börse *immer* erhole und *immer* die vorangegangenen Kursrückgänge ausgleiche und auf lange Sicht *immer* zu höheren Kursniveaus ansteige. Jeder Langfristchart beweise diese Erfahrung augenfällig.

Abb. 3.17 SMI in Punkten | WKN 969000

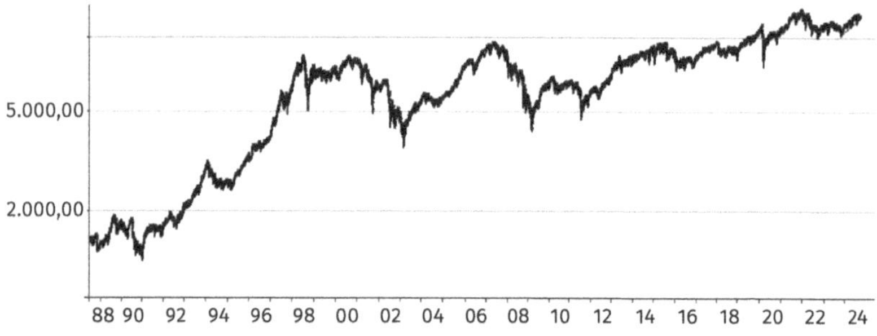

Der Schweizer SMI ist unter starken Schwankungen langfristig ebenfalls stark gestiegen.

Das gilt für den DAX wie auch für den schweizerischen Aktienindex SMI, der hier abgebildet ist. Wie Sie auch hier sehen, stimmt es, dass es langfristig nach oben geht. Es ist aber interessant, zu erleben, dass die Daueranlage-Methode immer dann empfohlen wird, wenn die Kurse gestiegen sind. Je weiter fortgeschritten eine Hausse ist, desto größer wird die Zahl der Anhänger dieser Anlagemethode.

Aber gab es nicht Jahrzehnte, wo es nicht nach oben ging, zum Beispiel nach der Weltwirtschaftskrise 1929/32? Und 1960 bis 1982? Und wie sieht es mit der Entwicklung des europäischen Aktienindex Euro Stoxx 50 aus, der bis heute seinen Höchstkurs vom Jahr 2000 nicht mehr übertreffen konnte?

Abb. 3.18 Euro Stoxx 50 in Punkten | WKN 965814

Der Euro Stoxx 50 hat 24 Jahre gebraucht, um sich seinem Höchststand aus dem Jahr 2000 wieder anzunähern.

Fazit: Dass sich der DAX, der schweizerische SMI oder der österreichische ATX so wie in den letzten 30 Jahren weiter nach oben entwickeln werden, ist eine begründete Vermutung, aber keineswegs sicher!

Unsere Vorgehensweise: Wir benötigen einigermaßen verlässliche Kauf- und Verkaufszeitpunkte und verwenden zur Aktienauswahl vorwiegend die „Relative Stärke“, mit der wir uns noch näher befassen werden.

Ergebnisse der Vergangenheit lassen sich nur bedingt auf die Zukunft übertragen!

Wer nun glaubt, mit der Daueranlage-Methode „Ich kaufe nur Unternehmen, die ihre Dividende in den letzten zwölf Jahren nie gekürzt haben!" den Stein der Weisen gefunden zu haben, sollte einiges bedenken.

Erstens kennt die Börse die Ergebnisse und Dividendensteigerungen der letzten zwölf Jahre bei allen ausgewählten Aktien auch. Die meisten sind also im Moment schon sehr positiv bewertet und nicht mehr billig.

Zweitens machen diese Aktien die Kursschwankungen der Börse auch mit. Wenn es abwärtsgeht, dann werden sie ebenfalls massiv verkauft. Der Kurs der Siemens-Aktie fiel von Ende Dezember 2007 bis Ende März 2009 von 100 Euro auf 40 Euro, Nestlé und Novartis verloren damals rund 30 Prozent und Unilever halbierte seinen Kurs nahezu.

Es wäre also ein Fehler, anzunehmen, es gäbe Aktien, die aufgrund wachsender Gewinne immer steigen. Kein Unternehmen hat ein unumstrittenes Monopol, das ihm erlauben würde, auch in Zukunft mühelos Gewinnsteigerungen zu erzielen. Und niemand ist vor Skandalen gefeit. Die gab es nicht nur bei Volkswagen, sondern auch schon bei Nestlé, Roche, Exxon und anderen. Fehlentscheidungen des Managements können selbst Großkonzerne in den Abgrund führen, denken Sie an AEG, Karstadt oder General Motors!

Freilich wäre es schön, einfach im Aktienmarkt bleiben zu können, sich nicht um die Kurse zu kümmern, nach zwölf Jahren mal wieder reinzuschauen und festzustellen, dass sich die Kurse im Schnitt vervierfacht haben. Aber in zwölf Jahren werden es vermutlich nicht mehr dieselben Aktien sein, die solche Dividenden- und Kurssteigerungen aufweisen.

Daher mein Vorschlag: Aktien sind grundsätzlich keine Daueranlage, vor einer signalisierten Aktienbaisse müssen sie verkauft werden. Alle!

Und Aktien, die wir in Hausse-Zeiten als kaufenswert ansehen, müssen erst einmal zeigen, dass sie steigen können. Sie müssen zu den relativ stärksten 200 (von 700) Aktien gehören. Und auch sie steigen nicht ständig, sondern benötigen Konsolidierungspausen. Dann werden sie durch andere Aktien ersetzt.

Meiden Sie ausländische Dividendenzahlungen!

Sie werden überrascht sein, wenn Sie nun noch einen weiteren Grund erfahren, warum Sie Aktien nicht einfach liegen lassen sollten. Aus steuerlichen Gründen ist es nämlich ratsam, die Auszahlung von Dividenden möglichst zu vermeiden!

Das betrifft die Schweizer Anleger sicherlich weniger als die deutschen, die nicht nur sofort 25 Prozent Quellensteuer plus Solidaritätszuschlag abgezogen bekommen (es sei denn, sie können ihre Freibeträge nutzen), sondern zusätzlich auch noch ausländische Quellensteuer, wenn sie Auslandsaktien besitzen. Und die folgenden Länder greifen hier so kräftig zu, dass von der ursprünglichen Dividende bald nur noch die Hälfte übrig bleibt, nachdem sich schon der deutsche Fiskus bedient hat:

Schweiz:	35 Prozent
Frankreich:	30 Prozent
Finnland:	30 Prozent
Norwegen:	25 Prozent
USA:	15 Prozent
Italien:	20 Prozent
Niederlande:	15 Prozent

Lediglich die Briten sind hier großzügig. Sie verzichten auf Quellensteuerabzug für Dividenden, wenn der Anleger seinen Wohnsitz in Deutschland hat.

Warum machen es die anderen Länder nicht auch so, nachdem mit ihnen ja Doppelbesteuerungsabkommen bestehen?

Ganz einfach: Sie hoffen darauf, dass es den Anlegern zu umständlich ist, mühevoll Formulare auszufüllen und sich die Steuer von ausländischen Behörden rückerstatten zu lassen. Die Bearbeitung dieser Formulare ist nämlich schwierig, teilweise sogar in Fremdsprache. Wer keinen Steuerberater hat, der sich gut auskennt und diese Arbeit übernimmt, wird hier kapitulieren.

Wie kann man sich wehren? Ganz einfach: vor allem die ausländischen Dividenden vermeiden! Am einfachsten geht das, wenn Sie relativ starke Unternehmen kaufen, die momentan gar keine Dividende zahlen, weil sie gerade erst aus der Verlustzone kommen. Solche „Turnaround-Aktien" haben ohnehin ein höheres Kurspotenzial als die dividendenstarken Aktien, wie Tests ergeben haben.

Wer kurz vor einer ausländischen Dividendenzahlung verkauft, vermeidet die ausländische Quellensteuer. Der Kurs ist nach der Ausschüttung um die Dividende bereinigt und man kann unter Umständen wieder günstig zurückkaufen. Freilich ist es nicht einfach, die Stichtage zu ermitteln, an denen die Dividende fällig wird. Bei deutschen Unternehmen sind es die Jahreshauptversammlungen. Ausländische Konzerne zahlen aber meistens auch sogenannte „Zwischendividenden", manchmal sogar quartalsweise.

Grundsätzlich ist man aber während der Wintermonate etwas sicherer vor Dividendenzahlungen. Genau dies sind auch die Monate, in denen man meistens am Aktienmarkt voll investiert ist.

Hohe Dividenden bieten ohnehin keine Sicherheit!

Wer am Aktienmarkt noch beherzt zugriff, weil eine hohe Dividende winkte, konnte auch Enttäuschungen erleben, wie ein Beispiel des

Rohstoffkonzerns Anglo American (GB) im Jahr 2015 drastisch vor Augen führt. Damals hatte das Unternehmen über acht Prozent Dividende ausgeschüttet. Doch die Aktie lag schwach im Trend, die „Relative Stärke" ließ zu wünschen übrig. Aber Dividendenfans ließen sich von diesem Warnsignal nicht beeindrucken.

Abb. 3.19 Anglo American in Euro | WKN A0MUKL

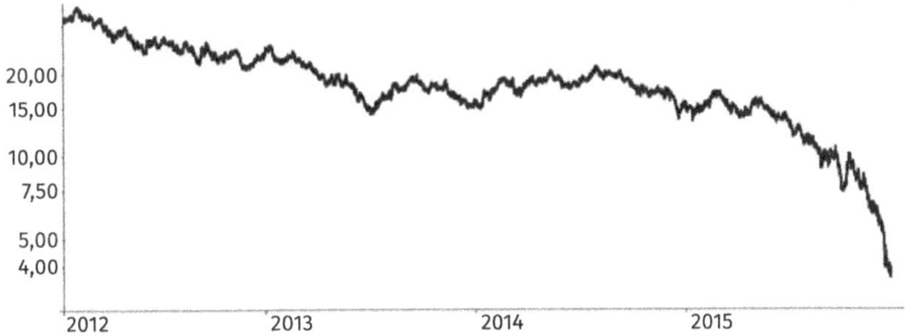

Wer sich im Jahr 2015 bei Anglo American auf eine hohe Dividende verließ, wurde böse überrascht. ©Tai-Pan

Dann kam plötzlich die Meldung, dass die Dividende für 2015 vermutlich ausfallen würde. Erst als das bekannt wurde, wurde die Aktie auch von den Kleinanlegern verkauft, die sich auf die hohe Dividende verlassen hatten. Zu diesem Zeitpunkt war die Aktie aber schon stark gefallen, wie der Chart zeigt. Mithilfe der „Relativen Stärke" hätten Anleger ablesen können, dass etwas mit dem Unternehmen nicht stimmt.

Wir werden uns später noch eingehender mit der bereits erwähnten interessanten Strategie beschäftigen, Aktien zu bevorzugen, die relativ stark sind, aber keine Dividende zahlen. Hohe Relative Stärke bedeutet, dass eine Aktie im Moment sehr begehrt ist. Und wenn das Unternehmen im Moment keine Dividende zahlt, ist es anscheinend gerade erst dabei, wieder (oder erstmals) in die Gewinnzone zu kommen. Das ahnen Großanleger, und deshalb kaufen sie diese Aktien, ehe offiziell bekannt wird, dass das Unternehmen (wieder oder erstmals) eine Dividende ausschüttet.

Natürlich sind diese Aktien auch nicht ohne Risiko. Denn die Börse hat sich schon manchmal in ihren Erwartungen getäuscht. Es ist auch gut möglich, dass die Erwartungen zu hoch sind und die Börse übertreibt.

Vorsicht beim Kauf marktenger Aktien!

Diese Warnung betrifft vor allem Anleger, die ihre Käufe bei einer Direktbank abwickeln. Die unerfahrene Anlegerin J.S. hatte im November 2020 ein neues Depot eröffnet, auf ihrem Verrechnungskonto lagen 25.000 Euro bereit.

Da hörte sie Anfang Dezember zufällig von dem amerikanischen Biotech-Unternehmen Greenwich LifeSciences (WKN A2P794). Die Firma habe ein neues Medikament gegen Brustkrebs entwickelt. Sie entschloss sich, ihre 25.000 Euro in diese Aktie zu investieren. Sie erkundigte sich nach dem Kurs der Aktie, der Anfang Dezember 2020 rund 4,30 Euro betrug. Leider erfuhr sie nicht, dass es um eine überaus „marktenge", also wenig gehandelte Aktie ging. Hätte sie mehr Erfahrung gehabt, dann hätte sie auch misstrauisch machen müssen, dass ihr beim Kauf kein Festkurs über Tradegate angeboten wurde, wie es sonst meist bei Direktbanken üblich ist. So orderte sie unbefangen 5.800 Aktien ohne Limit. Sie rechnete 5.800 mal 4,3 = 24.940 Euro.

Abb. 3.20 Greenwich LifeSciences (Oktober 2020 – April 2021)

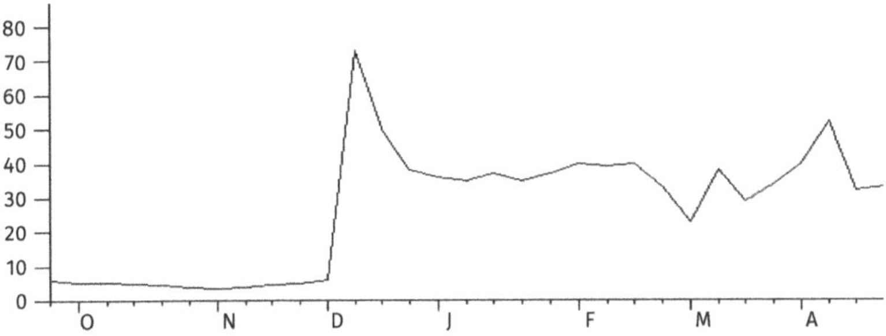

Ein verhängnisvoller Kurssprung von Greenwich LifeSciences aufgrund eines zu engen Marktes.

Doch mittlerweile hatte sich der Kurs der Aktie aufgrund der positiven Meldung um ein Vielfaches erhöht und ihr wurden die Aktien zum Kurs von rund 103 (!) Euro zugeteilt. Ihr Konto wurde mit fast 600.000 Euro belastet. Dabei war der Kurs von 103 Euro nur ein zufälliger Tageszwischenkurs, die Schlusskurse der Aktie lagen in der Spitze um den 10. Dezember 2020 herum nie höher als bei 73 Euro. Vermutlich hatte auch sie selbst mit ihrer unlimitierten Order den Kurs so hochgetrieben und die Broker nahmen die Order dankbar an.

Als sie erfuhr, zu welchem Kurs ihre Order ausgeführt worden war, verkaufte sie in Panik ebenfalls unlimitiert die Aktien. Aber da bekam sie nur noch einen Kurs von rund 41 Euro. Verlust rund 360.000 Euro! Immerhin war das noch besser, als die Aktien zu behalten! Denn drei Jahre später wurde diese Aktie übrigens sogar nur noch mit rund neun Euro gehandelt.

Nun, das war jetzt ein sehr extremes Beispiel. Aber es zeigt, wie verhängnisvoll sich unlimitierte Aktienorders bei neuen aktuellen Meldungen und engem Markt auswirken können.

Aktienfonds?

Banker empfehlen ihren Kunden gern Aktienfonds, vor allem die hauseigenen. Fonds sind große Kapitalanlagen in Millionenhöhe, in denen viele Aktien enthalten sind. Meist ist angegeben, auf welchen Aktien der Schwerpunkt liegt (Deutschland, international, „Schwellenländer", Standard- oder Nebenwerte et cetera). Sie werden dann von „Fondsmanagern" verwaltet, die sich auf dieses Geschäft spezialisiert haben.

Viele Anleger meinen, ihr Kapital sei dort doch in guten Händen, der erfahrene Fondsmanager werde schon immer rechtzeitig ein- und aussteigen. Doch das ist ein Irrtum. Die meisten Fonds schneiden schlechter ab als zum Beispiel der DAX.

Hier die Gründe:

1. Fonds müssen nicht in erster Linie erfolgreich arbeiten, sondern sich gut verkaufen lassen.

2. Um nicht in Schwierigkeiten zu geraten, muss ein Fondsmanager in erster Linie im Trend bleiben und nicht stark vom Index abweichen, sonst riskiert er zu viel.

3. Auf diese Weise erspart man sich auch teure Unternehmensanalysten. Die reine Trendanalyse wird sehr viel wichtiger.

4. Der Fondsmanager darf gar nicht aussteigen, wenn die Kurse hoch sind und Anleger seinen Fonds mit Geld überschwemmen. Und bei tiefen Kursen kann er nicht beliebig kaufen, weil kein Geld da ist und die Anleger misstrauisch sind.

5. Um Marktanteile zu gewinnen, werden immer mehr Fonds zu Branchen aufgelegt, die in aller Munde und damit längst überbewertet sind.

6. Durch die Indexgebundenheit der Fonds entsteht ein immer größerer Graben zwischen über- und unterbewerteten Unternehmen.

7. Große Fonds sind besonders unbeweglich. Die Manager können kaum noch aktiv umschichten, ohne die Märkte stark zu beeinflussen. Sie haben die wenigsten Chancen, überdurchschnittlich abzuschneiden.

Die große Mehrzahl der Fonds schneidet also trotz komplizierter Chartanalysen regelmäßig nicht besser, häufig sogar schlechter ab als ein Vergleichsindex wie der DAX. Die alljährlich gekürten Fonds zeichnen sich ja nicht dadurch aus, dass sie diverse große Indizes geschlagen haben, sondern einzig dadurch, dass sie besser waren als die anderen Fonds. Und daher ist der „beste" Fonds eines Jahres durchaus auch immer wieder nur derjenige, der unter den Verlierern die geringsten Verluste verzeichnet hat.

Die meisten Fondsmanager sind Angestellte und verpflichtet, „dranzubleiben". Das sind keine „starken Hände" mehr. Sie folgen dem herrschenden Trend oft bis zuletzt und meinen, sie hätten die Märkte schon im Griff, wenn sie sie ständig beobachten. Sie engagieren sich mit Vorliebe zu Höchstkursen in den Titeln, die gerade in Mode sind, und das sind jetzt gerade die Software- und Elektroniktitel, die an der Nasdaq notiert sind.

Es ist die Angst um ihren Job, die sie dazu zwingt, wenigstens ungefähr das Gleiche zu tun, was gerade *alle* tun, und sich vor allem an die Aktien zu klammern, die im Index stehen, an dem sie ihren Erfolg messen lassen müssen. Aber immer wieder erleben sie dann auch unangenehme Überraschungen und Stimmungsschwankungen. Dann verstärken sie noch die kurzfristigen Kursausschläge, weil sie nach Gewinnwarnungen von Unternehmen oder nach Herabstufung einer Aktie durch eine führende US-Investmentbank unverzüglich noch zu Tiefstkursen verkaufen. Kein Wunder, dass bei einem solchen Management 80 Prozent aller Fonds schlechter abschneiden als ein vergleichbarer Aktienindex, wie Statistiken jährlich immer wieder neu zeigen. Sparen Sie sich also die Fondsgebühren!

Dazu noch ein Rechenbeispiel:

Nehmen wir an, der DAX liegt Ende 2025 bei 18.000 Punkten. Bis 2035 wächst er jährlich im Schnitt um realistische sechs Prozent. Der gekaufte Fonds schneidet – was selten ist – bis 2035 so gut wie der Index ab.

Was gewinnt man mit einem Index-Zertifikat auf den DAX, was mit einem gleichartigen Fonds (bei einem Ausgabeaufschlag von fünf Prozent und jährlichen Verwaltungsgebühren von 1,5 Prozent)?

Antwort: Der Index stünde bei 32.235 Punkten – Gewinn: 79 Prozent in zehn Jahren.

Die Fondsanteile wären jedoch lediglich von 18.000 auf 26.328 Punkte gestiegen, Gewinn: 46 Prozent in zehn Jahren.

Mein Anliegen ist es, kein Geld zu verlieren und Abstürze zu vermeiden!

Die eine beste Geldanlage gibt es nicht. Mal sind es Aktien, mal Immobilien, mal Gold, mal Anleihen. Es kommt immer auf den Zeitpunkt der Investition an, und für diesen Zeitpunkt gibt es Hinweise, Wahrscheinlichkeiten, die man erkennen kann und die leicht erlernbar sind.

Es gibt auch grundsätzliche Argumente *gegen* den Besitz von Aktien. Eigentlich sind Sie als Aktionär Mitbesitzer eines Unternehmens. Aber zu sagen haben Sie als Kleinaktionär nichts. Dennoch hat man als Anleger mit Aktien stets dann gut abgeschnitten, wenn man den Mut hatte, bei wirklich tiefen Kursen einzusteigen und dann ein paar Jahre in relativ starken Aktien investiert zu bleiben. Aber Sie sollten niemals zu einem beliebigen Zeitpunkt kaufen, besonders wenn gerade alle Welt meint, Aktien seien die allerbeste Anlageform.

Mit Statistiken lässt sich bekanntlich alles beweisen. Ein geschickter Bankberater, der Sie zum Kauf eines Fonds bewegen möchte, wird seine Statistik am besten Ende 2011 beginnen lassen (DAX bei 5.900 Punkten) oder, wenn längere Statistiken erwünscht sind, im März 2009 (DAX bei 4.000 Punkten).

Dann beweist er Ihnen, dass sich sein DAX-Fonds in den letzten 14 Jahren seit 2011 mehr als verdoppelt hat, was kein großes Kunststück war.

Statistiker weisen gern darauf hin, dass Aktienbesitzer nach 25 Jahren beim Dow Jones, DAX, SMI oder ATX immer im Plus lagen, selbst wenn sie einmal unglücklich eingestiegen sind, dann aber ihre dem Index entsprechenden Aktien gehalten haben. Aber selbst das stimmt nicht immer. Zunächst einmal können Unternehmen wertlos werden, sogar DAX-Konzerne wie Wirecard. Auch ganze Staaten können in Schieflage geraten. Das sah man am Beispiel des japanischen Aktienindex seit 1989.

Was nützt da die Behauptung, sehr langfristig schneide am Ende doch die Aktie am besten ab? „In the long run, we are all dead“, meinte schon der britische Ökonom John Maynard Keynes.

Aktienanleihen und Discount-Zertifikate

Diejenigen, die in Flaute-Zeiten unbedingt etwas mit ihren freien finanziellen Mitteln tun wollen, können sich zum Beispiel sogenannte Aktienanleihen kaufen. Das sind Anleihen, die meist nur rund ein Jahr laufen. Und Sie bekommen hohe Zinsen (sieben bis zehn Prozent) angeboten, wenn Sie bereit sind, im Falle tieferer Aktienkurse in rund einem Jahr statt der Rückzahlung der Anleihe vorher vereinbarte Aktien ins Depot geliefert zu bekommen. Warum nicht, wenn es sich um solide Standardaktien handelt, die dann auch wieder steigen? Im Internet finden Sie unter dem Stichwort „Aktienanleihen“ eine ganze Menge solcher Angebote!

Etwas ganz Ähnliches, was genauso risikoarm ist wie Aktienanleihen, sind sogenannte Discount-Zertifikate.

Die Grundidee: Sie bekommen solide Standardaktien etwas billiger, als sie momentan an der Börse notieren. Zunächst nicht die Aktien selbst, sondern nur Zertifikate, die dann am Ende der Laufzeit in Aktien umgetauscht werden – aber nur dann, wenn die Aktien bis dahin nicht deutlich gestiegen sind. Falls doch, bekommen Sie immerhin eine Prämie ausgezahlt und machen mit Ihrem eingesetzten Geld zumindest einen kleinen Gewinn.

Am besten lässt sich diese Anlageform an einem Beispiel aus dem Jahr 2022 erklären.

Abb. 3.21 Siemens in Euro | WKN 723610

Die Siemens-Aktie eignete sich im Jahr 2022 sehr gut für eine „Discount-Spekulation".

Eine Anlegerin erwartete vom 27. Mai 2022 bis zum 16. September 2022 eine leicht fallende Siemens-Aktie. Sie entschied sich für den Kauf von 100 Discount-Zertifikaten (WKN SH7BZ7, Preis am 27.05.2022: 98,38 Euro) auf die Siemens-Aktie, die am 27. Mai 2022 bei 121,76 Euro notierte. Dieses Discount-Zertifikat wurde von der französischen Bank Société Générale ausgegeben und war mit einem Cap (Höchstbetrag) bei 110 Euro ausgestattet. Das war zwar niedriger als der momentane Aktienkurs. Aber die Anlegerin erwartete ja ohnehin leicht fallende

Kurse und das Zertifikat kostete nur 98,38 Euro, also rund 22 Prozent weniger als die Siemens-Aktie. Die Kosten für 100 Stück betrugen somit 9.838 Euro. Nun wartete sie auf das Laufzeitende (16.09.2022), hätte die Zertifikate aber auch täglich wieder zum Kurswert abstoßen können.

Was hätte nun bis zum 16. September 2022 passieren können?

Fall 1:
Siemens fällt bis zum 16. September 2022 nicht, sondern steigt zum Beispiel auf 130 Euro. Die Rückzahlung des Discount-Zertifikats erfolgt zum Höchstbetrag von 110 Euro für 100 Stück, also 11.000 Euro. Das entspricht einem Gewinn von 1.162 Euro. Freilich wäre es dann besser gewesen, sie hätte die Aktie selbst gekauft. Trotzdem eine gute Rendite für nur drei Monate.

Fall 2:
Siemens fällt und notiert am 16. September 2022 bei 108 Euro. Die Anlegerin erhält 100 Siemens-Aktien, die in ihr Depot gebucht werden.

Da sie nur 9.838 Euro zahlen musste, ist auch dies ein Gewinn von 9,62 Euro pro Aktie. Sie kann sich nun überlegen, ob sie den Gewinn mitnehmen oder auf einen Kursanstieg warten soll.

Fall 3
Siemens fällt nun tatsächlich bis 16. September 2022 auf fast genau 100 Euro. Während Direktanleger einen Verlust von 21,76 Euro pro Aktie erlitten hätten, hat sie immer noch keinen Verlust. Sie hat die Aktien ja günstig erworben und nur 98,38 Euro pro Aktie bezahlt.

Fall 4:
Siemens fällt bis zum 16. September 2022 auf 80 Euro. Nun gut, sie hätte dann die gefallenen Siemens-Aktien annehmen müssen und

damit einen Verlust erlitten. Aber der Verlust ist wesentlich geringer, als wenn sie die Aktie selbst zu 121,76 Euro gekauft hätte.

Bei einem solchen Standardwert kann sie den momentanen Verlust auch beruhigt aussitzen; 2023 stieg die Aktie wieder kräftig.

Die Société Générale, die HSBC und andere Banken bieten solche Discount-Zertifikate auf fast alle bekannten Standardwerte an, auch mit ganz unterschiedlichen Laufzeiten. So können Sie sich einfach die Aktie und die Laufzeit aussuchen, die Ihnen am besten gefallen.

Soll man sein Aktiendepot absichern?

Die Sache mit der Absicherung ist gar nicht so einfach, da sie in der Regel mit relativ hohen Kosten verbunden ist. Es gibt die Möglichkeit einer Absicherung über den Terminmarkt mit einer Stop-Order, über den DAX-Future oder mit einer Verkaufsoption auf den DAX.

Verkaufsoptionen sind teuer und ich bin inzwischen davon abgekommen, denn man müsste auch aufpassen, nicht zu einem kurzfristig falschen Zeitpunkt zu handeln. Das setzt ständige und sogar tägliche Kursbeobachtung voraus. Das sollte man sich nicht antun.

Weiterhin gibt es die Möglichkeit, für jede einzelne Aktie im Depot einen Stoppkurs zu setzen. Aber das würde ich höchstens vor einem längeren Urlaub machen. Denn die Folge ist meist, dass durch Zufallsschwankungen der Stoppkurs erreicht wird. Dann ist man zu einem schlechten Kurs draußen und anschließend steigen die Kurse wieder. Da hätte man besser gleich verkauft.

Außerdem stellt sich die Frage, auf welche Marke man den Stoppkurs legen sollte. Setzt man ihn 10 oder 15 Prozent unter den heutigen Kurs, dann wollen bei einem solchen Kursrückgang ja alle schnell verkaufen. Und dann würde man vermutlich auch nicht zu seinen Stoppkursen herauskommen, sondern erst viel später, wenn die Kurse noch tiefer sind. Denn das Unterschreiten der Stoppkurse löst ja erst einmal nur das Verkaufssignal aus, das dann erst bei den nächsten Umsätzen greift. Und diese liegen dann vermutlich viel tiefer. Doch wer wiederum einen Stoppkurs bei nur fünf Prozent unter dem jetzigen Kursniveau anstrebt, der ist offenbar davon überzeugt, dass es ohnehin bald abwärtsgehen wird. In diesem Fall ist es lohnenswerter, zum Wochenschluss das Kursniveau zu kontrollieren und beim Unterschreiten einer persönlich gesetzten Marke an einem besseren Börsentag Verkäufe vorzunehmen.

Für jemanden, der sein ganzes Geld in Aktien gesteckt hat, wäre mein Rat: einfach mal Teilverkäufe tätigen! Man sollte ohnehin nicht sein gesamtes Geld in Aktien investiert haben. Verkaufen Sie Aktien, mit denen Sie schon 100 Prozent Gewinn gemacht haben. Die Gefahr, dass Großanleger einmal ihre Gewinne sichern wollen, ist groß. Aber verkaufen Sie vor allem auch die schwachen Aktien, mit denen Sie am wenigsten im Gewinn liegen. Dann fallen auch nicht so viele Steuern an.

Wenn Sie ungern einzelne Werte Ihres Depots verkaufen wollen, käme für Sie als Absicherungsinstrument auch der Verkauf eines DAX-Futures infrage. Freilich macht nicht jede Bank solche Geschäfte für Sie. Denn für den Anleger fallen hier nur geringe Kosten an und die Bank muss sich darum kümmern, ob der Kunde überhaupt zahlungsfähig genug ist. Denn solche Termingeschäfte sind riskant, weil es um viel Geld geht. Bezahlt werden muss erst, wenn die Position wieder glattgestellt wird, also beim Ausstieg, in diesem Fall beim Rückkauf. (Denn wenn man auf einen fallenden DAX setzt, muss man einen DAX-Future per Termin ja verkaufen!) Im Grunde werden hier Börsengeschäfte mit 100 Prozent Fremdkapital getätigt.

Bei einem Future verpflichten sich Käufer und Verkäufer, zu einem bestimmten Termin einen Aktienindex, eine Ware oder auch Devisen zu dem dann gültigen Kurs zu handeln. Der Gewinn errechnet sich aus dem Abstand des Schlussterminkurses zum Einstandskurs. Auch während der Laufzeit kann ein Future jederzeit an der Börse verkauft oder zurückgekauft werden, natürlich zum dann bestehenden Kurs.

Angenommen, der DAX notiert bei 19.500 Punkten. Sie verkaufen etwas, das Sie gar nicht besitzen, nämlich einen DAX-Future. Jeder DAX-Punkt hat einen Wert von 25 Euro. Der Kontrakt ist also bei einem DAX-Stand von 19.500 Punkten so viel wert, als hätten Sie Aktien des DAX für insgesamt 487.500 Euro im Depot (19.500 x 25).

Zunächst fließt aber gar kein Geld. Abgerechnet wird erst zu einem späteren Termin, daher auch der Name *Future (Zukunft)*. DAX-Futures können auf März, Juni, September oder Dezember lauten, fällig werden die entsprechenden Kontrakte immer am dritten Freitag dieses Monats.

Nehmen wir also an, Sie verkaufen jetzt einen DAX-Future zum Dezember-Termin 2025. Der Kurs liegt am Handelstag bei 21.500 Punkten. Und zum Abrechnungstag am dritten Freitag im Dezember ist er auf 21.000 Punkte gefallen. Dann wird die Kursdifferenz berechnet: 21.500 minus 21.000 = 500. Da jeder DAX-Punkt einem Wert von 25 Euro entspricht, haben Sie einen Gewinn von 12.500 Euro erzielt. Falls der DAX aber gestiegen wäre, zum Beispiel auf 23.500 Punkte, dann hätten Sie einen Verlust von 2.000 Punkten beziehungsweise 50.000 Euro verbucht. Gewinne und Verluste bei Futures entstehen also, ohne dass eine Partei zuvor Kapital eingesetzt hat. Im Grunde handelt es sich um eine Wette. Deshalb fordert die Bank die „Termingeschäftsfähigkeit“ der Partner und will bei Abschluss Ihres Geschäfts genügend Sicherheiten, dass Sie im Falle eines Verlusts auch die Differenz zahlen können.

Wenn Sie also ein Aktiendepot in der Größe von rund 500.000 Euro haben, könnten Sie mit einem einzigen DAX-Future-Verkauf dieses komplett absichern, wenn wir annehmen wollen, dass Ihr Aktiendepot nicht schlechter abschneidet als der DAX. Bei einer doppelten Größe benötigen Sie zwei DAX-Futures. Dann kann geschehen, was will: Wenn Ihr Future-Geschäft gewinnt, machen Sie beim Depot einen entsprechenden Verlust. Gewinnt Ihr Depot, verlieren Sie vermutlich beim Future, denn Sie haben ja mit dem DAX-Future-Verkauf auf fallende Kurse gesetzt.

Für Schweizer Leser gilt hier: Wenn Sie Ihr Depot absichern möchten, rate ich Ihnen, Ihr Depot ebenfalls mit dem DAX-Future abzusichern, weil der Markt breiter ist. Es gibt auch Futures auf den SMI, dieser ist aber sehr vom Kurs des Schweizer Franken abhängig. Außerdem enthält der SMI nicht die ausbezahlten Dividenden. Beim DAX werden sie mit eingerechnet.

Solche Future-Geschäfte sind natürlich nur etwas für erfahrene Anleger mit großen Depots. Wer in einem kleineren Rahmen auf schwächere DAX-Kurse setzen will, kann ein entsprechendes Zertifikat nutzen. Viele solcher Index-Bear-Zertifikate werden von Banken angeboten. Am einfachsten setzen Sie hier auf den „ShortDAX", der ebenfalls ständig veröffentlicht wird, zum Beispiel bei *n-tv* auf Videotexttafel 203. Solche Geschäfte sind aber nicht so kostengünstig wie der Future.

Auch hier ein Beispiel aus dem Jahr 2022:

Abb. 3.22 Lyxor ShortDAX Daily (-1x) Inverse in Euro | WKN ETF004

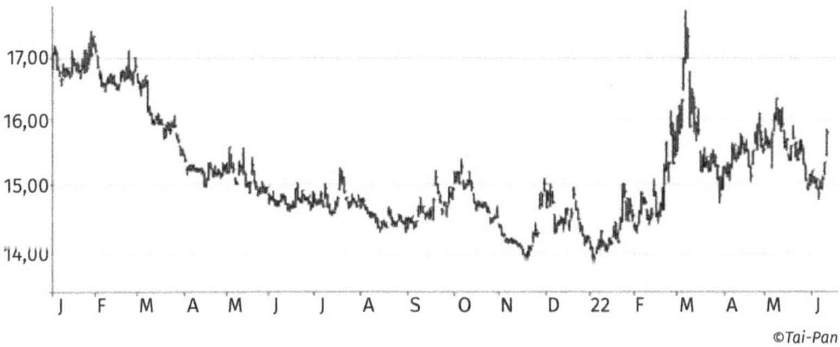

Der Chart zeigt einen ETF auf den ShortDAX, der so konzipiert ist, dass er täglich um denselben Prozentsatz steigt beziehungsweise fällt, wie umgekehrt der DAX fällt beziehungsweise steigt. Das ist chancenreich, erfordert aber auch gute Nerven. Gerade nach einem kräftigen Verlusttag, nach dem viele mutig auf fallende Kurse setzen, ist natürlich auch immer eine kurzfristige Erholung möglich. Dann liegt der Short-

DAX-Spekulant erst einmal im Minus und muss sich überlegen, wie lange er das aushalten kann und wann er die Position lieber mit Verlust schließt. Daher empfehle ich diese Vorgehensweise nur Lesern mit viel Börsenerfahrung.

Zwar ist es für viele Börsenprofis eine Selbstverständlichkeit, auch einmal „short zu gehen“, wie man im Börsenjargon zu sagen pflegt. Und grundsätzlich ist die Spekulation auf eine Baisse möglich und auch legitim. Für jeden Anleger ist es sicherlich ein gutes Gefühl, wenn er in einer Börsensituation Gewinne macht, in der die meisten anderen Börsenteilnehmer nur über die schweren Verluste stöhnen, die ihnen die Kurseinbrüche zugefügt haben. Auch muss der Baisse-Spekulant keine moralischen Skrupel haben, dass er vom Unglück anderer profitiert. Das tut er ja gar nicht. Er ist nicht schuld, wenn andere Börsenteilnehmer eine falsche Strategie verfolgen, und er war es ja auch nicht, der die Kursstürze verursacht hat. Er hat nur einige Baisse-Instrumente verstärkt eingesetzt, um aus den Bewegungen des Marktes zusätzlichen Nutzen zu ziehen.

Dennoch möchte ich Sie vor Baisse-Spekulationen warnen. Erstens kann es sein, dass der Zeitpunkt einfach nicht der richtige ist. Diesen genau zu erkennen, ist auch für Börsenprofis nicht leicht. Eine weitere Gefahr der Baisse-Spekulation ist die, dass der Anleger zu hohe Einsätze wagt, möglicherweise mit Hebelwirkung, die er nicht durchhalten kann, wenn die Börse nicht sofort in die richtige Richtung läuft.

Wenn es nur um Absicherung und nicht um Spekulation geht, lautet mein Rat: einfach verkaufen, nicht absichern. Dafür spricht, dass diese Strategie schlicht am nervenschonendsten ist. Und zweitens weiß man ja im Moment noch nicht, welche Aktien in einigen Monaten, wenn die Gefahr vorüber ist, dann wirklich die richtigen sein werden. Wenn man dann ohnehin das Depot stark umschichten muss, hätte man auch gleich alles verkaufen können.

Wie geht man mit den kurzfristigen Schwankungen um?

Börsenneulinge fühlen sich oft sehr verunsichert durch die fast täglich schwankenden Trends, die eine klare Richtung vermissen lassen. Es besteht dann immer die Gefahr, den aktuellen Tagestrend für den „richtigen“ zu halten, weil er doch offenbar die neuesten Fakten kennt und berücksichtigt.

Doch das ist ein Irrtum. Entscheidend ist der mittelfristige Trend, den wir erkennen müssen. Tagestrends sind immer zufällig. Und selbst Trends von mehreren Wochen sind unzuverlässig. Nach kurzfristigen Bewegungen prozyklisch zu kaufen oder zu verkaufen, ist schon aus Kostengründen nicht ratsam.

Ein Tipp: Je größer die kurzfristigen Schwankungen, desto größer auch die Gefahr! Sie können dazu auch den VDAX im Auge behalten, der die erwarteten Schwankungen misst. Sie finden ihn zum Beispiel bei *n-tv* auf Tafel 203. Je höher er steht, desto größere Schwankungen sind zu erwarten.

Abb. 3.23 VDAX-NEW in Punkten | WKN A0DMX9

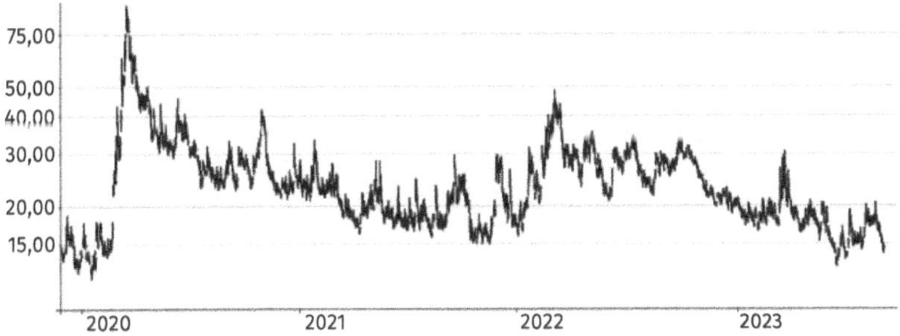

Der VDAX misst nicht die Kurshöhe, sondern die Menge der Börsenumsätze.

©Tai-Pan

Noch ein weiterer Tipp: Nutzen Sie kurzfristige Schwankungen „antizyklisch“! Das heißt zum Beispiel: Bei einem ohnehin geplanten Verkauf warten Sie ab, bis der DAX oder SMI oder ATX oder Euro Stoxx 50 im Vergleich zu den letzten zwei Wochen eher hoch steht. Dann können Sie günstig verkaufen. Und umgekehrt wählen Sie bei mittelfristigen Kaufsignalen für Ihre Käufe einen Tag, an dem Ihr Index im Verhältnis zu den letzten zwei Wochen eher tief steht.

Sie werden aber merken, dass diese antizyklische Handlungsweise gar nicht so einfach ist, weil Sie sich stets gegen die aktuelle Tagesstimmung und gegen ihr Bauchgefühl stellen müssen.

Kein Day-Trading!

Neuerdings werden in verschiedenen Börsenpublikationen wieder Systeme vorgestellt, die auf kurzfristigen Spekulationen beruhen. Vor 20 Jahren war das sehr populär und man nannte es „Day-Trading“. Ein Day-Trader versucht, mithilfe von Charts und kurzfristigen Klingelzeichen die täglichen Schwankungen am Aktienmarkt und am Devisenmarkt zu nutzen, und dies auch noch mit „Hebelwirkung“! Das heißt, dass hier mit sehr hohen Beträgen spekuliert wird, damit sich das Ganze überhaupt lohnt. Und zum Ende jedes Tages werden dann alle Spekulationsgeschäfte beendet. Am nächsten Tag werden neue Positionen aufgebaut.

Schon früher habe ich sowohl in BÖRSENSIGNALE als auch in einigen Büchern dringend vor solchen Geschäften gewarnt. Denn es gibt kein kurzfristiges System, das wirklich zuverlässig funktioniert. Wenn das der Fall wäre, dann hätte auch ich dies längst empfohlen. Aber mir ist kein einziger kurzfristiger Trader bekannt, der auf längere Sicht Gewinn gemacht hätte. Diejenigen, die behaupten, dass sie es geschafft hätten, veröffentlichten stets nur ihre glücklicherweise gelungenen Geschäfte und verschwiegen die ebenso zahlreichen Misserfolge.

Warum funktionieren kurzfristige Systeme nicht? Warum sind sie nicht berechenbar?

Ganz einfach: Stimmungen ändern sich sehr schnell. Außerdem tritt man als kurzfristiger Spekulant im Grunde gegen Profis großer Investmentbanken an, die ebenfalls kurze, schnelle Gewinne erzielen wollen. Diese Profis verfügen vielleicht nicht über mehr Wissen, aber über sehr viel mehr „Marktmacht". Die internationale Großspekulation betreibt unter dem Druck von Erfolgsquoten mittels Terminmärkten gigantische Devisen-, Anleihe- und Aktien-Future-Geschäfte. Sie kann in der Tat ein Stück weit die Kurse beeinflussen. Die starken Ausschläge nach oben und unten von 1997 bis 2003 und von 2008 bis 2009 gingen zum großen Teil auf die Transaktionen der großen US-Investmentbanken zurück. Danach wurde es etwas stiller um das „Day-Trading", man hörte nicht mehr viel davon. Selbst Großanleger, die im Rahmen ihres Investmentbankings solche Spekulationsgeschäfte gewagt hatten, gerieten damit in die Verlustzone und das Investmentbanking insgesamt in Verruf. Die Deutsche Bank musste in diesem Bereich Tausende von Stellen streichen. Privatanleger sollten nicht versuchen, das Spiel der Großspekulanten mitzuspielen. Dass derartige Geschäfte überhaupt immer wieder in Mode zu kommen scheinen, ist der Ungeduld der Anleger geschuldet, die von einer laufenden „Seitwärtsbewegung" der Börse genervt sind und erwarten, dass ihr Geld „arbeitet".

Kapitel 4

Börsenpsychologie

Die Stimmung ist schlecht – ist das gut?

Nicht wenige meinen ja, es könne an der Börse nur noch aufwärtsgehen, wenn die Stimmung schlecht ist und dem Aktienmarkt in absehbarer Zeit kaum Kursgewinne zugetraut werden. Denn nachdem alle Krisenargumente bekannt seien, habe die Börse diese bereits abgehakt. Alle, die verkaufen wollten, haben bereits verkauft – so das bekannte Argument.

Doch ganz so einfach ist es wohl nicht. Die Behauptung, dass die Börsenstimmung als Kontraindikator geeignet sei, um mit ihrer Hilfe Trendwenden vorhersagen zu können, trifft allenfalls zu, wenn entweder blanke Panik oder pure Euphorie herrschen. In allen anderen Fällen besteht indes das Problem des richtigen „Timings". Damit ist die Schwierigkeit gemeint, den optimalen Zeitpunkt einer Trendwende herauszufinden. Denn sicherlich steigen die Kurse, nachdem die Stimmung schlecht war! Das tun sie immer. Die Frage ist nur, *wann*. Denn die schlechte Stimmung kann auch noch einmal zu einer *sehr* schlechten und daraufhin zu einer *äußerst* schlechten werden, bevor es dann aufwärtsgeht!

Umgekehrt ist es ähnlich. Euphorische Stimmungen und tolle Erwartungen für die Kursentwicklung dauern meist ebenfalls sehr viel länger, als man vermuten sollte. Ich kann mich noch gut daran erinnern, wie ich im Sommer 1987 und im Frühjahr 2000 fast an der Aktienhausse verzweifelte, die alle bekannten Börsenregeln in den Wind schlug und bei manchen Aktien zu Bewertungen führte, die man nur noch als „Mondkurse" bezeichnen konnte.

Massenpsychosen

Man hat das Anlegerverhalten an der Börse zu Recht in Verbindung gebracht mit einer Herde, die von wenigen Leithammeln geführt wird und nur den Gesetzen der Masse folgt, wie sie der französische Arzt

Gustave Le Bon (1841–1931) entdeckt hat. Massen sind leichtgläubig und sehr beeinflussbar. Sie werden durch eine gemeinsame Gefühlslage und Grundüberzeugung fest zusammengehalten, individuelle Meinungen, Erkenntnisse und Wertvorstellungen gehen weitgehend verloren. Massenempfinden und individuelles Erleben werden eins. Seltsamerweise ist die Umwandlung des Einzelnen zu einem Teil der Masse unabhängig von seinem Bildungs- und Informationsstand. Das Börsengeschehen im Zeitalter der Massenmedien und der globalen Vernetzung führt zwangsläufig zu Massenveranstaltungen und Massenpsychosen in Form von Kauf- und Verkaufswellen. Entscheidungssicherheit erfährt der Einzelne nicht in erster Linie durch die ihm zur Verfügung stehenden Informationen, sondern durch die große Herde: „Was alle tun, kann nicht falsch sein." Heutzutage werden durch die schnelle Verbreitung von Informationen jede Menge Nachrichten unverzüglich ausgetauscht. Dadurch entstehen ein weitgehend einheitliches Verhalten und Börsentrends, denen man sich als Einzelner kaum widersetzen kann, ohne Verluste zu erleiden.

Wenn manche Beobachter das damit begründen, dass die Masse eben mehr weiß als der Einzelne und daher an der Börse stets richtiger liege, dann ist das einfach falsch. Es würde nur dann stimmen, wenn alle Anleger unabhängig urteilen würden. Aber das tun sie nicht, sondern sie beeinflussen sich gegenseitig. Deshalb kaufen sie zeitweilig stark überbewertete Aktien wie Nvidia, Snap, Adobe, Meta Platforms, Netflix, Alphabet oder Eli Lilly. Warnungen vor viel zu hohen Bewertungen verhallen in einer solchen Situation ungehört. Als ich im Frühjahr 2024 darauf hinwies, dass US-Aktien gemessen an ihrem Kurs-Umsatz-Verhältnis mittlerweile noch höher bewertet werden als zu Zeiten der Hightech-Euphorie 1999/2000 und vor der Finanzkrise 2007, interessierte das nicht. Der Markt wandle sich eben, hieß es, und die Bewertung der Aktien sei angesichts der „künstlichen Intelligenz" (KI) schon richtig. Wer dies nicht glaube, könne eben an den schönen Börsengewinnen nicht teilhaben.

Die große Masse der Anleger kauft teuer und verkauft billig!

Abb. 4.1 DAX (2000–August 2007) in Punkten

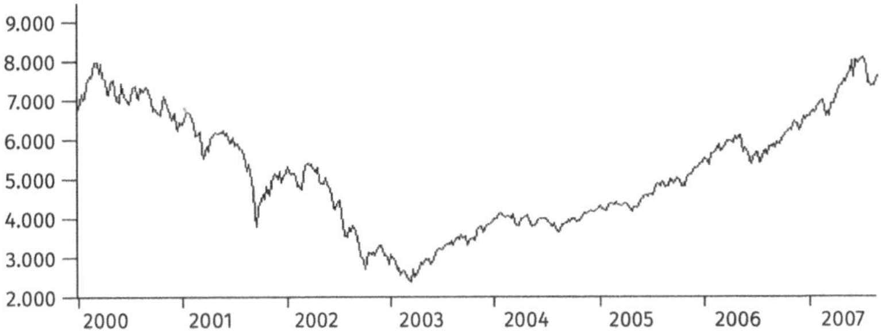

Die große Masse kaufte DAX-Aktien nicht Anfang 2003, als sie billig waren, sondern vor allem in den Jahren 2000 und 2007.

Eine kaufmännische Grundregel lautet: Kaufe billig, verkaufe teuer. Diese Regel ist jedermann einsichtig und klingt logisch. Aber die Anleger, die in den Jahren 2000 und 2007 bei DAX-Kursen von etwa 8.000 Punkten kauften, taten genau das Gegenteil. Das kommt an der Börse oft vor, wie unter anderem die Absatzzahlen der Aktienfonds zeigen. Im Februar 2000 waren die Absätze von Aktienfonds weltweit am höchsten, als auch die Kurse nahezu ihr Hoch erreicht hatten. Hingegen stieg die große Masse im März 2003, als die Aktien zu Traumkursen zu bekommen waren, aus Wut oder Panik aus. Der DAX lag bei 2.200 Punkten und die Fondsabsätze fielen fast auf null. Man wollte weder Aktien noch Aktienfonds besitzen. Im Jahr 2007 hatte dann die Fondsstatistik ebenso wie der DAX zwischenzeitlich ein 5-Jahres-Hoch erreicht. Kurz darauf ging es im Rahmen der Finanzkrise kräftig abwärts, der DAX verlor erneut über 50 Prozent.

Was bringt Menschen dazu, an der Börse billig zu verkaufen und teuer einzusteigen? Diejenigen, die das tun, sind ja nicht geistesgestört oder blind. Sie können vermutlich viele Gründe für ihr Verhalten nennen, die mit Vokabeln wie „wenn" und „hätte" gespickt sind. Der eigentliche Grund ist jedoch der, dass man sich in der großen Herde, in der man tut, was alle tun, wohl und sicher fühlt. Man ist geschützt. Das war schon in der Steinzeit so, als es um das nackte Überleben ging. Dieses angepasste Verhalten steckt tief im menschlichen Gehirn. Daran hat auch die moderne Informationstechnologie nichts geändert. Die Vernunft wird ausgeklammert. Und so ist der Höhepunkt einer Aktienhausse stets von Gefühlen der Sicherheit begleitet, dass bei so guter Geschäftslage schon nichts passieren kann. Die Argumente für die Sorglosigkeit sind dieselben wie immer: Aktienbesitzer hätten „die beste aller Welten" vor sich, nämlich niedrige Zinsen gepaart mit Rekordgewinnen der Unternehmen.

Dass es ganz anders kommen und sich die Stimmung auf Dauer drehen könnte, ist nicht vorstellbar, so auch nicht 2007, obwohl damals die US-Hypothekenkrise bereits als dunkle Wolke den Börsenhimmel überschattete. Die Schnelligkeit, mit der im Februar und Juni 2007 Kursverluste aufgeholt wurden, hatte die Optimisten noch in ihrem Glauben bestärkt, ihnen könne nichts passieren, wenn sie weiter kauften. Dass jeder kräftige Kursrutsch auch ein Warnsignal ist, wurde dabei geflissentlich übersehen.

Auch die sogenannten Profis verhalten sich keineswegs nur rational. Sie mögen nach festen Grundregeln investieren, doch auch ihnen spielt ihr Gehirn immer wieder Streiche. Sonst wären die Ergebnisse der überwiegenden Zahl der Aktienfonds nicht so schlecht, wie die Statistiken immer wieder unbarmherzig ausweisen.

Panik kann ansteckend sein!

Abb. 4.2 DAX (2015) in Punkten

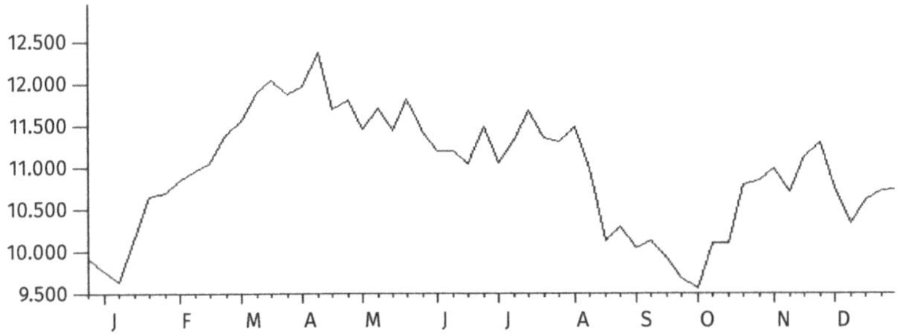

In den Monaten August und September 2015 kam es grundlos zu teilweise panischen Verkäufen.

Nehmen wir als Beispiel für eine Massenpanik den Sommer 2015. Konnte man die Korrekturen von Mitte April bis Anfang August 2015 noch als Ausdruck der Verunsicherung und Nervosität „zittriger" Anleger sehen, so war es mit dieser Deutung ab Mitte August 2015 vorbei. Die Verkäufe erfolgten massiv, in großen Umsätzen und breit gestreut über alle Länder und Branchen hinweg – ohne Rücksicht auf den Wert einzelner Aktien. Zum großen Teil wurden auch Aktien verkauft, die vorher sehr gut gelaufen waren. Und warum es abwärtsging, wusste man eigentlich gar nicht. Es waren schlicht Gewinnmitnahmen! Großanleger, die es besser hätten wissen müssen, widersetzten sich den Verkäufen nicht. Denn niedrigere Kurse kamen einigen von ihnen durchaus zupass, um ab Oktober wieder kräftig einsteigen und verdienen zu können.

Entsprechend waren auch die Begründungen für die Kursverluste in den Medien großenteils an den Haaren herbeigezogen. Da war die Rede von Chinas „Wachstumsschwäche", die zur „Bedrohung für die Weltwirtschaft" werde. Dabei meldete China damals immerhin ein Wachstum von sieben Prozent!

Abb. 4.3 Shanghai Composite Index in Punkten

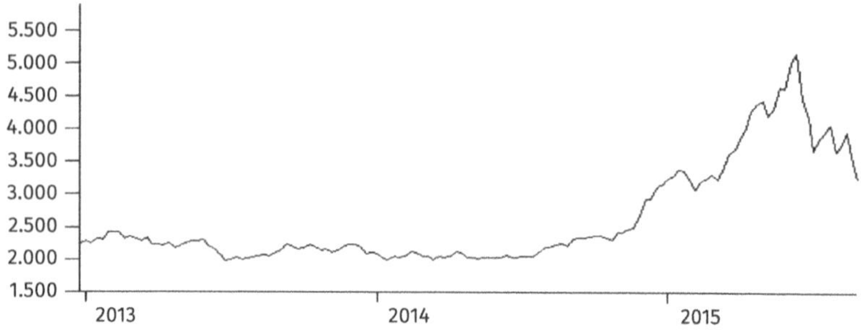

Der chinesische Aktienindex fiel in den Sommermonaten 2015 wegen eines angeblich „zu geringen Wirtschaftswachstums“ von sieben Prozent.

Außerdem hatte die chinesische Regierung genug Möglichkeiten, mit Zinssenkungen und anderen geeigneten Maßnahmen darauf zu reagieren, weshalb es im Herbst wieder zu Kurserholungen in aller Welt kam.

Dazu muss man wissen, dass im Jahr 2015 immer wieder Zweifel an der Stabilität des Euro aufkamen. Man fragte sich, ob Länder wie Griechenland, Italien, Spanien und Portugal nicht besser aus dem Euroverbund ausscheiden sollten. Kritische Kommentare in den Medien häuften sich. Und wenn die Stimmung schon mal schlecht ist, dann wird alles nur noch grau in grau gesehen. Plötzlich misstraute man auch wieder Schwellenländern wie Brasilien, Indien, Thailand und Korea. Hinzu kamen Ängste vor militärischen Auseinandersetzungen in Korea und der Ukraine.

Aber das waren meist nachgeschobene Begründungen, die die massiven Verkäufe erklären sollten. Die Großanleger setzten wohl darauf, dass die Masse der Kleinanleger zu Niedrigstkursen aussteigt. Und diese Rechnung ging auf. Kleinanleger kaufen häufig zu Höchstkursen, wenn die Stimmung sehr gut ist. Und sie geraten in Panik, wenn die Kurse um 25 Prozent gefallen sind.

Irgendwo muss das Geld aus Verkäufen ja wieder angelegt werden! Die Großanleger waren sicher, nach einer Panik wieder zu Spottpreisen ihre Aktien zurückkaufen zu können, so wie das bereits in den Jahren

2003, 2009 und zuletzt 2011 nach heftigen Kursstürzen geschehen war. Und sie wurden in dieser Erwartung auch im Jahr 2015 nicht enttäuscht.

Abb. 4.4 DAX (2011) in Punkten

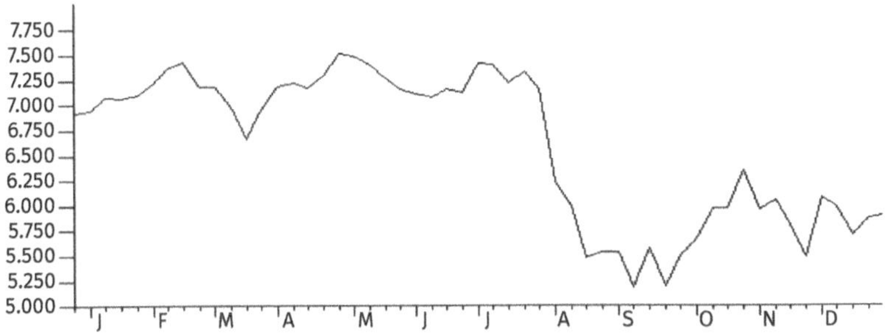

Auch die starken Kursrückgänge im Jahr 2011 waren im Grunde irrational.

Schauen wir uns doch die Situation im Jahr 2011 etwas näher an! Auch damals hatte sich der DAX nach dem Absturz im Sommer 2011 schnell wieder erholt und war dann 2012 auf seinen vorherigen Stand zurückgekehrt. Es hatte für den Kursrückgang (sogar um 30 Prozent!) keinen wirklichen Grund gegeben – außer dem, dass die Großanleger einfach einmal wieder niedrige Kurse zum Einsteigen benötigten.

Diejenigen, die damals verkauften, hatten wohl vergessen, dass jede Baisse eine Ursache haben muss! Entweder droht Inflation (wie 1973 und 1979) oder eine Weltrezession (wie 1981 und 2008) oder die Kurse sind so hoch (wie 1987), dass die Verlockung zu groß wird, zu verkaufen und zu warten, bis man wieder viel billiger kaufen kann.

Doch die Kursstürze von 2011 und 2015 waren völlig sinnlos. Die Kurse waren im Durchschnitt weder zu hoch noch drohte eine Inflation. Im Euroraum lag die Inflationsrate nahe null, die Rohstoffpreise sanken und man rechnete insgesamt bereits mit Preisrückgängen, also mit Inflationsraten unter null.

Eine Weltrezession drohte ebenfalls nicht. Die Konjunkturbarometer zeigten zwar allesamt keine überschäumende Nachfrage, aber von einer Rezession konnte keine Rede sein. Wie wir noch sehen werden, wird eine Rezession in der Regel sogar rechtzeitig angezeigt, wenn die langfristigen Anleihezinsen niedriger sind als die kurzfristigen. Aber das war weder 2011 noch 2015 der Fall.

Inwieweit Pandemien Börsentrends beeinflussen können

Schließlich noch ein Hinweis, wie Anleger mit unerwarteten Pandemien umgehen sollten, wie wir sie weltweit mit dem Coronavirus in den Jahren 2020 und 2021 erlebt haben.

Abb. 4.5 Shanghai Composite Index in Punkten | WKN A1YDZ0

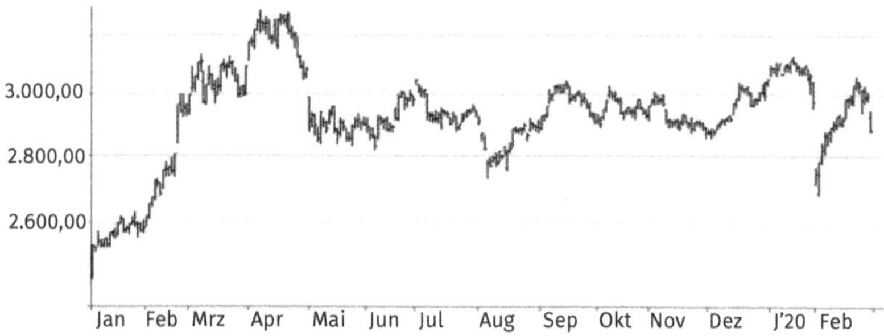

Die Coronakrise 2020 begann in China und drückte den Aktienmarkt plötzlich nach unten. ©Tai-Pan

Als die Coronakrise im Jahr 2020 begann, waren die Börsianer noch nicht sehr beunruhigt. Man überlegte zunächst nur, wie weit sich eine Wirtschaftskrise in China auf Europa und die USA auswirken könnte. Doch nach immer neuen Erkrankungen und dem Übergreifen des Virus auf Norditalien sowie Einzelfällen in allen anderen Ländern wuchs die Sorge, dass bei ohnehin schwacher Weltkonjunktur durch Lieferstopps der Welthandel doch stärker beeinträchtigt werden könnte als bisher vermutet. Verzögerungen im Welthandel interessieren die Börse normalerweise überhaupt nicht, denn sie bewertet die Zukunft, nicht die Gegenwart. Und wie jede Krise, die durch Katastrophenmeldungen die Börse verunsichert, gehörte auch die Coronakrise bald wieder der Vergangenheit an. Aber die schnelle Ausbreitung des Virus und die Vorsichtsmaßnahmen, die ergriffen werden mussten, sorgten wegen der dadurch immer weiter angefachten Panikstimmung dafür, dass die Verkäufe gar kein Ende mehr zu nehmen schienen. Hatte man anfangs noch gehofft, die erkrankten Einzelfälle gut im Griff zu haben und alles kontrollieren zu können, so konnte man dies bald vergessen, als das Virus sich weltweit ausbreitete.

Auch ich wurde von dieser Corona-Baisse und von ihrem Tempo völlig überrascht. Doch dann galt es, bei diesen panikartigen Kursrückgängen keine Fehler zu machen, denn auch Panik kann ansteckend sein! Anleger müssen immer frei von Panik die Lage objektiv analysieren können!

In den letzten 50 Jahren konnte man ja einiges zum Umgang mit Paniksituationen lernen. Zum Beispiel:

1. Grundsätzlich sollte man nicht auf Börsenbewegungen während der Woche reagieren, sondern die Wochenschlusskurse abwarten!

2. Keinesfalls sollte man zu kurzfristigen Panikkursen verkaufen! Es gibt immer auch kurzfristige Gegenbewegungen, die noch zum Verkauf genutzt werden können, wenn nötig.

3. In der Praxis hat es sich bewährt, wenigstens eine „halbe Reaktion" nach oben abzuwarten, wenn man schon unbedingt verkaufen möchte.

4. Zum Verkauf stehen dann vor allem hoch bewertete Aktien (hohe KUV-, KBV-Werte)!

5. Niedrig bewertete Aktien können durchaus in einer Aktienbaisse gehalten werden, wenn man von dieser überrascht wurde. Schließlich war der Aktienmarkt vor der Corona-Baisse nicht überbewertet (Ausnahme USA) und die gefallenen Kurse waren durchaus Kaufkurse.

Entscheidend bei einer solchen Pandemie ist aber auch das Timing. Denn die Coronakrise brach aus, als die Weltwirtschaft bereits bedenklich schwächelte – und diese Schwäche bestand schon länger, während die Aktien, vor allem in den USA, dennoch von Rekord zu Rekord eilten! Die Diskrepanz zwischen den harten Konjunkturdaten und der Kursentwicklung an den Aktienmärkten war eklatant.

In Deutschland stieg die Anzahl der Gewinn- oder Umsatzwarnungen von deutschen Aktiengesellschaften im Jahr 2019 um 25 Prozent, was einem neuen Rekord entsprach. Von den 306 größten Aktiengesellschaften mussten 171 ihre erwarteten Erlöse im Schnitt um 37 Prozent nach unten korrigieren, wie die Wirtschaftsprüfungsgesellschaft Ernst & Young ermittelte. Angehoben wurden die Erwartungen bei 125 Unternehmen im Schnitt um 18 Prozent. Ungeachtet all dessen stieg der DAX 2019 um 25 Prozent!

Fazit: Eine Viruskrise, wie sie jederzeit wiederkehren kann, ist oft Auslöser und „Verstärker“ von Rezessionsängsten am Markt. Doch ein Ausblenden von Konjunkturrisiken kann einem rekordschnellen Kurseinbruch überhaupt erst den Boden bereiten!

Hohe Kurse verlocken zu Übernahmen!

Dass die Börsenkurse zu hoch sind, ist oft auch daran zu erkennen, dass sich die Unternehmensübernahmen häufen. Große Konzerne schlucken kleinere. Offenbar machen hohe Kurse Managern Lust auf Übernahmen. Börsenneulingen ist das meist unverständlich. „Wenn sich solche Übernahmen lohnen, können die Kurse doch nicht zu hoch sein", denken sie. Aber Übernahmen hat es meist bei hohen Kursen gegeben. Denn Manager denken hier anders. Ihnen geht es bei den Übernahmen vor allem um Macht, Prestige und mehr Geld für sich persönlich. Interessanterweise stoßen sie bei hohen Kursen auch auf weniger Widerstand in ihren Aufsichtsräten, wenn es darum geht, die Übernahme durchzusetzen.

Sollten Sie Aktien einer Firma besitzen, für die es ein Übernahmeangebot gibt, dann nehmen Sie das Angebot nicht an, sondern verkaufen diese Aktien sofort an der Börse. Vermutlich ist der Kurs des Unternehmens schon kräftig gestiegen und am absoluten Höhepunkt. Dann ist auch „die Luft raus". Meist ist es sinnlos, darauf zu warten, ob die Übernahme durchgeht oder vielleicht noch ein etwas höherer Übernahmekurs für die Aktien geboten wird. Endloses Warten nervt nur. Verkaufen Sie und investieren Sie ihr Geld in eine andere Aktie!

Manche Anleger nehmen auch das Angebot wahr, ihre Aktien in Aktien des Käufers umzuwandeln. Dabei ist das besonders verdächtig. Das zeigt nämlich, dass der Großkonzern, der den kleineren schlucken will, gar nicht genug Bargeld hat, um die Übernahme zu finanzieren. Er zahlt mit eigenen Aktien. Und diese fallen dann sehr oft im Kurs, wenn die Übernahme vollzogen ist!

Ein typisches Beispiel war die Übernahme von Chrysler durch den Daimler-Konzern im Jahr 1998. Nach der Übernahme ging es bei Daimler mit dem Kurs abwärts!

Abb. 4.6 Mercedes-Benz Group in Euro | WKN 710000

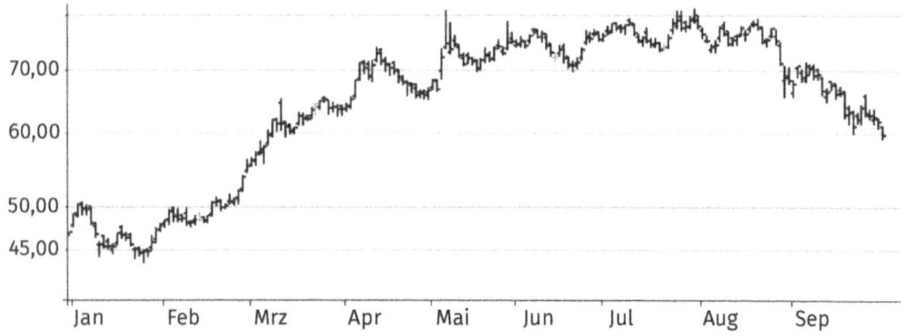

Die Übernahme von Chrysler 1998 bekam dem Daimler-Konzern (heute: Mercedes-Benz) nicht gut.

Weshalb solche Übernahmen oft schiefgehen? Der Hauptgrund ist, dass den Mitarbeitern des Konzerns die Notwendigkeit der Übernahme nicht plausibel ist. Sie befürchten – häufig berechtigterweise –, dass nach der Übernahme irgendwo Personal eingespart wird, und setzen daher oft alles daran, ihr technisches Know-how für sich zu behalten und nicht innerhalb des Konzerns weiterzugeben.

Zu einem Riesenskandal kam es im Jahr 2000, als der britische Vodafone-Konzern den deutschen Konkurrenten Mannesmann schluckte. Gegen die Verantwortlichen bei Mannesmann, die teilweise überhohe Abfindungen kassierten, kam es dann zu einem Prozess, der leider im Jahr 2006 eingestellt wurde. Und Vodafone-Chef Chris Gent gönnte sich mit 30 Millionen Deutsche Mark noch eine Extrabelohnung für die „gelungene Übernahme“, nach der aber der Kurs von Vodafone nur noch fiel.

Abb. 4.7 Vodafone Group in Euro | WKN A1XA83

Die Übernahme von Mannesmann im Jahr 2000 bescherte dem Vodafone-Konzern große Schwierigkeiten.

Aber keine Regel ohne Ausnahme! Noch vor zehn Jahren hätte ich den Rat gegeben, bei Übernahmen grundsätzlich auszusteigen, auch aus den Aktien des Aufkäufers. Aber im Jahr 2023 gab es eine Übernahme, die sich für den Käufer UBS sehr gelohnt hat, nämlich die Übernahme der pleitegegangenen Credit Suisse.

Abb. 4.8
Credit Suisse in Schweizer Franken | WKN 876800

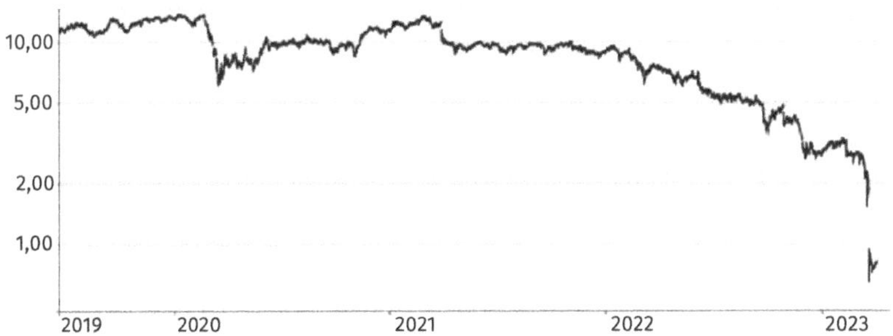

UBS Group in Schweizer Franken | WKN A12DFH

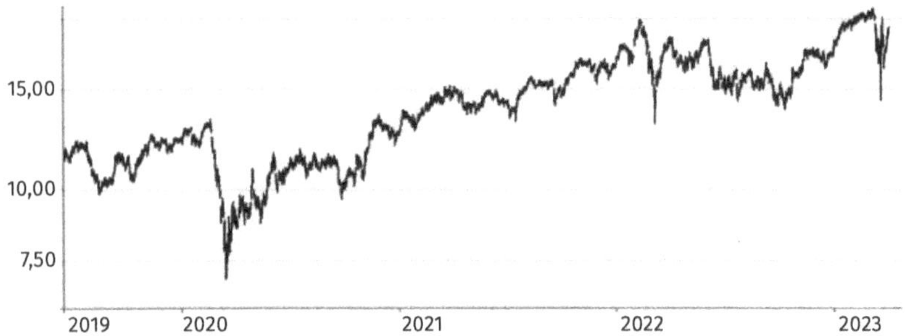

Die Aktionäre der UBS reagierten nach Bekanntgabe der Übernahme zuerst falsch. ©Tai-Pan

Zunächst fiel auch der Kurs der UBS, als die Übernahme bekannt wurde. Denn der Ruf der großen schweizerischen Unternehmen und Banken als „sicherer Hafen“ war nun in Gefahr geraten. Zwar gehörte die Credit Suisse nicht mehr zum „Stoxx-Index“, der auch die sechs wichtigsten und von internationalen Anlegern beliebtesten Schweizer Aktien enthält (Nestlé, Novartis, ABB, UBS, Roche, Zurich). Aber sie war noch im SMI der 20 wichtigsten Unternehmen der Schweiz enthalten. Und nun war sie plötzlich weg vom Fenster! Die Anleger fragten sich, was sich die UBS da wohl auflade. Das könne doch nur schädlich sein, meinte man zunächst.

Aber in Wirklichkeit haben die Manager der UBS außerordentlich geschickt verhandelt:

1. Der Kaufpreis von drei Milliarden Schweizer Franken lag immer noch deutlich unter dem Börsenwert der Credit Suisse vom Wochenschlusskurs am 17. März 2023.

2. Die UBS konnte allein durch Stellenstreichungen bis 2027 rund acht Milliarden Franken einsparen.

3. Nachrangige AT1-Anleihen der Credit Suisse im Wert von 16 Milliarden Franken mussten nicht bedient werden, sondern wurden in fast wertloses Aktienkapital der Credit Suisse umgewandelt.

4. Die Schweizerische Nationalbank stellte 200 Milliarden Franken unbesicherten Kredit zur Verfügung und garantierte eine Sicherheit für Verluste bis neun Milliarden Franken.

5. Die UBS wurde durch die Übernahme nicht nur unumstrittener Marktführer in der Schweiz, sondern eine der größten Banken der Welt. In der Vermögensverwaltung zum Beispiel ist sie hinter Morgan Stanley die Nr. 2 der Welt.

Diese Bedingungen waren so günstig für die UBS, dass andere Institute von einer ungeheuren Verschwendung der Schweizerischen Nationalbank sprachen und mit Klagen drohten.

Es gilt also, sich bei einer Übernahme immer genau die Bedingungen anzusehen, unter denen diese stattfindet. Aber in den meisten Fällen ist es ratsam, das Geschehen sehr kritisch zu beobachten und im Zweifel fernzubleiben!

Kapitel

5

Volkswirtschaftliche Grundkenntnisse

Börsenneulinge sind oft der Meinung, dass man ein umfassendes Studium der Ökonomie benötigt, um an der Börse überhaupt mitreden zu können. Aber das stimmt nicht. Die Börse läuft nach bestimmten Regeln ab, die man sich ebenso aneignen kann, wie ein Schachspieler allmählich die richtigen Strategien zur Vermeidung von Anfängerfehlern herausfindet. Dazu benötigt man kein Studium, sondern einfach eine gewisse Erfahrung, wobei man natürlich auch auf die Erfahrungen anderer zurückgreifen kann.

Einige Grundkenntnisse und ein gewisses Verständnis für volkswirtschaftliche Abläufe sind trotzdem nötig, auch um mögliche Chancen und Gefahren rechtzeitig erkennen zu können. Das Wichtigste erfahren Sie nun in diesem Kapitel.

Wer das Wirtschafts- und Börsengeschehen aufmerksam in den Zeitungen verfolgt, stößt ohnehin ständig auf volkswirtschaftliche Zahlen, die vermeintlich die Richtung der Aktienkurse erklären oder gar vorgeben. Als Privatanleger ist man aber zumindest in der kurzfristigen Perspektive gut beraten, gelassen zu bleiben.

Schon allein wegen des computergestützten Börsenhandels sind die entscheidenden Daten ohnehin längst in die Kurse eingeflossen, bevor wir von ihnen überhaupt Kenntnis erlangen. Dies erklärt auch das scheinbare Paradox, dass in Experimenten jene Anlegergruppe, die kaum Informationen zu Wirtschaft und Börse erhält, besser an der Börse abschneidet als jene mit den durchschnittlichen Informationen aus den Wirtschafts- und Finanznachrichten. Weniger ist manchmal durchaus mehr! Freilich: Jeder, der etwas auf sich hält, ruft nach „Fakten, Fakten, Fakten". Doch so einfach, wie es scheint, ist das mit den Fakten leider nicht.

Allein die Frage, ob man im Besitz *aller relevanten* Fakten ist, lässt sich mitunter je nach Thematik nur sehr schwer beantworten. Für die meisten ist es eher eine Frage des Vertrauens in „ihre" Quellen – oder eine Frage der Bequemlichkeit.

Wer laut nach Fakten ruft, der offenbart zudem, dass ihm wohl weder bewusst ist, dass Fakten – so sie denn richtig und vollständig sind – stets interpretiert werden müssen. Und ebenso wenig mag Klarheit darüber herrschen, dass jeder seine ganz eigenen, unhinterfragten Grundannahmen über „die" Wirtschaft oder „die" Menschen hat, mit deren Hilfe er dann eine mitunter eben gar nicht wahrgenommene Interpretation vornimmt.

Wenn nun tatsächlich alle Börsianer stets alle verfügbaren Daten hätten, wäre trotzdem nicht klar, ob ihre Entscheidung auch tatsächlich die klügste ist; sie wäre einfach nur eine normative Kraft des durch sie selbst geschaffenen Faktischen. Fakten sind unabdingbar, das steht nicht zur Debatte! Doch ebenso unabdingbar ist es, sich über die verschiedenen Interpretationsmöglichkeiten im Klaren zu sein und zu wissen, wo die Gründe dafür liegen.

Die erste Gefahr für die Aktienbörsen: Kursübertreibungen!

Abb. 5.1 Dow Jones

Am 19. Oktober 1987 überraschte ein plötzlicher Crash arglose Börsenoptimisten.

Beginnen wir mit den Kursübertreibungen. Das war zum Beispiel 1987 der Fall. Die Kurse waren weltweit seit fünf Jahren kräftig gestiegen. Wenn dann die Börse nicht wenigstens ab und zu mal korrigiert, droht ein Crash, der im Oktober 1987 tatsächlich blitzartig kam.

Ähnlich war es im Jahr 2000 mit dem Neuen Markt, wo die Übertreibungen so groß waren, dass Tochterunternehmen an der Börse höher bewertet waren als die Muttergesellschaft, die noch 80 Prozent der Aktien der Tochter hielt. Und nur wenigen fiel das auf, weil alle von einer „Zeitenwende" redeten.

Was ist denn eigentlich der objektive Wert einer Aktie? Wie kann man ihn messen? Ein einfaches und sehr bewährtes Verfahren ist, den Jahresumsatz eines Unternehmens mit seiner Börsenbewertung (Summe des Kurswertes aller Aktien) zu vergleichen. Wenn die Börsenbewertung genauso hoch ist wie der Jahresumsatz, dann spricht man von einem Kurs-Umsatz-Verhältnis (KUV) von 1,00. Wird das Unternehmen höher bewertet, zum Beispiel zum vierfachen Jahresumsatz, dann beträgt das KUV 4,00. Es ist sehr wichtig, dieses KUV bei allen Industrieunternehmen sehr genau zu kennen. Normalerweise gilt eine Aktie mit einem KUV unter 1,00 als preiswert. Doch solange ein Unternehmen noch stark wächst, kann man davon ausgehen, dass sich auch die Umsätze noch vervielfachen werden. Dann wird es bereits Jahre vorher aufgrund dieser Erwartungen sehr viel höher gehandelt, oft sogar mit dem Zehnfachen des Jahresumsatzes oder mehr. Aber wenn diese Erwartungen dann nicht erfüllt werden, ist die Rückschlagsgefahr groß.

Abb. 5.2 Neuer-Markt-Index (1998–2003)

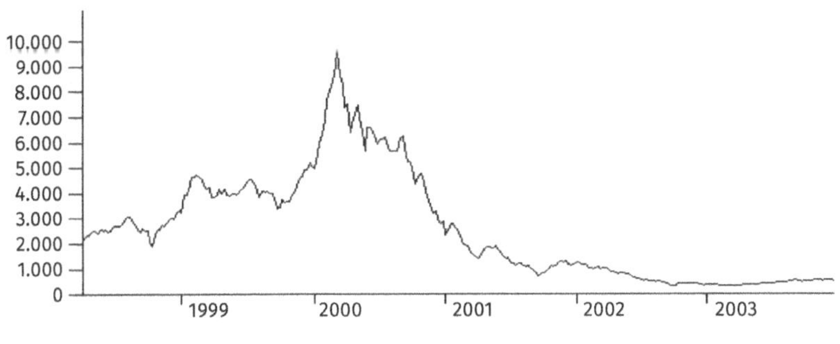

Der Neue-Markt-Index fand sich sehr rasch in der Realität wieder.

Im Mai 2000 – der Neue Markt hatte gerade seinen Abwärtstrend begonnen – lag das Kurs-Umsatz-Verhältnis bei den Neue-Markt-Aktien im Durchschnitt bei 56 (!). Im Grunde waren die Kurse dort also 56-mal höher, als es „fair" gewesen wäre – erklärbar nur durch damals noch erwartete Umsatzsteigerungen der nächsten Jahre, von denen jedoch keine Rede sein konnte.

Auch heute haben wir eine Kursübertreibung in den USA. Man erkennt das, wenn man die Jahresumsätze der Aktien, die im Dow Jones Index enthalten sind, mit ihrem Börsenwert vergleicht. Die 30 im Dow Jones gelisteten Aktien hatten im November 2024 ein durchschnittliches Kurs-Umsatz-Verhältnis von rund 3,80. Das ist nicht normal. Der Durchschnitt der letzten 20 Jahre liegt bei einem KUV von 1,95! Und auch dieser Durchschnitt ist höher als in den Jahren 1950 bis 2000, wo er nur 1,00 betrug.

Eine andere Möglichkeit, den fairen Wert einer Aktie zu ermitteln, ist der Vergleich des Aktienkurses mit dem Buchwert pro Aktie. Hier spricht man vom sogenannten Kurs-Buchwert-Verhältnis (KBV). Der Buchwert wird vom Unternehmen selbst publiziert und entspricht dem Eigenkapital. Freilich haben die Bilanzbuchhalter hier großen Spielraum, was den Wert von Grundstücken und Maschinen betrifft. In der Regel ist der Börsenwert mindestens doppelt so hoch wie der Buchwert. Beim DAX und MDAX betrug das KBV zum Beispiel im November 2024 im Durchschnitt 2,03. Das KBV bei den Dow-Jones-Aktien betrug zum gleichen Zeitpunkt aber 8,30. Der Durchschnitt der letzten 20 Jahre lag bei 3,65. Geht man davon aus, dass ein faires KBV bei 2,0 liegt, dann waren die Aktien des Dow Jones Ende 2024 im Durchschnitt viermal zu hoch bewertet! Und bei diesen Aktien handelt es sich ja nicht einmal um überbewertete Hightech-Aktien, die ohnehin stets viel höher bewertet werden, sondern um ganz normale Standardwerte!

Die zweite Gefahr: Inflation

Die zweite Gefahr für den Aktienmarkt ist die *Inflation*, also die Geldentwertung. Sichtbar wird sie bei monatlichen Veröffentlichungen der Preissteigerungsraten. Dabei vergleicht man die nötigen Ausgaben für Konsumgüter eines festgelegten Preisindex oder die Erzeugerpreise mit den Zahlen der jeweiligen Vorjahreswerte. Aber nicht die Inflation selbst gefährdet den Aktienmarkt! Denn Aktien sind Sachwerte, deren Wert eigentlich erhalten bleibt. Aber sobald der Staat mit Sparprogrammen und die Zentralbank mit Zinserhöhungen die Inflation zu bekämpfen beginnen, ist es meist höchste Zeit, aus dem Aktienmarkt auszusteigen.

Im Jahr 2009 erhielt ich einmal von einem Leser folgende Zuschrift, mit deren Thema ich immer wieder neu konfrontiert werde:

„Ich kann nur sagen, dass ich der festen Überzeugung bin, die Regierung hat eine neue Währung bereits in der Schublade, um im Fall der Fälle sofort reagieren zu können. Es ist meiner Meinung nach auch nicht die Frage, ob wir eine Währungsreform bekommen, sondern nur wann. Da ich kein großer Freund von Immobilien bin (Grunderwerbssteuer, Notarkosten, Mieterprobleme und so weiter), bleibt mir eigentlich nur der Kauf von Gold übrig. Dass Gold keine Zinsen und Dividenden bringt und auch hier ein großes Kursrisiko lauert, ist mir schon auch bewusst, aber gibt es sonst noch Möglichkeiten, sein Vermögen über einen Währungszusammenbruch zu retten?“

Nun, die Sorge vor einem Verlust des eigenen Vermögens aufgrund von Entwicklungen, die man als Einzelner überhaupt nicht beeinflussen kann, ist sicherlich verständlich. Grundsätzlich gilt freilich die Regel, sein Vermögen auf mehrere Anlageformen zu streuen und nicht alles auf eine Karte zu setzen.

Auf das Thema „Gold“ kommen wir später noch zu sprechen. Was nun aber eine Hyperinflation mit anschließender Währungsreform betrifft, so ist diese Sorge insbesondere in Deutschland verbreitet.

Denn die Deutschen haben ein solches Szenario gleich zweimal im letzten Jahrhundert erleben müssen. Doch was dabei stets unter den Tisch fällt, ist die Tatsache, dass die Ursache beider Währungsreformen einzig und allein der *Erste* und *Zweite Weltkrieg* waren – und nichts anderes!

Abb. 5.3 Deutscher Aktienindex in US-Dollar (1919–1923)

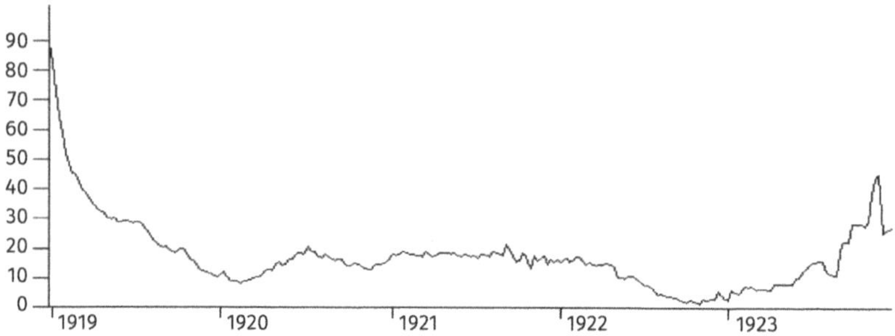

Sogar in Dollar gerechnet hatten Aktienbesitzer im Inflationsjahr 1923 keine Verluste.

Im Jahr 1923 hatte es in Deutschland eine Währungsreform gegeben. Geld war nichts mehr wert, aber Aktien durchaus, wie der Chart zeigt. Hier wird der damalige deutsche Aktienindex in Dollar angegeben, weil er in deutscher Währung gar nicht darstellbar wäre, die sich ja völlig entwertet hatte. Sie sehen, dass die Aktien sogar in Dollar in Deutschland 1923 kräftig gestiegen sind. Wohl denen, die damals ihr Erspartes in Aktien und nicht auf dem Sparbuch hatten!

Könnte eine totale Geldentwertung in unserer Zeit wieder drohen? Mancher Anleger befürchtet das mit Hinweis auf die Staatsverschuldungen. Aber abgesehen davon, dass diese in Deutschland geringer ist als in den meisten anderen europäischen Ländern und den USA, wird die Gefahr einer Inflation durch Staatsverschuldung meist überschätzt. Jedenfalls: Was momentan überhaupt nicht droht, ist Hyperinflation und eine Währungsreform.

Richtig ist zwar, dass in den Jahren 2008 bis 2012 mit dem Ausbruch der Finanzkrise und den Zahlungsschwierigkeiten Griechenlands eine Vielzahl von Journalisten in Deutschland vor einer Hyperinflation warnte. Denn angeblich würden die Rettungsprogramme von Politik und Notenbanken die Geldmenge ausufern lassen und unweigerlich zur Inflation führen. Doch das war grober Unfug, wie ich schon damals betonte. Denn wer mit der Geldmenge argumentierte und behauptete, durch die Staatsausgaben werde die Geldmenge ins Uferlose wachsen, der hatte vergessen, dass ja in gleicher Menge Geld vernichtet worden war, das abgeschrieben werden musste und nicht mehr existierte!

Die Sorge vor grassierender Inflation hat viel über den Zustand der deutschen Ängste ausgesagt – aber nichts über die realen Gefahren. Die Hauptgefahr war damals nämlich das Gegenteil der Inflation – die Deflation!

Was können Anleger tun bei Inflation?

Aber bleiben wir zunächst beim Thema „Inflation", die ab 2020 in der Coronakrise aufgrund gestörter Handels- und Lieferketten vorübergehend zugelegt hatte. Freilich war diese Inflation nicht die Folge einer zu hohen Nachfrage wie in den 70er-Jahren des vorigen Jahrhunderts, sondern eben ein coronabedingter Ausfall beim Angebot. Und deshalb war klar, dass die Inflation wieder zurückgehen würde, sobald die Ursachen beseitigt waren – es sei denn, es wäre eine Lohn-Preis-Spirale in Gang gekommen, was glücklicherweise nicht der Fall war. Aber nehmen wir einmal an, die Preise wären wie in den 1970er-Jahren um fünf bis acht Prozent jährlich gestiegen. Was kann man gegen einen solchen Wertverlust unternehmen? Nun, wenn die Kaufkraft des Geldes abnimmt, so sollte man zunächst tunlichst Staatsanleihen, Festgelder und Sparguthaben meiden.

Sachwerte sind hingegen grundsätzlich die bevorzugte Wahl, da deren Wert – zumindest der Theorie nach – quasi automatisch mit der Inflation ansteigt; faktisch ist das allerdings nicht immer in ausreichender Weise der Fall.

Wie so oft kommt es eben auf die konkreten Umstände an: Wie hoch ist die Teuerung überhaupt und was ist ihre konkrete Ursache? Haben die Preise in der Breite zugelegt und haben insbesondere die Löhne bereits darauf reagiert? Und was gedenken die Notenbanken zu unternehmen?

Besonders bekannt als Inflationsschutz sind Gold und Immobilien. Eher weniger bekannt ist, dass auch Aktien dafür sehr geeignet sein können.

Das Edelmetall Gold ist *der* klassische Inflationsschutz und sicherlich immer eine gute Wahl, nicht nur, wenn man eine Hyperinflation mit totaler Geldentwertung fürchtet (wenngleich der Besitz von Gold zu manchen Zeiten auch schon verboten wurde!). Allerdings muss man bei Inflationsgefahr wohl auch mit kräftig steigenden Zinsen rechnen und diese machen das zinslose Gold wiederum unattraktiver. Einen kleinen Teil seines Vermögens in Gold zu investieren ist in Zeiten steigender Teuerung jedoch gewiss kein Fehler.

Immobilien als „Betongold“ sind mit Vorsicht zu genießen. Eine selbstgenutzte Immobilie ist gewiss eine gute Entscheidung, schlicht, weil ihr Wert mit der Teuerung ansteigt. Darüber hinaus sind Investitionen in Immobilien aber nur dann als Inflationsschutz geeignet, wenn die laufenden Einnahmen mit den steigenden Teuerungsraten sowie den laufenden Kosten für die Immobilie Schritt halten können. Und das ist eben keinesfalls gesichert. Denn so einfach lassen sich Mieten nicht willkürlich anheben, zumal die gesetzliche Deckelung von Mieten mittlerweile ja kein Tabu mehr ist.

Langfristig halte ich Aktien für die derzeit beste Wahl, um moderat hohen Inflationsraten zu begegnen. Denn Aktien sind zum einen ohnehin auch Sachwerte (Grundstücke, Gebäude, Maschinen et cetera). Und zum anderen steigen auch die Gewinne der Unternehmen mit der Teuerung an, wenn sie die höheren Rohstoff- oder Zulieferkosten an die Kunden weitergeben können („Preissetzungsmacht“ der Unternehmen). Freilich ist bei Aktien aber entscheidend, ob die Zinsen mit der Inflation ebenso ansteigen und wie hoch die Teuerung ausfällt. Wenn die Zinsen nämlich ebenso nach oben klettern, dann bekommen Aktien bald arge Konkurrenz. Halten die Notenbanken die Zinsen jedoch niedrig, dann sind Aktien gegenüber Zinspapieren – und auch gegenüber Gold und Immobilien – klar im Vorteil! Allerdings würde ein Inflationsniveau von *deutlich* über fünf Prozent irgendwann der gesamten Volkswirtschaft schaden, sodass auch Aktien zu leiden hätten – nicht allein wegen steigender Zinsen, sondern wegen der Kosten für die Unternehmen, die ja auch mit Fremdkapital arbeiten.

Was tun bei einer Hyperinflation?

Bei einer Hyperinflation wie in Deutschland 1923 wären zunächst einmal alle diejenigen die Geprellten, die sich in Staatsanleihen, Festgelder und Sparguthaben geflüchtet haben. Ihr gesamtes Geld wäre nichts mehr wert. Wer hingegen in Sachwerte investiert hat, also in Unternehmensbeteiligungen (Aktien), Grundstücke, Immobilien und Gold, wäre *zunächst* geschützt.

Ich betone das Wort „zunächst“! Denn niemand weiß, ob nicht die Besitzer von Sachwerten dann zum Ausgleich mit hohen Steuern belastet werden und etwa der Besitz von Gold ganz verboten wird, wie es in den USA und Europa schon der Fall war. Zudem entstünde ein wirtschaftliches Chaos, unter dem auch Aktien eine ganze Weile zu leiden hätten.

Wer eine Hyperinflation erwartet, würde sich also vernünftigerweise besser rechtzeitig vor allem mit Lebensmitteln, Nahrungskonzentraten und Medikamenten eindecken. Denn diese würden nicht mehr nachträglich besteuert oder weggenommen werden, ausgenommen freilich von Plünderern und Dieben.

Die dritte Gefahr: Deflation

Abb. 5.4 Entwicklung der Aktienkurse (1925–1932)

Die Kursstürze der Jahre 1929 bis 1932 waren deflationsbedingt.

Ein dritter Grund für fallende Aktienkurse ist die Deflationsgefahr: Eine schwache Konjunktur und eine drohende Rezession (= kein Wirtschaftswachstum mehr) können zu einer Deflation führen.

Dies geschieht, wenn die große Masse der Unternehmen aus Zukunftsangst nicht mehr investiert. Die Preise fallen, Firmen machen Verluste oder gehen in Konkurs, Schulden werden nicht mehr bezahlt, Arbeitskräfte werden entlassen, alle sparen. Die Börse ahnt meist schon ein Jahr vorher Schreckliches, die Kurse stürzen ab. Solche Befürchtungen hat es in den letzten Jahren immer wieder gegeben, sogar Staatspleiten wurden vorhergesagt.

Diese Gefahr bestand in den Jahren 2007 bis 2009 tatsächlich. Aber die Zentralbanken haben damals richtig reagiert. Die Zinsen wurden auf fast null zurückgefahren, die Geldmengen kräftig erweitert. Auch die Europäische Zentralbank (EZB) hat später in den Jahren 2012 bis

2016 angesichts der Schulden von Griechenland, Italien, Spanien und Portugal richtig reagiert und Garantien gegeben, diese Länder zu stützen. Drohende Pleiten blieben aus und heute notieren die Anleihen dieser Länder wieder ganz normal mit Renditen um die drei Prozent. Die Notenbanken haben in den letzten 20 Jahren mit niedrigen Zinsen und Geldspritzen das Schlimmste verhindert. Denn sinkende Preise, Zurückhaltung bei Käufen und Investitionen sowie eine Kettenreaktion aus Pleiten und Entlassungen hätten während der Finanzkrise zu mehr als nur einer gewöhnlichen Rezession geführt, nämlich zu einer *Depression* wie in den 1930er-Jahren.

Auch in der heutigen Zeit sind die Risiken, die von der Zahlungsunfähigkeit eines Staates, einer Bank oder einer Versicherung ausgehen, zwar nie ganz auszuschließen, eine akute Gefahr besteht aber nicht. Sie könnte auch nicht von einer einzelnen Bank oder Versicherung ausgehen, sondern es müsste zu einer massiven Kettenreaktion kommen, um gefährlich zu werden.

Übrigens führt eine solche Zahlungsunfähigkeit nicht zu einer Währungsreform – die gäbe es nur als Folge einer Inflation –, sondern zu einer Geldverknappung, also zu einer Deflation. Auch 2008 hat nie eine Währungsreform gedroht, da das Grundvertrauen in unsere Währung und die Zahlungsfähigkeit des Staates ungebrochen war.

Angst vor zu hohen Staatsschulden?

Aber kommen wir noch einmal zum Thema „Staatsverschuldung“ zurück, weil dies auch heutzutage viele Bürger beunruhigt. Insbesondere in Deutschland wird stets das Argument der zu hohen Schulden in der Eurozone und der scheinbar zwingenden Notwendigkeit zur „Sparsamkeit“ als Grund vorgebracht, ohne die Europas Wirtschaft nicht zu Kräften kommen werde. Doch Sparwut ist ebenso schädlich wie blindes Geldausgeben!

Der Vermögensverwalter und Publizist Ken Fisher schrieb 2007 in seinem Buch „Das zählt an der Börse“:

„Die meisten Menschen glauben, dass weniger Schulden zu haben gut und gar keine Schulden zu haben am allerbesten ist. Wenn man nur einen kurzen Blick auf das Finanzverhalten von börsennotierten Unternehmen wirft, ist zu sehen, dass dies blanker Unsinn ist ... Der Nettowert eines Unternehmens wächst im Laufe der Zeit, wenn das Kapital mehr Rendite erwirtschaftet, als das Geld kostet, das sich das Unternehmen zu diesem Zweck geliehen hat ... Geld leihen ist gut, wenn die Kosten nach Steuern geringer sind als die vorsichtig geschätzte Rendite für die Investition.“

Der ständig wiederholte Vergleich eines Staatshaushalts mit dem der „schwäbischen Hausfrau“, die nicht mehr ausgibt, als sie einnimmt, mag vielen zwar auf den ersten Blick einleuchtend erscheinen, ist aber eine grobe Irreführung. Die Ausgaben der schwäbischen Hausfrau führen eben *nicht* zugleich zu höheren eigenen Einnahmen! Bei staatlichen Ausgaben kann das aber sehr wohl der Fall sein. Kurzfristig leicht messbar durch höhere Steuereinnahmen, langfristig und weniger gut in Zahlen zu fassen etwa durch eine bessere Infrastruktur sowie höherwertige und auch neuartige Ausbildungsmöglichkeiten. Die Behauptung, wir lebten auf Kosten unserer Enkel, die alle unsere Schulden zurückbezahlen müssten, ist absoluter Unfug. Die Schulden werden zwar wachsen, aber die Einkommen, der Wohlstand, die Lebensqualität und das Gesamtvermögen umso mehr.

Und jedem Schuldner steht auch ein Gläubiger gegenüber! Eine Welt ohne Staatsschulden wäre auch eine Welt ohne die unter Anlegern so beliebten, weil „mündelsicheren“ Staatsanleihen. Und obendrein ist das Sparen allein ohnehin keine Lösung für ein Schuldenproblem. Die Staaten haben ihre Schulden im Verhältnis zur Wirtschaftsleistung noch nie durch Sparen, sondern immer nur durch Wachstum verringert. Was diejenigen gern verschweigen, die im Namen der Generationengerechtigkeit bei jeder Gelegenheit das „Schuldenmachen“ verteufeln, sind die von uns unterlassenen, aber eigentlich notwendigen Investitionen in die Infrastruktur des Landes (Schulen, Universitäten, Brücken, Straßen, Telekommunikation et cetera). Diese werden unsere Kinder unweigerlich bezahlen müssen!

Freilich müsste man übereinkommen, welche öffentlichen Ausgaben kurz-, mittel- und langfristig klug sind und welche eher nicht. Da die Ökonomenzunft aber im konkreten Einzelfall keineswegs einer Meinung ist, bedarf es politischer Entscheidungen, die durch allgemeine Wahlen auch wieder revidiert werden können. Auch ist es grundsätzlich unsinnig, von Europas Regierungen einen strikten Sparkurs zu fordern und sich dann zu beschweren, dass man für das Ersparte keine Zinsen mehr erhält! Wenn die Staaten weniger neue „Schulden" machen sollen, während zugleich die Unternehmen zu wenig investieren und die Menschen ihr Geld zusammenhalten, dann wird auch die Nachfrage nach Krediten sinken. Und wenn die Kreditnachfrage sinkt, während die Ersparnis (also das Kreditangebot) zugleich steigt, dann sinkt auch der Kreditzins.

Wie wenig wirtschaftlichen Sachverstand die meisten Leute haben, die im Wahlkampf hasserfüllt manche Politiker niederschreien, sieht man auch daran, dass bei Diskussionen immer wieder die Frage der Staatsverschuldung eine wichtige Rolle spielt. Da wurde zum Beispiel bei einer Wahlveranstaltung 2017 der SPD-Politiker Martin Schulz gefragt, wann endlich mit der *Rückzahlung* der Staatsschulden begonnen werde, die „schwarze Null" weise doch nur auf einen ausgeglichenen Haushalt hin. Aber die Schuldenlast werde doch nicht geringer.

Die ehrlichste Antwort darauf wäre gewesen: Diese Schulden werden nicht getilgt! Weder von uns noch von unseren Kindern und Enkeln. Zwar wird jede Staatsanleihe zum festen Termin auch wieder zurückbezahlt, aber dafür neue Staatsanleihen ausgegeben. Ein gut funktionierender Staat wird immer Schulden haben, ebenso wie jedes Unternehmen immer auch mit Fremdkapital arbeiten wird. Die Schulden dürfen nur nicht schneller wachsen als die langfristigen Gewinne und

Zuwächse aus den Investitionen, die mehr Wohlstand und Lebensqualität bringen. Bei Zinsen von null Prozent (2016–2020) hätten die Staatsschulden sogar noch viel höher sein sollen. Verbesserungen in der Infrastruktur (Nah- und Fernverkehr, Straßen, Brücken, Hilfen für die auf dem Land lebende Bevölkerung) wären schon damals dringend nötig gewesen!

Die Staatsschulden, die so viele Leute beunruhigen, sind also nicht das Problem. Gefährlicher wäre es, wie bereits erwähnt, wenn alle Wirtschaftsakteure einen strikten Sparkurs fahren, ihr Geld zusammenhalten, wenig investieren, Aufträge stornieren und es in einer Art Kettenreaktion zu einer Pleite nach der anderen kommt: Deflation wäre die Folge.

Solche Entwicklungen sind die größere Gefahr für die Zukunft. Vor Deflation rettet nur viel Kapital, nicht aber Sachwerte wie Aktien oder Gold oder Immobilien.

Der Einfluss der Zentralbanken auf den Aktienmarkt

Der Einfluss der Zentralbanken auf den Aktienmarkt kann gar nicht hoch genug eingeschätzt werden. „Billiges Geld" durch Senkungen der Leitzinsen und der Aufkauf beziehungsweise Verkauf von Anleihen sind heute ihre wichtigsten Instrumente. Früher waren es auch die Erhöhung oder Senkung der Mindestreserven und die Höhe der Diskont- und Lombardsätze, die den Aktienmarkt beeinflussten.

Aber all das müssen Sie gar nicht so genau wissen, denn die Politik der Zentralbanken lässt sich am besten und schnellsten an den kurzfristigen Zinssätzen der Banken untereinander ablesen. Da gibt es Tagesgelder, 3-Monats-Gelder und 12-Monats-Gelder. Die Banken geben diese Zinsen an ihre Kunden weiter und bieten sie auch Sparern als Festgeld an.

Jedenfalls sollten Sie die Leitzinsen der Zentralbanken und die kurzfristigen Zinssätze unter Banken genau beobachten. Gehen sie nach oben oder unten? Sie können den aktuellen Zinssatz mit dem vergleichen, der vor einem halben oder einem ganzen Jahr galt, und daraus bereits einen Trend ablesen. „Nach unten“ ist gut für den Aktienmarkt, „nach oben“ ist schlecht!

Die Zinsstruktur als wichtigstes Konjunkturbarometer

Abb. 5.5 Zinsstruktur „lange“ minus „kurze“ Zinsen (1999–2024)

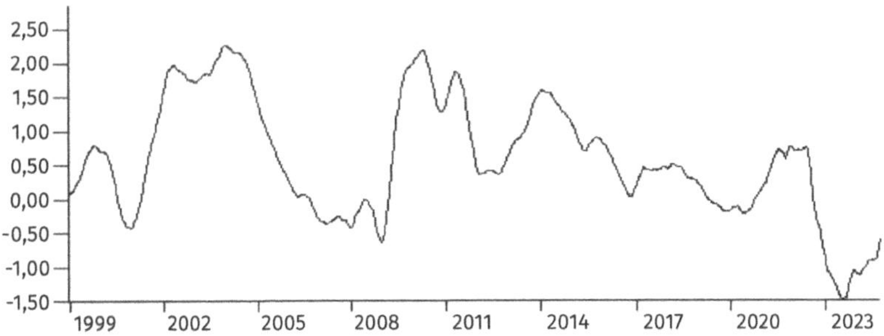

Diese Kurve zeigt die Differenz zwischen zehnjährigen und einjährigen Zinsen für die USA und Deutschland zusammen.

Normalerweise sind die „langen Zinsen“ (circa zehn Jahre Laufzeit) höher als die „kurzen“ (circa ein Jahr Laufzeit). Das ist logisch. Wenn aber Zinsen mit kurzen Laufzeiten höher sind als langfristige (zum Beispiel zehnjährige), ist die Kurve unter null, was als Vorbote für einen scharfen Konjunktureinbruch gilt. Um keine Zufallswerte zu erhalten, sind die Zinsabstände auf zwölf Wochen geglättet.

Eigentlich müsste man für ein längerfristiges Darlehen einen höheren Zins zahlen als für eine kurzfristige Liquiditätsüberbrückung. Und wer sein Geld länger verleiht, will wenigstens einen höheren Zins haben.

Wenn aber trotzdem die kurzen Zinsen höher sind als die langen („negative Zinsstruktur"), deutet das darauf hin, dass Kapital gerade nicht sehr gefragt ist. Staaten und Unternehmen wollen gar nicht so viel Geld, weil sie im Moment wenig investieren wollen. Langfristige Kredite sind nicht gefragt, man spart und hält sein Geld zusammen. Es droht eine Rezession. Die Wirtschaft wächst also nicht mehr, sondern schrumpft aufgrund einer Nachfrageschwäche. Statt zu investieren werden bevorzugt langfristige Staatsanleihen gekauft, was den Zins dieser am Anleihemarkt gehandelten langfristigen Papiere nach unten drückt.

Die Messung der Differenz zwischen „langen" und „kurzen" Zinsen gehört seit Jahrzehnten zum Standardprogramm der Börsenanalyse. Dieser wichtige Indikator wurde schon in den 1970er-Jahren vom Kiel Institut für Weltwirtschaft entwickelt und weist meist viel treffsicherer auf die künftige Konjunkturentwicklung hin als die gängigen Daten wie der Ifo-Geschäftsklimaindex oder der US-Einkaufsmanagerindex, zu denen wir noch kommen werden.

Sinkt der Wert der Zinskurve unter null, ist das ein wichtiges Frühwarnsystem für den Aktienmarkt. Sehr oft hat diese „Zinsstrukturmethode" aber auch zu früh gewarnt. Außerdem hat sie nicht jede Aktienbaisse angezeigt. Die schweren Kurseinbrüche 1987, 1992, 2002, 2011 und 2015 hatten andere Ursachen. Da waren meist die Kurse vorher zu weit nach oben vorgeprescht und eine Korrektur war überfällig. Aber die Zinsstrukturmethode hat jedenfalls immer wichtige Weltkonjunkturhinweise gegeben, zuletzt auch für die deutschen Rezessionsjahre 2023 und 2024.

Dass die Aktienbörsen der Zinsstrukturmethode nur unregelmäßig folgen, liegt daran, dass nach einer langen Aufwärtsbewegung die Wende nach unten erst dann erfolgt, wenn eine ganze Anzahl von schlechten Nachrichten über die Anleger hereinbricht. Und wenn die Stimmung auf dem Nullpunkt ist und es heißt „Nie wieder Aktien!", kann es dauern, bis wieder Mut gefasst wird. Ein Paradebeispiel dafür sind die Märzmonate der Jahre 2003 und 2009. Damals hatten die meisten Anleger kein

Vertrauen mehr und achteten daher auch nicht auf die wieder ansteigende Zinsstrukturkurve, die ihnen hätte signalisieren können, dass die Zentralbanken ihre straffe Geldpolitik beendet haben und die Börsen wieder mit ihrer Unterstützung rechnen dürfen. Denn der Aktienmarkt reagiert schon *vor* Eintritt einer Rezession negativ. In der Rezession selbst geht es mit den Kursen bereits wieder aufwärts.

Wie lief die Börse bisher in Rezessionsjahren?

1967, 1975, 1993, 2009: In diesen genannten Rezessionsjahren sind die Kurse ausnahmslos immer gestiegen, und zwar sehr kräftig!

Abb. 5.6

Commerzbank-Index im Rezessionsjahr (1967)

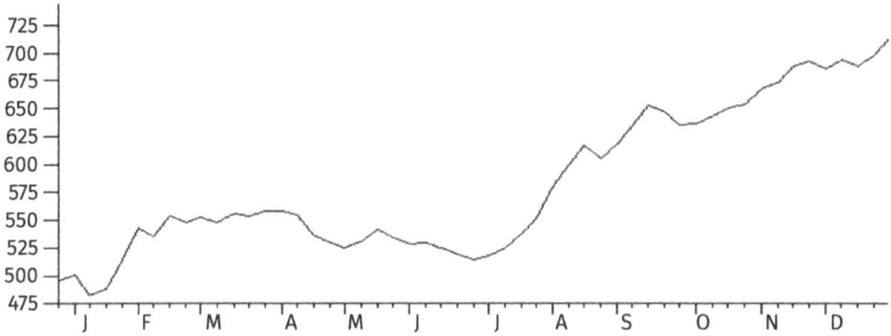

Commerzbank-Index im Rezessionsjahr (1975)

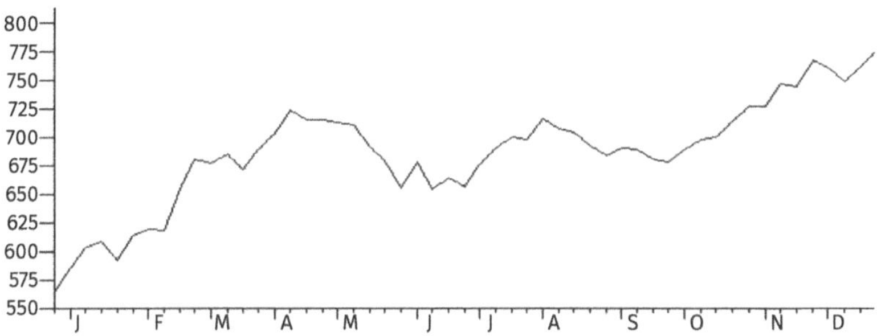

DAX im Rezessionsjahr (1993)

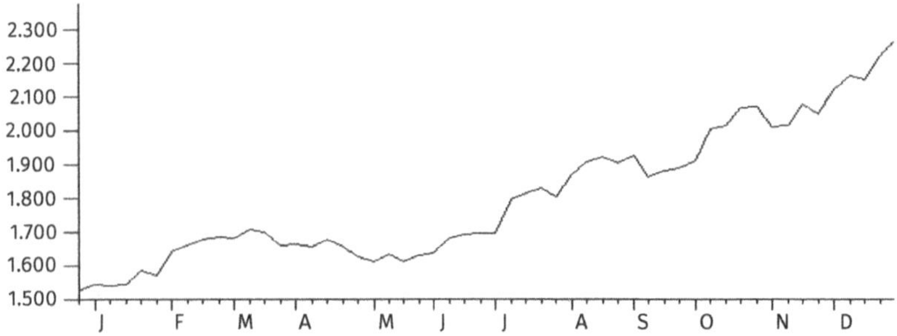

DAX im Rezessionsjahr (2009)

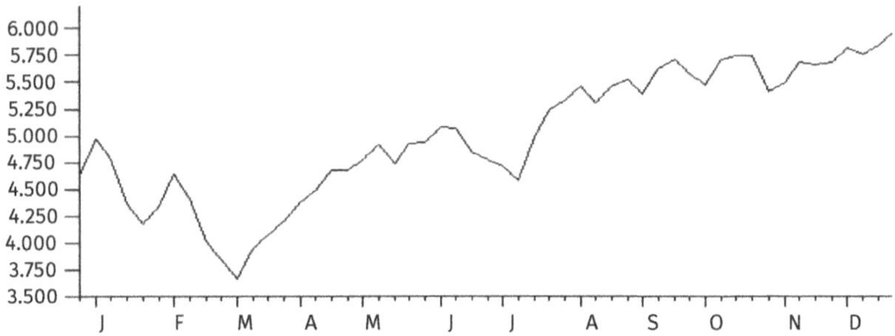

Die Aktien stiegen in Rezessionsjahren immer kräftig an.

Da es den DAX erst seit 1988 gibt, haben wir für frühere Jahre den ebenso repräsentativen Commerzbank-Index abgebildet.

An dem Chart für das Jahr 2009 können Sie ablesen, dass der Schock der Finanzkrise 2008 und die folgende Rezession durchaus noch bis Anfang März 2009 anhielten, ehe es dann endlich wieder aufwärtsgehen konnte. Für die Börse zählen eben die Zukunftserwartungen und nicht die Vergangenheit! Auch 1967 und 1993 waren die Erwartungen zunächst noch sehr gedämpft, ehe die Anleger wieder richtig Vertrauen fassen konnten.

Ifo-Geschäftsklimaindex – ein wichtiger Konjunkturindikator

Als weiteren wichtigen Indikator zur Beurteilung der deutschen Konjunkturlage betrachten die Börsianer gern den Ifo-Geschäftsklimaindex. Für die Berechnung dieses Index werden monatlich etwa 7.000 Unternehmen zur Geschäftslage und ihren Erwartungen befragt.

Der Ifo-Index ist zwar kein Frühindikator für den Aktienmarkt, denn er verläuft mehr oder weniger parallel zum DAX, wie Sie am Vergleich der beiden Indizes in den Charts sehen können. Doch immerhin kann er als Bestätigung eines Aufwärts- oder Abwärtstrends am Aktienmarkt dienen.

Abb. 5.7

Ifo-Geschäftsklimaindex Deutschland

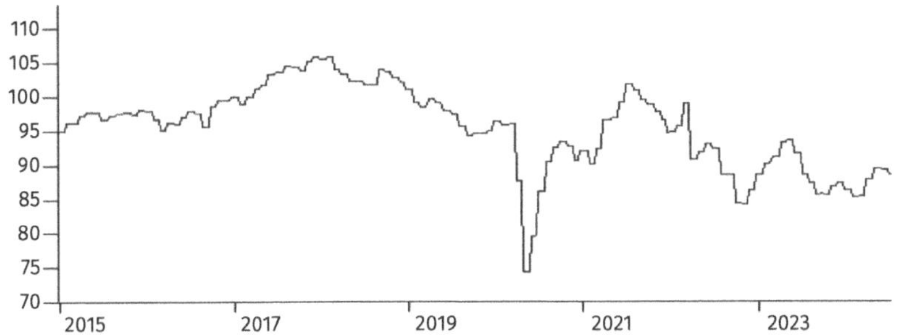

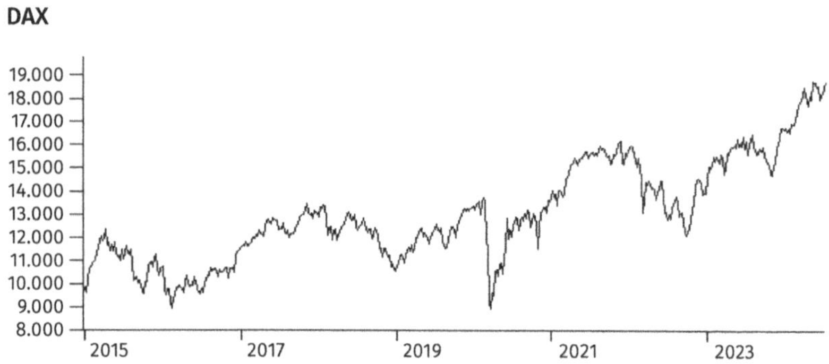

Ifo-Index und DAX sollten in der Regel parallel laufen, aber manchmal läuft der DAX voraus.

Im April 2015 war der DAX dem Ifo-Index jedoch weit enteilt und musste sich dann wieder korrigieren. Auch seit 2023 hat sich der DAX weit besser entwickelt als der Ifo-Index. Das mag mit einer Überschätzung der Möglichkeiten der künstlichen Intelligenz zusammenhängen. Aber es ist immer ein Warnsignal, wenn der DAX dem Ifo-Index zu sehr enteilt.

Jedenfalls zeigt der Vergleich zwischen dem Ifo-Index und dem DAX, dass der Aktienmarkt zwar immer wieder übertreibt, dass aber auch ein eindeutiger Zusammenhang zwischen der Kursentwicklung und der Konjunktur besteht.

Wird ein Aufwärtstrend an der Börse nicht vom Ifo-Index bestätigt, sollte das zur Vorsicht mahnen. Umgekehrt entlarvt der Ifo-Index auch manchmal die DAX-Pessimisten, wenn der DAX viel zu weit gefallen ist und seine Aktien völlig unterbewertet sind.

Der US-Einkaufsmanagerindex

Abb. 5.8

US-Einkaufsmanagerindex

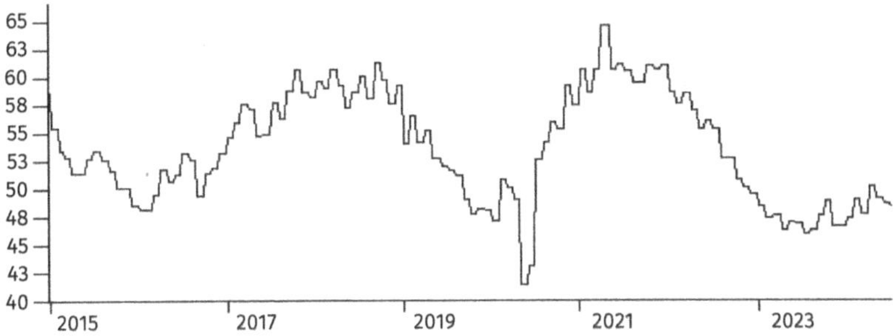

S&P 500 Index

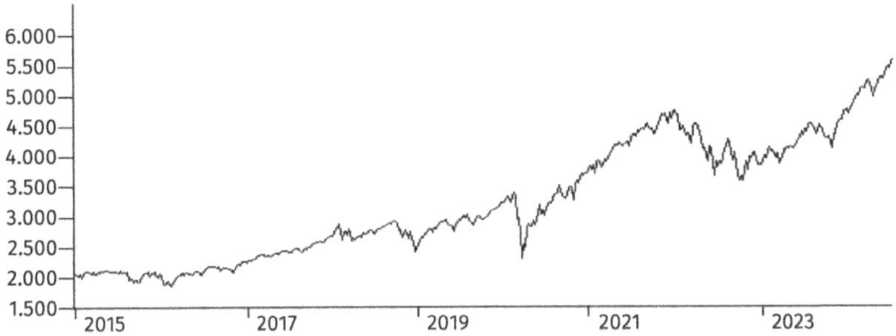

US-Einkaufsmanagerindex und US-Aktienindex sollten normalerweise parallel laufen, aber 2023/24 ist der Aktienindex nach oben enteilt.

In den USA wird der Einkaufsmanagerindex als Konjunkturbarometer besonders beachtet. Er wird auch ISM-Manufacturing-Index PMI genannt. Dazu werden monatlich zahlreiche Einkaufsmanager der Unternehmen befragt, ob sie ihre Nachfrage nach Produkten oder Dienstleistungen steigern oder kürzen wollen. Als Ergebnis dieser Befragungen wird dann jeweils für den vergangenen Monat ein Index veröffentlicht, der mittlerweile als wichtigster Anzeiger für die kommende US-Konjunktur gilt. Auch für diesen Index gilt wie beim deutschen Ifo-Index: Er ist kein Frühindikator für die Konjunktur, aber er dient sehr gut als Bestätigung für eine Kursentwicklung, sei sie positiv oder negativ.

Doch wie beim Verhältnis von DAX zu Ifo-Index fällt auf, wie stark sich 2023/24 die Kursentwicklung am Aktienmarkt von der Konjunkturentwicklung abgekoppelt hat. Offenbar achteten Anleger zuletzt vorwiegend auf die Zinspolitik der Zentralbanken und zu wenig auf die Konjunktur. Diese spielt aber für die Gewinnentwicklung der Unternehmen eine erhebliche Rolle. Sie erfordert unsere Aufmerksamkeit und sollte nicht mit dem Hinweis abgetan werden, dass eine schwache Konjunktur die Zentralbanken zu einer lockeren Geldpolitik veranlasst, was wiederum den Aktienkursen guttut.

Warum die Zinsen heute niedriger sind als in den 1970er- und 1980er-Jahren

Es ist ganz einfach: Wenn man als Sparer für sein Erspartes Zinsen bekommen möchte, dann muss man es jemandem geben, der überzeugt ist, mit diesem Ersparten (via Kreditaufnahme) so viel erwirtschaften zu können, dass am Ende auch für den Sparer ein Zins von X Prozent gezahlt werden kann.

Wenn die Unternehmen dieses Ersparte aber auch zu niedrigsten Zinsen nicht aufnehmen, dann kann es auch keinen Zins auf das Ersparte geben.

Und je mehr Menschen oder „Wirtschaftsakteure" immer höhere Beträge sparen, desto größer wird auch das Angebot an Krediten. Wenn aber die Nachfrage danach sinkt oder bestenfalls gleich bleibt, dann ist die logische Folgerung: steigendes Angebot, sinkende Nachfrage – und der Preis, also hier der Zins, wird sinken! Und das täte er folglich auch dann, wenn die Notenbank gar nichts unternehmen würde, um die Konjunktur und die Inflation anzukurbeln.

Der Grund für das Sparer-Dilemma ist also nicht nur ein von den Zentralbanken herbeigeführtes niedriges Zinsniveau, sondern auch der heutige Unwille der Staaten, Unternehmen und Konsumenten, Geld aufzunehmen – auch wenn die Investitionsentscheidung eines Unternehmens gewiss nicht in erster Linie von der Höhe des Kreditzinses abhängt, sondern von Dingen wie der Kapazitätsauslastung oder den Gewinnerwartungen.

Ein wenig überspitzt formuliert: Die Investitionsbereitschaft eines Unternehmens ist nicht abhängig von der Höhe des Zinsniveaus, aber die Höhe des Zinsniveaus ist abhängig von der Investitionsbereitschaft der Unternehmen – oder auch des Staates!

Kapitel 6

Mögliche Strategien zum generellen Ein- und Ausstieg

Nachdem wir nun die wichtigsten wirtschaftlichen Zusammenhänge und Konjunkturbarometer beleuchtet haben, sollen im Folgenden einige der bekanntesten und beliebtesten Strategien für den Ein- und Ausstieg in Aktien näher untersucht werden.

Starker Dollar - steigende Aktienkurse?

Abb. 6.1

US-Dollar in DM (1992)

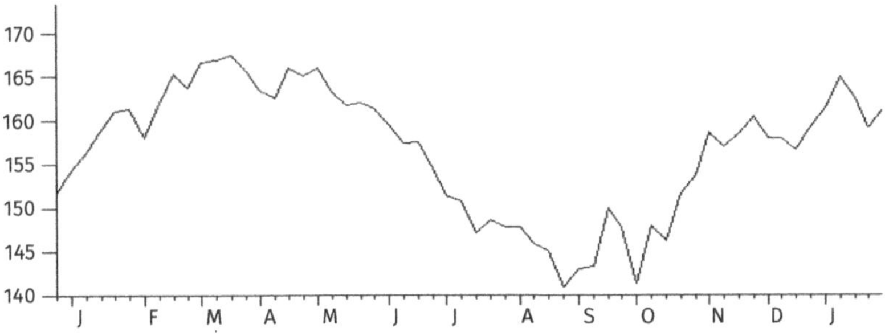

DAX (1992)

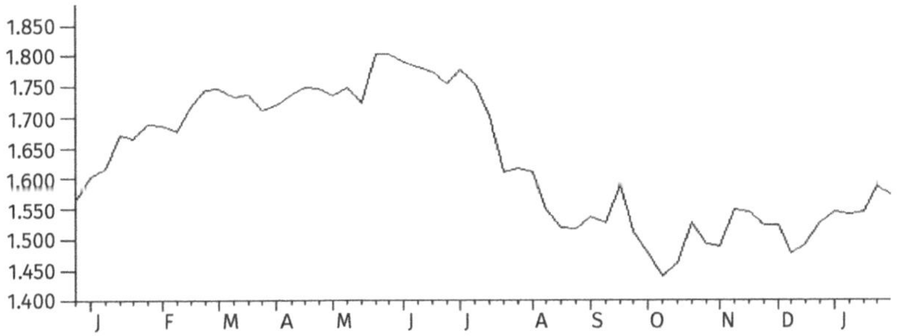

Noch in den 1990er-Jahren war der DAX stark vom Kurs des Dollar beeinflusst.

Ein steigender Dollar ist sowohl für europäische Exportunternehmen als auch für amerikanische Importeure sehr hilfreich. Denn Europäer wie auch Japaner und Chinesen wollen vor allem exportieren, Amerikaner importieren mehr, als sie exportieren. War in den 1970er- bis 1990er-Jahren der Dollar überdurchschnittlich hoch und die Deutsche Mark dementsprechend niedrig, konnten die amerikanischen Unternehmen billig importieren und die Deutschen ihre Autos und Maschinen preiswert verkaufen, was wiederum den Aktienkursen zugutekam. Fiel der Dollar und die Deutsche Mark war zu hoch, dann hatten beide Seiten ein Problem. Als es den Euro noch nicht gab, entwickelte sich der DAX daher sehr häufig parallel zum Dollarkurs, wie am Beispiel des Jahres 1992 zu sehen ist.

Mit der Einführung des Euro ist dieser Zusammenhang nicht mehr so deutlich. Zum einen deshalb, weil die deutsche Währung jetzt nicht mehr gleichzeitig auch zum Britischen Pfund, zum Französischen Franc und zur Italienischen Lira schwankt, und zum anderen, weil die DAX-Unternehmen heute viel internationaler aufgestellt sind und auch in Übersee produzieren.

Trotzdem ist ein niedrigerer Eurokurs zum Dollar für die europäischen Exporteure und damit die Aktienmärkte nach wie vor hilfreich. Die Jahre 2022 und 2023 zeigten jedoch, dass der Dollarkurs kein so guter Indikator für den Aktienmarkt mehr ist wie ehedem. Dieser ist nämlich seit Oktober 2022 wieder deutlich gefallen, wie der Chart zeigt. Und das machte zwar europäische Waren auf dem Weltmarkt wieder teurer, dennoch war der Euro fundamental immer noch etwas unterbewertet.

Abb. 6.2

100 US-Dollar in Euro (2022–2023)

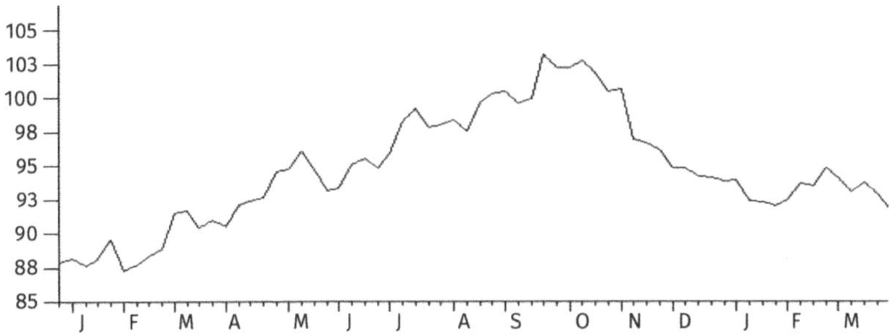

DAX (2022–2023)

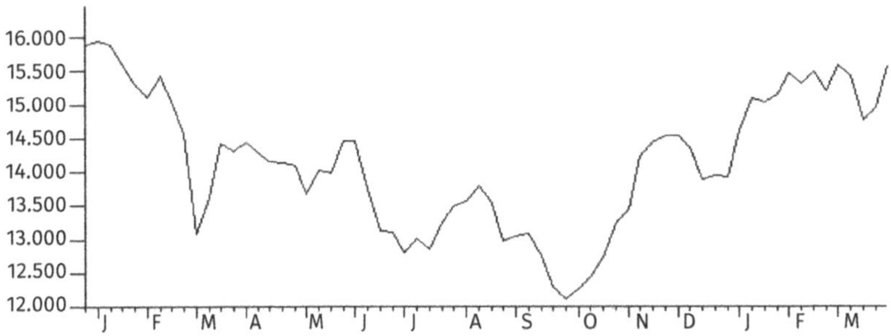

Der DAX ist dem Dollarkurs 2022/23 nicht gefolgt – im Gegenteil.

Jahrzehntelang hatte sich die Regel „schwacher Euro = starker Aktienmarkt, starker Euro = schwacher Aktienmarkt" meist bewährt. Dann hätten 2022 bei schwachem Euro und starkem Dollar die Aktien steigen müssen. Und 2023, bei schwachem Dollar und starkem Euro, hätten sie nach dieser Regel eigentlich fallen müssen! Aber immer wieder gab es auch Ausnahmen – wie zum Beispiel in den Jahren 2015 bis 2017.

So etwas passiert immer dann, wenn man der Eurowährung politisch misstraut. Ist das Misstrauen vorüber, können sich Aktienkurse und Euro gemeinsam erholen. Auch 2015 bis 2017 war bis auf einen kurzen Zeitabschnitt 2016 keinerlei Einfluss des Dollar auf den Euro Stoxx 50 erkennbar.

Abb. 6.3

100 US-Dollar in Euro (April 2015–2017)

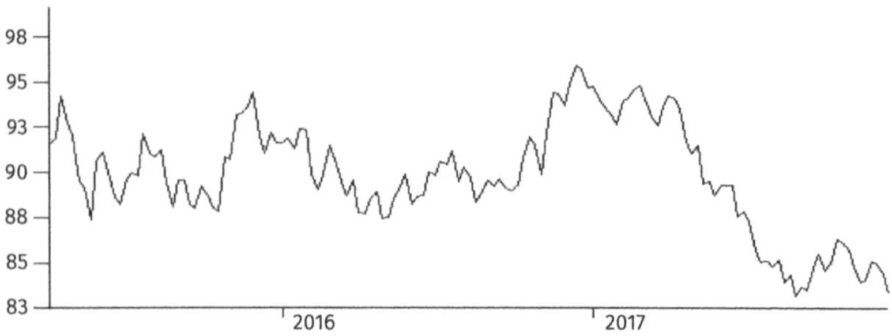

Euro Stoxx 50 (April 2015–2017)

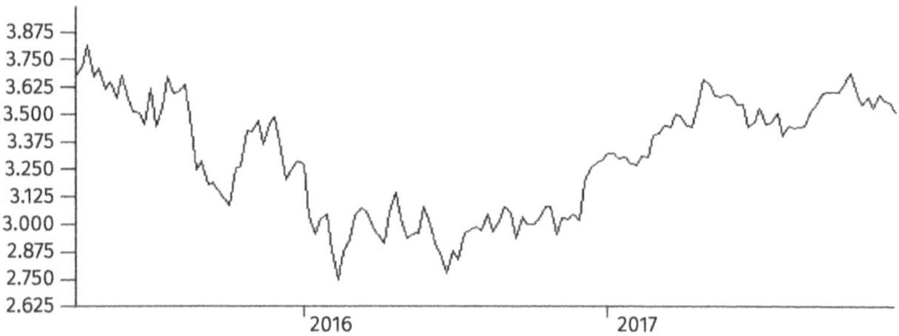

In den Jahren 2015 bis 2017 war keine Abhängigkeit des europäischen Aktienindex vom Dollar zu erkennen.

Der Grund für den zunächst schwachen Euro war damals das Misstrauen gegenüber der Finanzpolitik der Länder Griechenland, Irland, Italien und Spanien. Dies drückte die Aktienkurse, sodass sich die Exportvorteile des schwachen Euro erst später am Aktienmarkt durchsetzen konnten.

Und 2022 war es vor allem der Krieg in der Ukraine, der sowohl den Euro als auch den Aktienmarkt drückte.

Im US-Wahljahr auf steigende Kurse setzen?

In „Das kleine Buch der Börsenzyklen“ schreibt Jeffrey A. Hirsch, dass der amerikanische Dow Jones im Durchschnitt um neun Prozent steigt, wenn der amtierende Präsident kandidiert. In 14 dieser 19 Wahljahre von 1900 bis 2008 sei das so gewesen. Überhaupt sei das Wahljahr wie auch das Jahr vor der Präsidentenwahl ein sehr gutes Börsenjahr, während die beiden Jahre nach der Wahl eher „Flaute-Jahre“ seien. Als Grund nennt Hirsch, dass der Präsident und seine Partei sich rechtzeitig zur Präsidentenwahl sehr wirtschaftsfreundlich präsentieren, während die nötigen „Grausamkeiten“ wie Sparkurs, Steuererhöhungen oder Bekämpfung der Inflation auf die Jahre nach der Wahl geschoben werden.

Das klingt plausibel. Aber stimmt das wirklich? Dominieren US-Wahlen wirklich die Weltbörsen? Spontan fallen mir hier die Jahre 2000 (Kurssturz der Hightech-Aktien) und 2008 (Crash nach der Pleite der Lehman-Brothers-Bank) ein. Das waren US-Wahljahre, in denen freilich der bisherige Präsident nicht mehr kandidierte. Im Jahr 2020 wurde der amtierende Präsident Donald Trump abgewählt, der Dow Jones stieg auch da nur gering.

Hier die Jahresgewinne des Dow Jones, der 30 wichtige US-Standardwerte beinhaltet, in den US-Wahljahren der letzten 45 Jahre:

2024: plus 15,20 Prozent, 2020: plus 5,80 Prozent, 2016: plus 23,60 Prozent, 2012: plus 7,26 Prozent, 2008: minus 33,84 Prozent, 2004: plus 3,15 Prozent, 2000: minus 6,18 Prozent, 1996: plus 26,01 Prozent, 1992: plus 4,17 Prozent, 1988: plus 11,85 Prozent, 1984: minus 3,74 Prozent, 1980: plus 16,00 Prozent.

In 75 Prozent dieser Wahljahre ist der Dow Jones also gestiegen. Aber was sagt diese Statistik eigentlich aus? Nicht viel! Denn ungefähr in zwei Dritteln *aller* Kalenderjahre stieg der Dow Jones ebenfalls! Daher ist diese Aussage mit dem US-Wahljahr statistisch nicht so viel wert, dass man seine Anlagestrategie danach ausrichten sollte.

Und die angebliche Regel, dass die Kurse vor US-Wahlen im 3. Quartal steigen? Nun, im Jahr 2024 hat sich diese als richtig erwiesen. In 16 der letzten 24 US-Wahljahre sind die US-Aktien in den drei Monaten Juli bis September vor der Wahl, die stets im November stattfindet, gestiegen. Also in jedem dritten Wahljahr nicht! Nein, ein US-Wahljahr ist offenkundig kein hinreichendes Kriterium für Aktienkäufe.

Wie der Januar, so das Jahr?

Folgte man dem alten Börsenspruch, dass das restliche Jahr so verläuft wie der Anfang des Jahres („Januar-Regel"), hätten es die Anleger sehr einfach, ob sie in einem Kalenderjahr in Aktien investieren sollten oder nicht.

Doch der Haken an der Sache ist, dass der Januar am Aktienmarkt überdurchschnittlich oft sehr gut verläuft. Großanleger orientieren sich neu, Weihnachtsgelder werden angelegt.

Gemessen an den drei großen US-Indizes S&P 500, Dow Jones und Nasdaq liegt die Wahrscheinlichkeit, dass nach einem guten Januar auch am Ende des Börsenjahres ein Plus steht, durchaus bei 3:1 oder gar besser. Bei einem schlechten Jahresbeginn hingegen liegt die Vorhersagekraft nur bei 1:1. Das heißt, das Jahr kann gut oder schlecht werden, es bleibt offen.

Soll man nun nach einem guten Januar einfach solide und günstige Standardwerte kaufen und halten? Nun, einzig wegen eines erfreulich verlaufenen ersten Monats des Jahres sollte man das freilich nicht tun. Selbst wenn man grundsätzlich zu den Daueranlegern zählt, ist es doch ratsam, im Laufe eines Jahres zumindest die Zusammensetzung seines Depots zu überprüfen. Denn die vermeintliche Vorhersagekraft der Januar-Regel folgt im Grunde zwangläufig daraus, dass die Aktienmärkte ohnehin langfristig und die meiste Zeit steigen und nicht fallen.

Als Faustregel gilt, dass nach drei Hausse-Jahren ein Baisse-Jahr folgt. Hier die jährliche Performance des DAX der letzten 36 Jahre in Prozent:

Abb. 6.4 Jährliche DAX-Performance

1989	+34,80	**2007**	+22,29
1990	-21,90	**2008**	-40,37
1991	+12,86	**2009**	+23,85
1992	-2,09	**2010**	+16,06
1993	+46,71	**2011**	-14,69
1994	-7,06	**2012**	+29,06
1995	+6,99	**2013**	+25,48
1996	+28,17	**2014**	+2,65
1997	+47,11	**2015**	+9,56
1998	+17,71	**2016**	+6,87
1999	+39,10	**2017**	+12,51
2000	-7,54	**2018**	-18,26
2001	-19,79	**2019**	+25,48
2002	-43,94	**2020**	+3,55
2003	+37,08	**2021**	+15,79
2004	+7,34	**2022**	-12,34
2005	+27,07	**2023**	+12,01
2006	+21,98	**2024**	+14,70

Seit 1989 meldet der DAX rund 72 Prozent Hausse-Jahre und 28 Prozent Baisse-Jahre!

Wenn der DAX also ein gutes Börsenjahr hinter sich hat, liegt das nicht an einem erfolgreichen Januar, sondern an den schon im Januar begründeten Erwartungen der Anleger.

Das Phänomen der schwachen Sommermonate oder: Sell in May and go away?

Betrachtet man den Kursverlauf verschiedener Jahre genauer, so fällt auf, dass im Sommer sehr häufig Verluste zu verzeichnen sind, die im Herbst teilweise wieder ausgeglichen werden. Warum gerade die Sommermonate immer wieder von Kursgewittern heimgesucht werden, darüber rätselt man nach wie vor. Die plausibelste Erklärung ist wohl, dass die Mittelzuflüsse im Sommer stagnieren, weil Urlaubszeit ist und das Geld für andere Zwecke benötigt wird. Im Herbst wird dann frisch investiert. Darauf scheinen sich auch die Großanleger eingestellt zu haben. Und deshalb läuft das eben so.

Wie unterschiedlich die Chancen im Sommer und Winter sind, kann deutlich gemacht werden, wenn wir die Performance von zwei Anlegern – nennen wir sie Herr Sommer und Frau Winter – seit 1960 bis Ende 2024 miteinander vergleichen.

Frau Winter startete jedes Jahr mit einem DAX-Kauf zum Schlusskurs am letzten Freitag im Oktober und stieg zum Schlusskurs am darauf folgenden letzten Freitag im April aus.

Herr Sommer machte es umgekehrt. Er kaufte am letzten Freitag im April und verkaufte am letzten Freitag im Oktober.

Beide Kontrahenten starteten mit einem Kapital von 100.000 Euro. Was wurde daraus bis zum Jahresende 2024?

Das Ergebnis für Frau Winter scheint zunächst nicht überraschend. Aus ihren 100.000 Euro wurden über fünf Millionen Euro, um genau zu sein: 5.491.270 Euro.

Das Vermögen von Herrn Sommer wäre hingegen kräftig geschrumpft! Von seinen 100.000 Euro wären nur noch 46.830 Euro übrig! Angesichts dieses deutlichen Unterschieds kann man nicht mehr davon sprechen, dass die Differenzen nur Zufall sind.

Übrigens war der Monat Oktober in der Mehrzahl der Fälle börsenfreundlich. Unvergessen sind trotzdem die zahlreichen Oktober-Crashs, zum Beispiel 1929, 1987, 1989, 1997 und 2008.

Wir beobachten nun fünf Anleger, die seit 1970 im DAX, SMI (Schweiz), S&P 500 (USA), FTSE 100 (Großbritannien) und Euro Stoxx 50 (Euroraum) eine Daueranlage getätigt haben. Welche jährliche Rendite haben sie im Durchschnitt erzielt?

Und dann zum Vergleich fünf Anleger, die immer nur am letzten Freitag im Oktober in den jeweiligen Index einstiegen und ihn stets am letzten Freitag im April wieder verlassen haben. Dabei werden die Zinsgewinne, die sie in den Halbjahren ihrer Aktienabstinenz erzielt haben, gar nicht mitgerechnet.

Abb. 6.5 Daueranlage vs. halbjährliche Anlage

	Daueranlage	nur Nov. bis Apr.
DAX (Euro)	6,45 Prozent	8,05 Prozent
SMI (CHF)	4,15 Prozent	5,25 Prozent
S&P 500 (US-$)	7,00 Prozent	6,30 Prozent
FTSE 100 (Br. Pfd.)	5,60 Prozent	8,65 Prozent
Euro Stoxx 50 (Euro)	5,35 Prozent	8,40 Prozent

Wir können feststellen, dass die Regel des weitaus besseren Winterhalbjahrs nicht nur in Deutschland, sondern weltweit gilt.

Wenn also die Gewinne seit 1970 in jeweils nur einem halben Jahr meist deutlich höher sind als im Gesamtjahr, dann muss man sich schon fragen, ob es nicht oft besser ist, ab Ende April auszusteigen – zumindest dann, wenn es noch andere Anzeichen gibt, dass es brenzlig werden könnte.

Angesichts dieser Statistiken ist es unverständlich, wie sich die Finanzkorrespondentin Andrea Cünnen im Jahr 2021 im *Handelsblatt* unter dem Titel „Don't sell in May" über den Saisonfaktor lustig machte. Sie schrieb, das sei erstens keine Strategie und habe sich zweitens überlebt. Wer 2020 zwischen Mai und August ausgestiegen wäre, hätte viel verpasst.

Nun, es ist verständlich, dass manche Leute hier immer wieder skeptisch sind, weil es ja auch keinen wirklich vernünftigen Grund gibt, warum die Börsenkurse von Mai bis Oktober im Durchschnitt schwächer sein sollten als von November bis April. Aber leider ändert das nichts an der Tatsache, dass es eben sehr oft so ist, wenn auch nicht jedes Jahr.

Nun würde Frau Cünnen vielleicht einwenden, heutzutage sei das doch anders, der Handel sei global und schnell und da achte doch keiner mehr auf den Saisonfaktor.

Irrtum! Nehmen wir nur einmal die Jahre von 2011 bis 2020. Wer hier stets von November bis April in den DAX investiert hätte, hätte 93 Prozent hinzugewonnen. Wer aber stets nur von Mai bis Oktober investiert gewesen wäre, hätte es gerade noch mit vier Prozent ins Plus geschafft.

Und die Jahre 2021 bis 2024: November bis April insgesamt 75,0 Prozent Gewinn, Mai bis Oktober insgesamt 3,7 Prozent Verlust!

Fazit: Der Saisonfaktor funktioniert auch heute noch und sollte immer mitberücksichtigt werden!

Die Monate August bis Oktober in den letzten 65 Jahren

Vor allem die Monate August bis Oktober sind für Aktienbesitzer unter dem Strich gefährlicher als die neun anderen Monate.

Nehmen wir als Startdatum für einen Test erneut den 1. Januar 1960. Damals herrschte eine regelrechte Aktieneuphorie. Die 50er-Jahre hatten Deutschland ein Wirtschaftswunder beschert, die Kurse der wichtigsten Standardwerte hatten sich vervielfacht und man glaubte, es werde ewig so weitergehen. Doch dann kehrte die Normalität ein!

Ein Daueranleger im DAX hätte seit 1. Januar 1960 eine jährliche Durchschnittsrendite (einschl. Dividenden) von 5,90 Prozent erzielt. Wer aber am letzten Juli-Freitag stets verkaufte und am letzten Oktober-Freitag neu investierte, erzielte jährlich durchschnittlich 7,65 Prozent!

Sie meinen, das sei kein großer Unterschied? In 65 Jahren aber sehr wohl! Aus 1.000 Euro mit jährlich 5,90 Prozent Rendite wurden in 65 Jahren 41.518 Euro. Aber aus 1.000 Euro mit jährlich 7,65 Prozent Rendite wurden in 65 Jahren 120.479 Euro, also knapp das Dreifache.

Ein Anleger im SMI (Schweiz) hätte seit 1960 seine Aktienrendite von durchschnittlich 4,15 Prozent ebenfalls aufbessern können, wenn er die Monate August bis Oktober ausgelassen hätte. Dann wären es im Schnitt 5,00 Prozent Rendite gewesen. Und der Anleger im S&P

500 (USA) hätte statt 6,10 Prozent bei Aktienabstinenz in diesen drei Monaten auch mehr erzielt, nämlich 6,90 Prozent.Nun kauft man ja in der Regel keinen Index, sondern einzelne Aktien. Aber Sie konnten dieser Statistik jedenfalls entnehmen, dass die durchschnittliche Kursschwäche in diesen Monaten unbedingt ernst genommen werden sollte, zumal wenn es noch andere Warnsignale gibt, die Sie noch kennenlernen werden.

Stimmung der US-Verbraucher wenig hilfreich

Ein nahezu unnützer Indikator, der aber häufig zitiert wird, ist das US-Verbrauchervertrauen. Dieses wird in zwei Varianten ermittelt: einmal von der *University of Michigan* und dann vom Forschungsinstitut *Conference Board.*

Die Begründung für die Bedeutung des Verbrauchervertrauens erscheint zunächst einleuchtend: Da die US-Wirtschaftsleistung zu rund 70 Prozent auf den privaten Konsum der US-Bürger zurückzuführen ist, steige das Sozialprodukt der USA, wenn auch der Konsum zulege. Und der Konsum zöge wiederum an, wenn sich die Stimmung der Verbraucher bessere.

Man meint, je mehr Konsum und das Bruttoinlandsprodukt (BIP) in den USA steigen, desto besser laufe auch der US-Aktienmarkt, da die Firmen dann bald mehr verdienen werden. Und obendrein profitierten auch die großen Aktienindizes anderer Länder von steigenden Kursen an der Leitbörse USA. Hier ein Beispiel aus den Jahren 2009 bis 2016:

Abb. 6.6 US-Verbrauchervertrauen und S&P 500

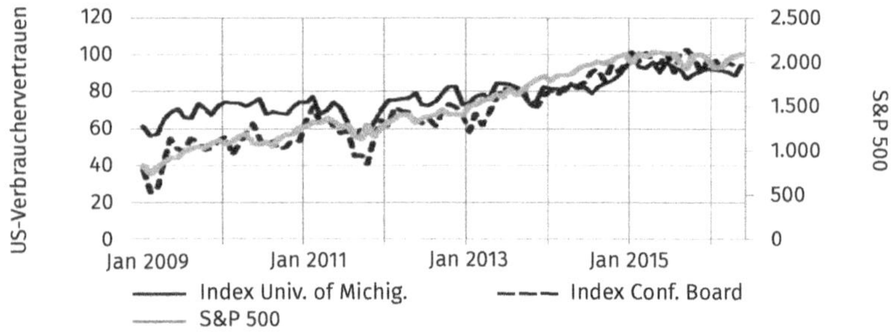

Die Stimmung der US-Verbraucher ist eher vom Aktienmarkt abhängig als umgekehrt.

Das *Handelsblatt* berichtete einmal sogar von Forschern, die untersuchten, welche Nachrichten den DAX am meisten bewegten, und zu dem Schluss kamen, dass dies neben den Quartalszahlen der US-Unternehmen insbesondere das US-Verbrauchervertrauen sei.

Wie die Forscher allerdings zu ihren Ergebnissen gekommen sind, bleibt ein Geheimnis. Denn das Verbrauchervertrauen ist *kein* Frühindikator für die US-Wirtschaft und schon gar nicht für den Aktienmarkt!

Bei genauer Betrachtung der obigen Grafik fällt auf, dass es in den allermeisten Fällen zuerst zu einem Anstieg der Aktienkurse kommt und erst kurz darauf auch die Stimmung der Verbraucher zulegt.

Auch der Konsum und das US-BIP steigen nicht, weil die Verbraucher zuvor in guter Stimmung waren, wie Sie an unten stehender Grafik sehen können. Vielmehr ist die Stimmung der Verbraucher gut, weil sie kurz zuvor viel konsumiert haben!

Abb. 6.7 US-Verbrauchervertrauen und Wachstum des US-BIP in %

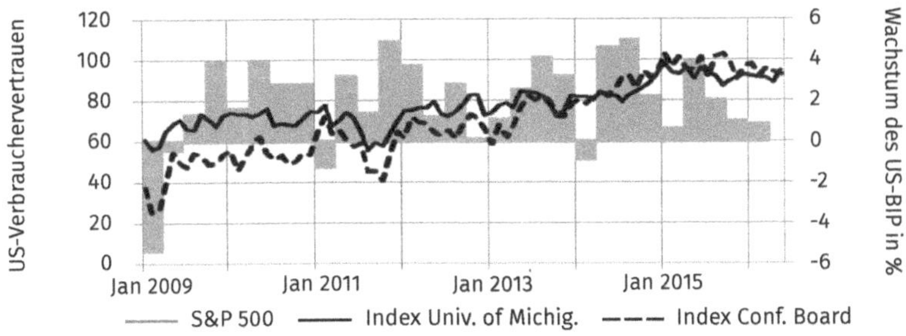

Das US-Verbrauchervertrauen ist auch vom Wachstum des Bruttoinlandsprodukts abhängig.

Wirtschaft und Börse entwickeln sich also nicht deswegen gut, weil die Stimmung der Verbraucher gut ist, sondern es ist eben genau umgekehrt: Die Stimmung der Verbraucher ist gut, weil Wirtschaft und Börse gut laufen!

Das US-Verbrauchervertrauen bestätigt also zunächst einmal nur einen Trend aus der Vergangenheit. Aussagen über die Zukunft, die für die Börse entscheidend sind, lassen sich damit nur bedingt treffen.

Börsengänge und Aktienemissionen als Warnzeichen

Was gibt es für Warnzeichen? Da ist zunächst einmal die Zahl der Börsengänge zu nennen. Viele Anleger meinen immer noch, wenn Konzerne wie Siemens oder die Deutsche Bank Unternehmensbereiche wie die Gesundheitssparte Healthineers beziehungsweise die Fondsabteilung DWS an die Börse bringen, wollten sie den Anlegern etwas Gutes tun, damit diese auch einmal wieder etwas haben, wovon sie profitieren können. Aber Aktiengesellschaften sind auf das eigene Wohl fokussiert und tun Gutes nur dann, wenn es ihnen nützt. Nach einer

Neuemission werden die Kurse anfangs noch ein wenig „gepflegt“, damit sich das ausgebende Unternehmen nicht blamiert, wie die Entwicklung der Healthineers-Aktie in den ersten Tagen seit der Emission am 16. März 2018 zeigt.

Abb. 6.8 Siemens Healthineers AG in Euro | WKN SHL100

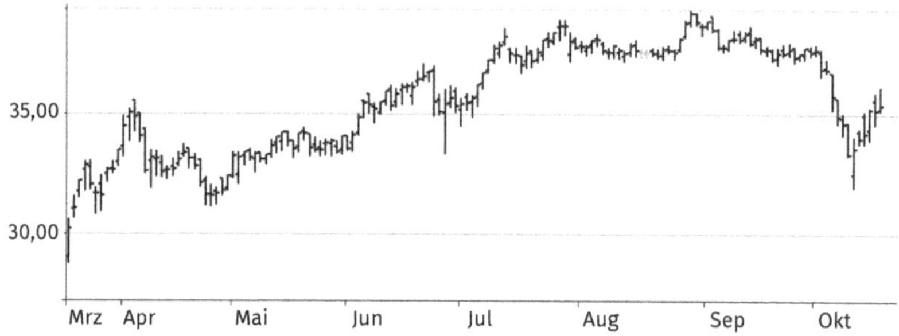

Die Begeisterung über die Neuemission von Siemens Healthineers im März 2018 flaute bereits im April ab.

Abb. 6.9 DWS Group GmbH & Co. KGaA in Euro | WKN DWS100

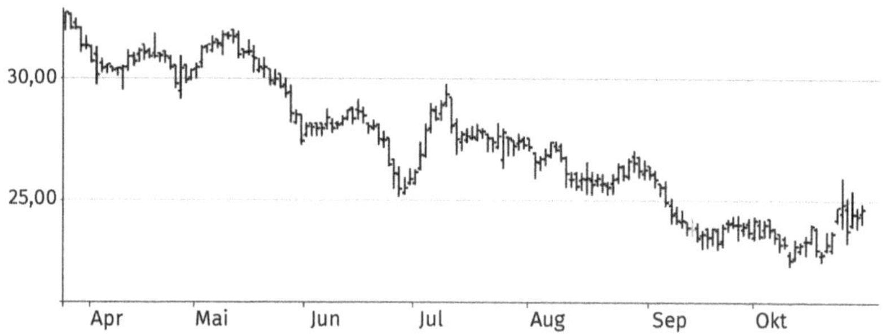

Nach der Emission von DWS durch die Deutsche Bank im März 2018 ging es bald abwärts.

Auch der Börsengang der Deutsche-Bank-Tochter DWS ging im Jahr 2018 gerade noch glatt. Die Aktie ging am 1. Tag (23. März) mit einem Stand von 33,08 Euro aus dem Handel. Danach konnte aber dann nicht einmal der Ausgabekurs (32,50 Euro) richtig gehalten werden. Die Deutsche Bank hat damals mit ihrem veräußerten Paket von 22,25 Prozent der Aktien rund 1,4 Milliarden Euro eingenommen.

Börsengänge sind also keine Kaufgelegenheiten, sondern im Gegenteil eher *Verkaufssignale*! Denn sie zeigen an, dass den Insidern das Kursniveau mittlerweile so ausgereizt erscheint, dass sie ihre neuen Aktien noch zu sehr hohen Kursen an den Mann oder an die Frau bringen können. Das war so beim Neuen Markt um die Jahrtausendwende und das ereignet sich immer wieder. Es ist also nicht zu empfehlen, in Zeiten einzusteigen, in denen zahlreiche Börsengänge stattfinden, und man sollte sie auch nicht als Zeichen für eine kommende Aktienhausse sehen.

Der Baltic Dry Index (BDI)

Abb. 6.10 Baltic Dry Index (BDI)

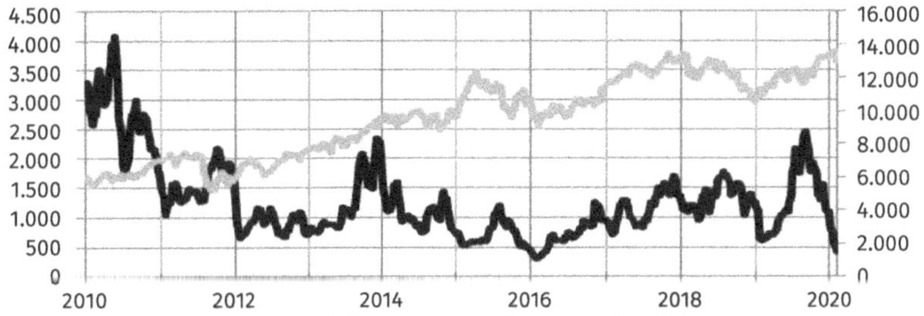

Der Baltic Dry Index weist kaum Zusammenhänge mit der DAX-Entwicklung auf.

Der Baltic Dry Index (BDI) gilt allgemein als Frühindikator für den Welthandel und damit für das weltweite Wirtschaftswachstum, denn er misst die Verschiffungskosten von Rohstoffen (Kohle, Eisenerz, Zement, Kupfer, Kies, Dünger, Kunststoffgranulat und Getreide), deren Verarbeitung am Anfang von Produktionsketten steht.

Doch so sehr sich der Aktienmarkt auf den ersten Blick auch an die Entwicklung des BDI anzupassen scheint, so sehr ist die Interpretation des BDI vor allem aus kurzfristiger Perspektive mit Vorsicht zu genießen. Denn Schwankungen des Index um mehr als 50 Prozent innerhalb von drei bis vier Monaten sind die Regel, wie man am Chart sehen kann.

Langfristige Entwicklungen der Weltwirtschaft lassen sich zwar am langfristigen Trend des BDI ablesen und natürlich kann sich auch der Aktienmarkt dem langfristigen Trend der Weltwirtschaft auf Dauer nicht entziehen. Als Indikator für den Aktienmarkttrend der nächsten 12 bis 18 Monate ist der BDI jedoch unbrauchbar.

So kann bereits ein schwankender Energiebedarf Chinas (beispielsweise in Form von Kohle aus Australien) aufgrund einer überraschend heißen oder kalten Jahreszeit ganz deutliche Auswirkungen auf den BDI haben. Das Weltwirtschaftswachstum und der Aktienmarkt bleiben davon aber unberührt.

Ein anderes Beispiel: Möglicherweise könnte gerade der Handelsstreit mit den USA für den starken Anstieg des BDI im Jahr 2019 gesorgt haben. Denn man wollte sich noch vor Inkrafttreten möglicher weiterer Zölle mit den gewünschten Gütern eindecken! Ist dies geschehen, sinkt die Nachfrage nach den entsprechenden Gütern zunächst wieder rapide. Unterm Strich ändert das aber meist nicht viel an der Produktion, dem Umsatz oder dem Gewinn der betreffenden Unternehmen.

Im Grunde braucht man den BDI nicht! Denn ein schwächeres oder stärkeres Wachstum kann sehr viel eher aus dem US-Einkaufsmanagerindex oder dem deutschen Ifo-Geschäftsklimaindex abgelesen werden. Und selbst diese Indizes sind keine Frühindikatoren für den Aktienmarkt, sondern laufen allenfalls langfristig parallel zur Konjunktur.

Orientierung an Jahresprognosen?

Vorhersagen im Sinne einer *Jahresprognose*, die auf den Punkt genau den Stand eines Index in zwölf Monaten angibt, sind schlicht Unfug. Denn die Erwartungen der Mehrheit sind ja bekannt und daher auch schon in die Kurse eingeflossen, weswegen sich der DAX überallhin, aber eben nicht mehr gemäß den Prognosen bewegen wird.

Das Hauptproblem bei Jahresprognosen ist schlicht, dass niemand weiß, welche unvorhersehbaren Dinge im Laufe eines Jahres geschehen werden! Dies deckt sich auch mit einer Vielzahl von Untersuchungen, die zeigen, dass die Menschen, nach der Zukunft befragt, in der Regel stets die gegenwärtigen Bedingungen fortschreiben. An drastische Veränderungen kann oder mag man offenbar schlicht nicht glauben.

Daher ist es ganz entscheidend, objektive Indikatoren zu besitzen, die eine Vielzahl von Analyseansätzen abdecken und mit deren Hilfe man den kurz- und mittelfristigen Trend erkennt, um darauf *rechtzeitig* reagieren zu können. Deutlich wurde das beispielsweise bei den Prognosen für das Jahr 2008, in dem im Oktober bekanntlich die Finanzkrise voll ausbrach.

Die Analysten waren sich damals Ende 2007 durchgehend einig, dass der DAX neue Rekordstände erreichen werde! Doch es kam dann ganz anders, und das nicht erst ab Oktober mit der Pleite der Investmentbank Lehman Brothers.

Abb. 6.11 DAX in Punkten | WKN 846900

Der erste heftige Kurseinbruch ereilte den DAX bereits im Januar 2008 – entgegen den Expertenprognosen.

Trotz der grassierenden Immobilienkrise in den USA und einer seit September 2006 (!) durchgängig negativen Zinsstruktur sahen nur sehr wenige Analysten allenfalls eine kurze „Mini-Rezession“ auf uns zukommen.

Eigentlich hätten die Analysten damit das Ritual der Jahresprognosen begraben sollen, denn wirklich besser wurden ihre Vorhersagen anschließend auch nicht. Unterm Strich lagen die Experten in den letzten Jahren mit ihren Prognosen im Durchschnitt und mehrheitlich zwar nahe beieinander, doch auch deutlich daneben. Die häufigste Prognose war, dass der Aktienmarkt „leicht steigen“ werde. Das stimmte zwar oft, aber oft auch überhaupt nicht.

Nur einmal, im Jahr 2015, traf die durchschnittliche Prognose von 27 nationalen und internationalen Banken für den DAX zu. Damals lag die durchschnittliche Erwartung bei 9,5 Prozent, und der DAX stieg – man möchte fast meinen „überraschenderweise“ – anschließend auch um diesen Wert.

Insgesamt sahen die Ergebnisse aber folgendermaßen aus:

Abb. 6.12 Jahresprognose vs. DAX am Jahresende

	Jahresprognose	DAX am Jahresende
2008	+8 Prozent	-43 Prozent
2009	+11 Prozent	+24 Prozent
2010	+6 Prozent	+16 Prozent
2011	+9 Prozent	-15 Prozent
2012	+9 Prozent	+29 Prozent
2013	+5 Prozent	+25 Prozent
2014	+5 Prozent	+2,7 Prozent
2015	+9,5 Prozent	+9,5 Prozent
2016	+7 Prozent	+10 Prozent
2017	+1,3 Prozent	+12,5 Prozent
2018	+8,7 Prozent	-18 Prozent
2019	+15 Prozent	+26,0 Prozent
2020	+4,7 Prozent	+2,9 Prozent

Tatsächlich lagen die Experten also in der Mehrzahl der Fälle weit daneben. Und auch in den Jahren 2021 bis 2024 wurde es nicht besser.

Lässt sich aus den Umsätzen an der Börse auf den kommenden Kursverlauf schließen?

Die kräftigen Kursgewinne 2023/24 bei schwacher Konjunktur wurden von einem zuvor nicht gekannten Ausmaß an Skepsis und Misstrauen begleitet, sodass man auch von der „meistgehassten Hausse aller Zeiten" sprach. Freilich gibt es für dieses Kuriosum viele Ursachen. Dazu zählt gewiss auch, dass konjunkturpessimistische Prognosen in den Medien bei der Mehrzahl der deutschsprachigen Leser stets als seriös gelten.

Zur Untermauerung skeptischer Kommentare und Analysen werden auch immer wieder gern die schwachen Umsätze an den Börsen herangezogen, also die geringe Anzahl der gehandelten Aktien an einem Handelstag. Denn angeblich gelten an der Börse *höhere* Handelsumsätze als Indiz dafür, dass ein starker, nachhaltiger Trend vorliegt – und umgekehrt.

Insbesondere von Anhängern der Charttechnik ist immer wieder zu lesen, dass steigende Aktienkurse auch mit steigenden Umsätzen an den Börsen Hand in Hand gehen müssten, um mit einem stabilen Aufwärtstrend rechnen zu können. Steigende Aktienkurse bei nur geringen Umsätzen seien hingegen ein Indiz, dass ein Aufwärtstrend nicht nachhaltig sei. Auch im März 2016, als der DAX noch unter 9.500 Punkten notierte, war dies in zahlreichen Publikationen zu lesen. Doch der DAX stieg danach kontinuierlich an.

Abb. 6.13 DAX in Punkten | WKN 846900

Die skeptischen Kommentare aufgrund niedriger DAX-Umsätze im März 2016 wurden rasch widerlegt.

Denn was auf den ersten Blick theoretisch logisch erscheint, ist schon häufig an den Tatsachen gescheitert. Die Erfahrung hat gezeigt, dass eine Börsenhausse oft genug mit schwachen Umsätzen begann und sich dann diesbezüglich irgendwann stabilisierte.

Und so ist es auch kein Wunder, dass es zur Interpretation der Börsenumsätze letztlich auch mindestens zwei Expertenmeinungen gibt.

Das zweite Lager stellt folgende theoretisch ebenso einleuchtende These auf: Geringe Umsätze bei steigenden Kursen deuten darauf hin, dass die meisten Investoren noch nicht auf den Zug aufgesprungen sind und somit das Potenzial für weitere Kursgewinne noch hoch ist. Wenn die Hausse dann bereits eine Weile läuft und auch die Umsätze hoch sind, könnte das wiederum ein Zeichen dafür sein, dass Großanleger bereits in die steigenden Kurse hinein verkaufen, während die breite Masse in diesem Moment erst einsteigt. Dann könnten die Höchstkurse bald erreicht sein und eine darauffolgende Abwärtskorrektur sei dann nur eine Frage der Zeit. Hohe Umsätze bei Tiefkursen signalisierten hingegen eine letzte Verkaufspanik, nach der es dann wieder aufwärtsgehen könne – mit zunächst eben nur sehr viel geringeren Umsätzen.

Welche Schlussfolgerungen können wir nun aus all diesen Überlegungen ziehen? Nun, im Grunde bleibt es dabei, dass wir die Gefahrenvermutung aufgrund geringer Umsätze getrost ignorieren können. Was aber die konkreten Entscheidungen über einen Ein- oder Ausstieg am Aktienmarkt betrifft, sollte man sich gewiss nicht an den Börsenumsätzen orientieren, denn sie bieten letztlich einfach zu viele Interpretationsmöglichkeiten.

Chartanalyse

Abb. 6.14 DAX in Punkten

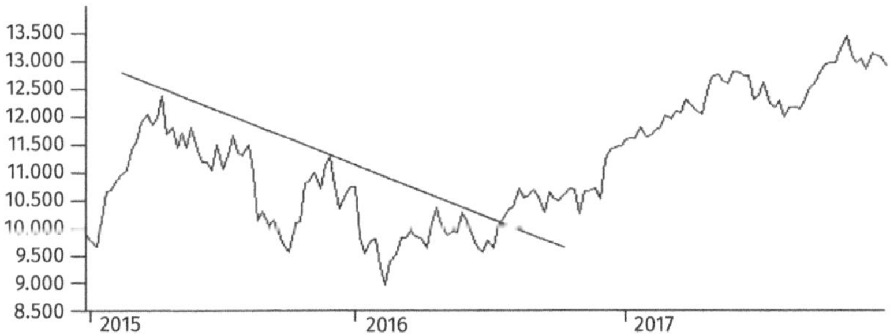

Beispiel eines gelungenen Chartsignals: Überwindung der Abwärtsbewegung 2015/16.

Abb. 6.15 DAX in Punkten

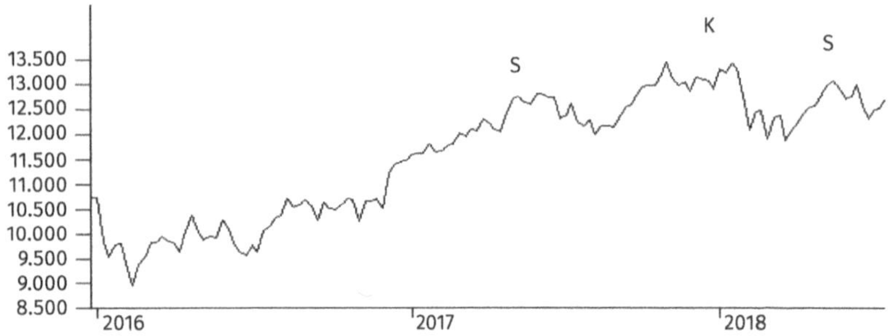

Charttechniker sahen beim DAX Mitte 2018 eine „Kopf-Schulter-Formation".

In den beiden obigen Charts sind bereits wichtige Begriffe der Chartanalyse enthalten. In dem ersten DAX-Chart finden Sie den Bruch einer Abwärtstrendlinie, der als wichtiges Kaufsignal gilt. Beim zweiten Chart liegt eine Schulter-Kopf-Schulter-Formation vor, die als starkes Baisse-Signal gilt. In diesem Fall wird der „Kopf" durch zwei Spitzen gebildet, die nicht weit auseinanderliegen. Das kommt seltener vor, meist besteht der Kopf aus einer einzigen Spitze. Rund drei Monate vor und nach dem „Kopf" finden sich zwei „Schultern", die nicht die Kurshöhe des „Kopfes" erreicht haben. Man nimmt an, dass es anschließend weiter abwärtsgeht, weil die rechte Schulter es nicht mehr geschafft hat, noch einmal ein neues Hoch zu bilden. Außerdem kann man von der Jahresmitte 2016 über die Jahresmitte 2017 eine Aufwärtstrendlinie ziehen, die dann Anfang 2018 nach unten geschnitten wird und damit ein zusätzliches Warnsignal gibt. Der DAX landete zum Jahresende 2018 dann auch tatsächlich tiefer, nämlich bei 10.634 Punkten.

Gebrochene Trendlinien sind immer ein Warnsignal, vor allem nach langen und nicht zu steilen Bewegungen. Im folgenden Chart, dem amerikanischen Index „Standard & Poor's 500" im Jahr 1998, habe ich auch eine Trendlinie eingezeichnet, die ein sehr gutes Warnsignal Ende Juli 1998 gab.

Abb. 6.16 S&P 500 (1998)

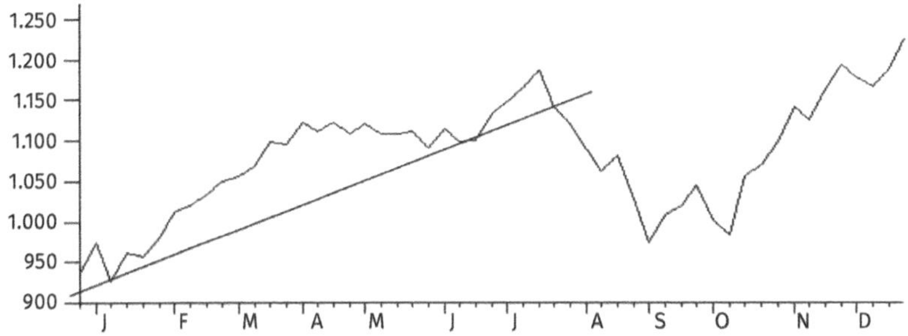

Das Verkaufssignal im Juli 1998 kam rechtzeitig, ebenso das Kaufsignal nach einem „Doppelboden" Mitte Oktober.

Interessant ist in diesem Chart auch das „Doppelboden-Kaufsignal". Man spricht hier auch von einer W-Formation. Sie wird hier von zwei Tiefpunkten Ende August und Anfang Oktober gebildet. Meist ist so ein Doppelboden ein gutes Kaufsignal. Aber es gibt zwei Bedingungen: Erstens müssen die beiden unteren Tiefpunkte mindestens einen Monat auseinanderliegen. Zweitens muss abgewartet werden, ob die zweite Aufwärtsbewegung die erste in der Höhe übertrifft.

Damit haben Sie bereits die wichtigsten Regeln der Chartanalyse kennengelernt. Chartprofis kennen noch sehr viel mehr Regeln mit zahlreichen Ausnahmefällen und weiteren Feinheiten. Aber die können Sie sich schenken.

Trendanalyse nach Ganns Quartalregel

William Delbert Gann (1878–1955) war ein US-amerikanischer Börsenhändler des frühen 20. Jahrhunderts. Er hat mehrere Werke zum Thema Trading und Chartanalyse verfasst.

Seine geniale Regel lautet: Ein Aktienindex liegt im Aufwärtstrend, solange er zum Wochenschluss nicht ein neues Tief gegenüber allen

Wochenschlusskursen des laufenden Quartals und des Vorquartals meldet. Ein Aktienindex liegt im Abwärtstrend, solange er zum Wochenschluss nicht ein neues Hoch gegenüber allen Wochenschlusskursen des laufenden Quartals und des Vorquartals meldet.

Um also zum Beispiel den Trend des DAX am Freitag, den 18. Oktober 2024 zu ermitteln, müssen wir seine Wochenschlusskurse seit Juli 2024 kennen. Der tiefste Wochenschlusskurs war am 2. August 2024 bei 17.661 Punkten. Danach stieg der DAX permanent. Und nach Ganns Regel blieb er auch im Aufwärtstrend, solange er bis Ende Dezember an einem Wochenschluss nicht tiefer als bis 17.661 Punkte zurückging.

Ab Januar 2025 ändert sich die Berechnung, die Monate Juli bis September zählen nicht mehr mit. Dann darf der DAX bis März an einem Wochenende nicht tiefer liegen als der tiefste Wochenschlusskurs ab 4. Oktober 2024.

Ganns Regel ist deshalb so genial, weil sich die Großanleger meist zu Beginn eines neuen Quartals neu orientieren. Dann erkennt die Quartalregel hier sehr schnell ein geändertes Verhalten der Großanleger, weil die Zahl der Vergleichskurse von fast 25 Wochenschlusskursen auf zunächst nur 13 Wochenschlusskurse sinkt.

Indizes-Quartal-Methode

Die Methode, die ich Ihnen jetzt vorstelle, eignet sich vor allem dazu, *kurzfristige* Welttrends am Aktienmarkt zu analysieren. Das sollte aber nicht in der Weise geschehen, dass man abzählt, wie viele Aktienindizes im Aufwärts- und im Abwärtstrend sind (etwa nach Ganns Quartalregel) und die Mehrheit entscheiden lässt. Dieses Signal käme zu spät.

Vielversprechender ist es, Woche für Woche abzuzählen, wie viele *neue* Hochs und Tiefs es bei Aktienindizes aus aller Welt gibt. Hier werden die neuen Trends viel schneller sichtbar.

Nimmt man alle Freitagskurse des laufenden Quartals und des Vorquartals, wie viele haben aktuell ein neues Hoch, wie viele ein neues Tief? Wir nehmen aber dazu nur die wichtigsten 25 Aktienindizes aus aller Welt. Wie sich herausgestellt hat, werden die Signale dann sogar besser, als wenn die osteuropäischen, südamerikanischen und weniger wichtigen asiatischen Indizes dabei sind.

Je nachdem, wie weit das laufende Quartal fortgeschritten ist, handelt es sich um 13 bis 25 Wochen, die hier zu beobachten sind.

Die 25 Aktienindizes sind:

USA: Dow Jones Industrial, Dow Jones Transport, Dow Jones Utility, S&P 500, Nasdaq Composite, Russell 2000
Kanada: TSE 300
Eurozone: Euro Stoxx 50
Deutschland: DAX, FAZ-Index
Schweiz: SMI
Österreich: ATX
Frankreich: CAC 40
Großbritannien: FT 100
Italien: FTSE-MIB
Niederlande: AEX
Schweden: OMX 30
Norwegen: OSE
Spanien: IBEX 35
Japan: Nikkei-Index
Hongkong: Hang Seng Index
Singapur: Straits Times Index
Korea: KOSPI-Index
Thailand: SET-Index
Australien: All Ordinaries Index

Diese Methode hat vor *jeder* Aktienbaisse der letzten 50 Jahre rechtzeitig gewarnt! Sie hat aber auch den kleinen Nachteil, dass manche ihrer Warnsignale zu früh oder gar unnötig kommen und wieder korrigiert werden.

Die Anzahl der im Aufwärtstrend befindlichen Indizes in Prozent

Wenn wir für diese 25 beobachteten Indizes jede Woche den Prozentsatz der Indizes ermitteln, die sich in einem Aufwärtstrend befinden, können wir eine wunderschöne *langfristige* Trendfolge auch grafisch festhalten. Als im „Aufwärtstrend" befindlich betrachten wir alle Aktienindizes, die über ihrem 200-Tage-Durchschnitt liegen. Damit sind 200 Börsentage, also rund zehn Monate gemeint. Seit 1970 liegen uns die jeweiligen Prozentzahlen der im Aufwärtstrend befindlichen Aktienindizes vor. Hier eine Grafik zur Illustration von 2011 bis 2024:

Abb. 6.17 Aufwärtstrend

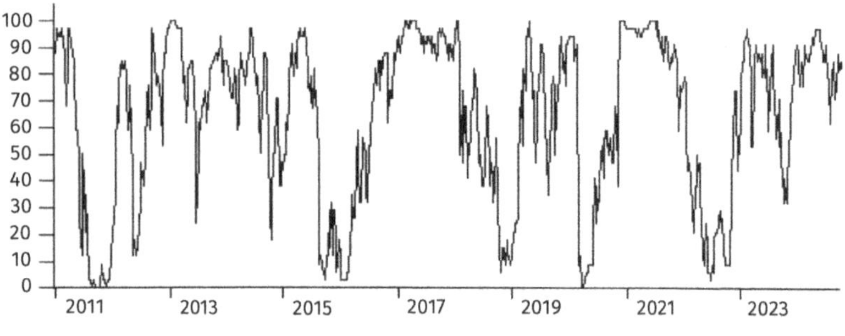

Dieser Chart zeigt, wie viel Prozent der Aktienindizes zum jeweiligen Zeitpunkt im Aufwärtstrend liegen.

Die Abbildung zeigt, dass die Prozentzahl der im Aufwärtstrend befindlichen Aktienindizes offenbar regelmäßig von etwa null bis einhundert Prozent schwanken kann. Und das war schon immer so, auch im vergangenen Jahrhundert.

Damit eignet sich die Methode sehr gut, um antizyklisch auf das Börsengeschehen zu reagieren. Das bedeutet zwar nicht, dass man beim Stand von null Prozent schon einsteigt und beim Stand von 100 Prozent aussteigt. Das wäre in der Regel zu früh. Im Gegenteil fallen die Indizes beim Stand von null Prozent oft noch ein paar Monate weiter. Und vor allem können sie, wenn sie „oben" sind, dies oft noch sechs bis zwölf weitere Monate durchhalten. Mit einer Trendwende kann man aber alle zwei bis drei Jahre rechnen! Ist die Kurve zu diesem Zeitpunkt einmal fast bei null, heißt es: Chance in Sicht! Aufpassen auf die kommende Trendwende! Diese kommt dann meist innerhalb von sechs Monaten und die möglichen Kursgewinne sollten dann nicht verpasst werden. Aber aller Erfahrung nach ist gerade dann das Misstrauen gegenüber Aktien sehr groß. Die breite Masse steigt erst wieder ein, wenn die Kurve schon wieder ganz oben ist. Leider!

Aber auch dann kann man noch kaufen. Wenn die Kurve nahezu 100 Prozent erreicht hat, ist das noch längst kein Verkaufssignal. Ist sie nach einer Baisse auf 100 geklettert, geht sie meist auch nicht direkt auf null zurück, sondern kommt nach einer Konsolidierung meist noch einmal nach ganz oben zurück. Und dort sind die Kurse dann natürlich noch deutlich höher als vorher. Das zeigen die Jahre 2013, 2017 und 2019 anschaulich. Die Kurve kann auch monatelang oben bleiben wie im Jahr 2021 und damit noch ständig weitere hohe Kursgewinne einspielen.

Gefährlich wird es erst, wenn die Kurve nach einem oder mehreren Hochs unter 50 Prozent fällt, was zum Beispiel am 28. Februar 2020 mit nur noch 28 Prozent der Fall war. Eine Woche vorher lag sie noch bei 96 Prozent. Da waren also noch 24 von 25 Indizes im Plus gewesen. Dann kam der Corona-Schock. Binnen einer Woche hatten 18 von 25 Indizes ins Minus gedreht. Trotzdem kam dieses Warnsignal noch rechtzeitig vor den ganz scharfen Kursverlusten im März 2020.

Diese Methode bietet große Sicherheit. Wer ihr folgte, wurde nur ganz selten von einer starken Abwärtsbewegung überrascht. Insofern eignet sie sich besonders für sehr vorsichtige Anleger. Und sie hat den Vorteil, dass sie sehr einfach anzuwenden ist. Sie müssen sich nur jedes Wochenende den Prozentsatz der Aktienindizes notieren, die über ihrem 200-Tage-Durchschnitt liegen.

Gibt das Verhältnis der Optimisten zu Pessimisten einen Hinweis auf die kommende Kursentwicklung?

Ich beantworte diese Frage mit einem klaren Nein. Die Grundidee dieses Ansatzes ist zwar nicht schlecht: Gibt es sehr viele Optimisten, dann haben diese ja alle schon gekauft! Dann können die Kurse nur noch fallen. Gibt es sehr viele Pessimisten, dann besteht großes Kurspotenzial, denn sie werden alle einmal wieder einsteigen müssen.

Ja, aber wann? Panik kann sich verstärken, Euphorie auch. Und dann ist da noch die Frage, ob es wirklich stimmt, dass die Mehrheit gerade optimistisch oder pessimistisch ist. Das ist keineswegs so klar, denn Tagesstimmungen ändern sich schnell.

Abb. 6.18 DAX (Oktober 1999 – März 2000)

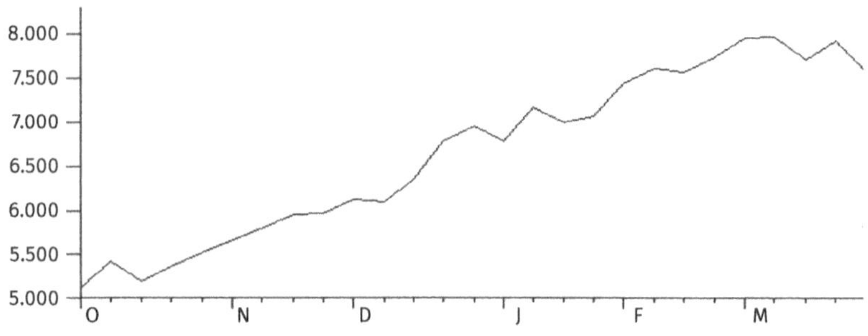

Nach übertriebenen Kurssteigerungen wie im Frühjahr 2000 sind Anleger meist weiter optimistisch.

Im Frühjahr 2000, als der DAX weit überbewertet bei fast 8.000 Punkten stand, behauptete ein *Handelsblatt*-Kommentator, die Anleger seien viel zu pessimistisch, deshalb müssten die Kurse noch sehr viel weiter steigen. Er hatte offenbar gar nicht gemerkt, wie sehr er selbst von dem tollen Anstieg der Kurse mitgerissen worden war. Bis März 2003 fiel der DAX danach auf 2.400 Punkte zurück!

Wie würden Sie die gegenwärtige Stimmung einschätzen? Wenn Sie die Börsenzeitschriften anschauen, sind diese eigentlich immer optimistisch!

Die Frühindikatoren Dow Jones Utility Index und Nasdaq Composite Index

Das Besondere am amerikanischen Dow Jones Utility Index ist seine Trägheit. Er enthält überwiegend Energieversorger, deren Gewinne in der Regel nicht stark schwanken. Diese Aktien sind international so wenig bedeutend, dass wir sie auch nicht unbedingt kennen müssen. Aber den Index schon, und zwar aus folgendem Grund:

Neben der geringen Schwankungsbreite ihrer Aktien sind diese Unternehmen in der Regel auch durch eine hohe Dividendenkonstanz gekennzeichnet. Aus diesen Gründen stehen sie auch in Konkurrenz zu Anleiherenditen.

Der Dow Jones Utility Index ist deshalb ein berechenbarer Faktor dafür, ob Aktien gegenüber Zinspapieren eher über- oder unterbewertet sind. Sobald höhere Anleiherenditen erwartet werden, wird der Dow Utility nach unten gedrückt.

Deshalb gibt dieser Index mit seinen „langweiligen" Aktien meist sehr viel schneller die künftige Richtung der Aktienmärkte vor als etwa der Dow Jones Industrial oder der S&P 500.

Den Nasdaq Index gibt es in zwei Varianten: den Nasdaq 100, der die wichtigsten 100 US-Hightech-Werte umfasst, und den Nasdaq Composite Index, der 3.000 Hightech-Werte enthält.

Es ist egal, welche Variante des Nasdaq Sie beobachten wollen. Jedenfalls reagiert er sehr empfindlich auf konjunkturelle Entwicklungen in den USA. Das liegt daran, dass viele in diesem Index enthaltene Unternehmen noch gar nicht in der Gewinnzone liegen und daher sehr schnell Kursreaktionen zeigen, wenn sich das wirtschaftliche Umfeld verbessert oder verschlechtert.

Insofern lohnt es sich, diese beiden Aktienindizes zu beobachten. Der eine ist zinsempfindlich, der andere konjunkturempfindlich. Liegen beide im Aufwärtstrend, spricht alles für einen Kauf von Aktien.

Abb. 6.19 Nasdaq und Dow Utility (2007–2017)

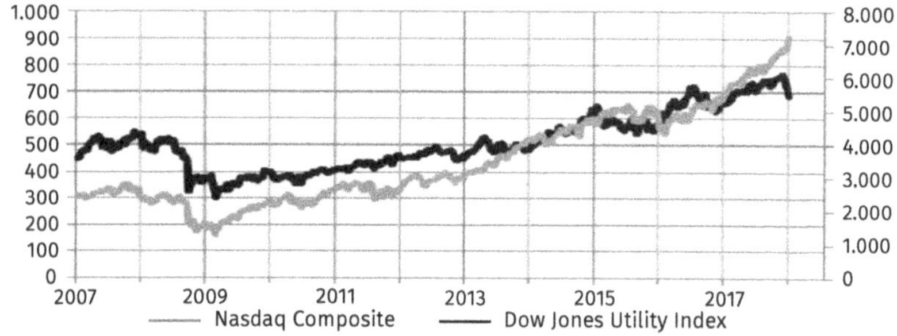

In den Jahren 2009 bis 2017 liefen Nasdaq und Dow Utility weitgehend parallel aufwärts.

Erst wenn diese Parallelität in mittel- bis langfristiger Perspektive aufbricht, muss man hellhörig werden. Das lässt sich sehr schön an einem Beispiel aus dem Jahr 1999 erkennen, als die Euphorie der Technologie-Aktien ihrem Höhepunkt zustrebte.

Abb. 6.20 Nasdaq und Dow Utility (1999)

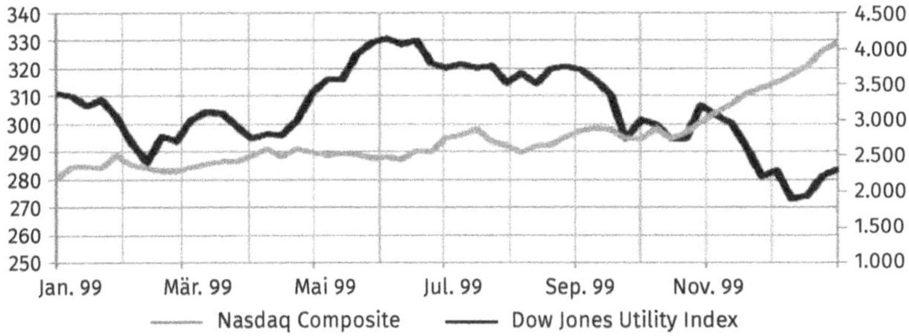

Im Jahr 1999 hörte die Parallelität der beiden Indizes auf – ein Warnsignal.

Damals tauschten die Aktionäre des Dow Utility in der zweiten Jahreshälfte 1999 ihre Aktien offenbar in riskante Technologietitel. Im darauffolgenden Jahr 2000 erholte sich der Dow Utility um 45 Prozent! Der Nasdaq Composite Index verlor 40 Prozent! Der S&P 500 verlor zehn Prozent! In den Jahren 2001 und 2002 ging es insgesamt weiter abwärts.

Sind sinkende Rohstoffpreise gut oder schlecht für den Aktienmarkt?

Hier zwei historische Beispiele, wie sich ein fallender Ölpreis (1992) und fallende Rohstoffpreise (2008) auf den DAX auswirkten:

Abb. 6.21 Ölpreis (Juli 1992–Januar 1993)

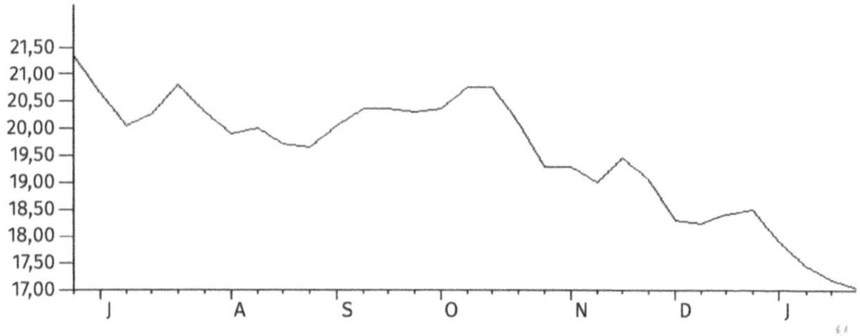

Der Ölpreis fiel im 2. Halbjahr 1992 ...

Abb. 6.22 DAX (1. Halbjahr 1993)

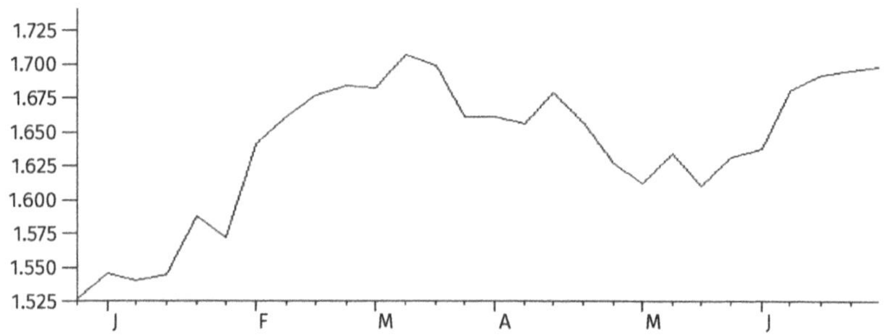

... und das war die Auswirkung auf den DAX.

Abb. 6.23 CRB-Index (Juli 2008–März 2009)

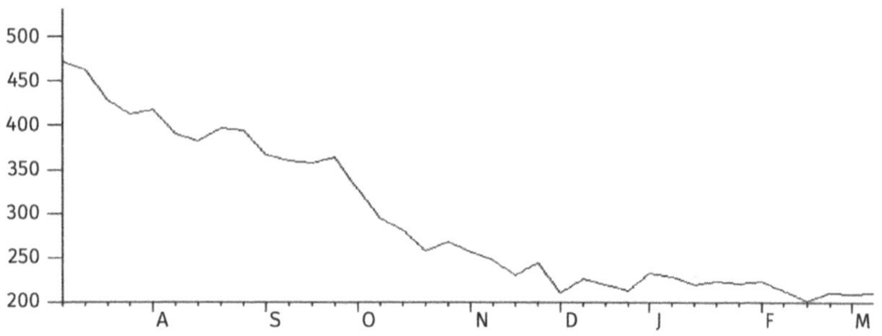

So fielen die Rohstoffpreise im 2. Halbjahr 2008 bis März 2009 ...

Abb.6.24 DAX (März–Dezember 2009)

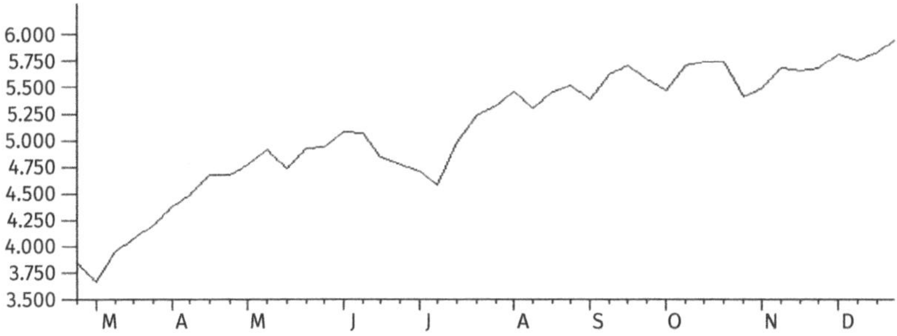

... und das war die Folge für den DAX 2009.

Niedrigere Preise sind in der Regel positiv für den Aktienmarkt zu werten, weil sie eine Kostenentlastung für die Unternehmen bedeuten. Es gibt nur eine Ausnahmesituation: die Deflation! Dann fallen die Preise und die Aktien und Arbeitsplätze werden abgebaut. Aber eine solche Situation ist derzeit nicht absehbar.

Wie berechnet man den fairen Wert eines Aktienindex?

Ab wann sind nun die Kurse zu hoch? Es gibt verschiedene Möglichkeiten, historische Vergleiche anzustellen, wie eine „faire" Bewertung aussehen sollte.

Am einfachsten ist es, einen langfristigen Durchschnitt eines Index, zum Beispiel des DAX, zu berechnen. Nehmen wir einmal 20 Jahre. Der 20-Jahres-Durchschnitt des DAX lag Ende 2024 bei 9.662 Punkten. Das ist natürlich noch kein fairer Wert, denn im Laufe der Jahrzehnte steigt ein Index aufgrund des Wirtschaftswachstums und der Inflationsrate an. Also muss man ermitteln, um wie viel Prozent der Index im Durchschnitt bisher über seinem 20-Jahres-Durchschnitt lag. Die Antwort lautet: 2,05 Prozent. Das heißt, ein fairer DAX-Wert sollte rund doppelt so hoch sein wie der aktuelle 20-Jahres-Durchschnitt. Fazit: Demnach sollte der DAX zum Jahresende 2024 bei etwa 19.876 Punkten notieren.

Die zweite Möglichkeit ist die Berechnung des durchschnittlichen Kurs-Umsatz-Verhältnisses des DAX in den letzten 20 Jahren. Dieses liegt bei 1,04. Im November 2024 betrug es 0,94. Das heißt, dass der DAX im Oktober 2024 eher leicht unterbewertet war.

Sie sehen: Es gibt objektive Methoden, den fairen Wert eines Aktienindex zu berechnen. Das heißt aber nicht, dass sich die Börse schnell nach solchen Berechnungen richtet, wenn sie euphorisch oder gerade depressiv gestimmt ist. In der Zeit der Hightech-Euphorie, als auch die Neue-Markt-Aktien zu Fantasiepreisen gehandelt wurden und jedermann von einer „neuen Zeit" sprach, die nun gekommen sei und in der eine totale Neubewertung erfolgen müsse, wurde jedem Warner vorgeworfen, er habe eben die neue Zeit nicht verstanden.

Ähnlich ist es heute mit der „künstlichen Intelligenz". Auch hier heißt es oft, dass diejenigen, die vor einer Überschätzung dieser Technologie warnen, einfach „von gestern" seien. Da frage ich mich, warum so wenig aus den Erfahrungen der Vergangenheit gelernt wird.

Künstliche Intelligenz – Neubewertung des Aktienmarkts?

Seit einigen Jahren ist der Begriff „künstliche Intelligenz" (KI) in aller Munde. Anleger versprechen sich hohe Kursgewinne, wenn sie rechtzeitig in Unternehmen einsteigen, die sie anwenden. Dabei ist künstliche Intelligenz nichts Neues. Sie wird auf vielen Feldern angewandt, zum Beispiel auch im Schach. Mittlerweile schlagen die Computerprogramme auch den Weltmeister. Klubspieler analysieren ihre gespielten Partien vor allem mithilfe von Computerprogrammen, die jeden Fehler und jedes Versäumnis sofort aufdecken.

Was zuletzt aber Aufsehen erregt hat, ist die weitere Verfeinerung der künstlichen Intelligenz durch die US-Firma OpenAI, die im Besitz von Microsoft ist.

Abb. 6.25 Microsoft in Euro | WKN 870747

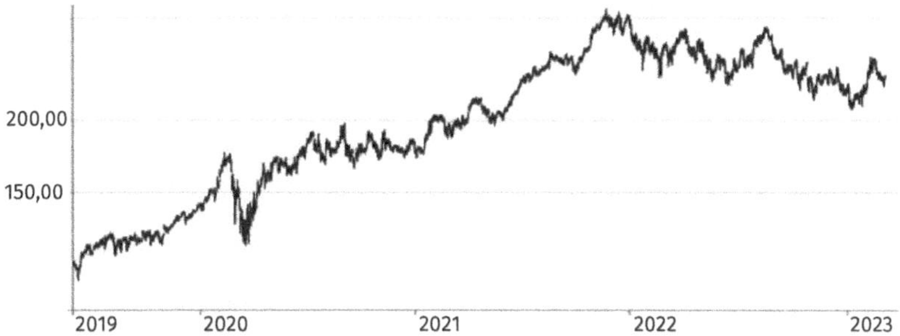

Microsoft war maßgeblich an der Weiterentwicklung der künstlichen Intelligenz beteiligt. ©Tai-Pan

Deren Produkt heißt ChatGPT und es kann komplizierte Probleme auf vielen Gebieten lösen. Dieses Programm kann alle Sprachen, schreibt Software und kann wie ein Mensch formulieren. Da werden zum Beispiel Industrieprozesse optimal gesteuert, bei denen menschliche Programmierer überfordert wären. Es geht um Datenmanagement, intelligente Stromnetze, Erkennung von Schadsoftware, Forschung bei biologischen Abläufen, Batterietechnik bei Elektroautos bis hin zum Autofahren ohne Chauffeur.

Auch Alphabet/Google und Meta/Facebook wollen ähnliche Produkte in Form von selbstlernenden Programmen starten, die sich dann auch selbstständig weiterentwickeln. Angewandt auf Facebook sollen dann schnell Falsch- und Hassnachrichten entfernt werden können.

Abb. 6.26 Meta Platforms Inc. in Euro | WKN A1JWVX

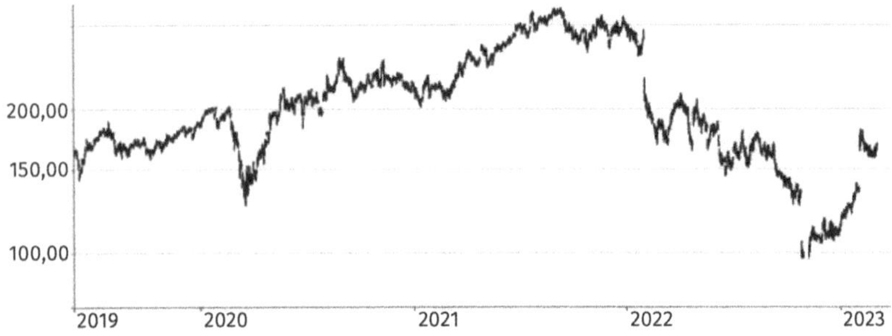

Auch der Meta-Konzern profitiert seit 2022 von KI-Programmen. ©Tai-Pan

Auch Apple, Siemens, SAP, ABB, Oracle und Schneider Electric arbeiten mit Programmen für eine wirksamere Steuerung von Industrieprozessen. Und für all das werden leistungsfähige Halbleiter und Chips benötigt, die von Herstellern wie Intel, Nvidia und Qualcomm ständig weiterentwickelt werden. Kein Wunder, dass Anleger inzwischen hellhörig sind und danach fragen, auf welche Aktien sich diese Verfeinerung der künstlichen Intelligenz besonders positiv auswirkt. Aber im Grunde hat sich nichts geändert! Man muss sich eben die entsprechenden genannten Unternehmen ansehen, vor allem ihre Relative Stärke, mit der wir uns noch näher beschäftigen werden.

Die Bewertung von Nvidia zeigte im Februar 2023 das 20-Fache des Jahresumsatzes und des Buchwertes an, was in der Regel weit übertrieben ist. Doch die Umsätze solcher Unternehmen wuchsen so rasant, dass diese damalige Bewertung zunächst sogar angemessen war. Wer Nvidia Ende Februar 2023 gekauft hätte, hätte seinen Kaufpreis ein Jahr später vervierfacht!

Fazit: Man sollte sich zwar von der Technikbegeisterung nicht zu unüberlegten Käufen veranlasst fühlen. Aber offenbar gibt es auch Ausnahmen, die nicht vorhersehbar sind!

Kapitel 7

Mein vereinfachter Vorschlag zum Ein- und Ausstieg

Ich habe die Wahl der richtigen Ein- und Ausstiegszeitpunkte einmal mit folgendem Satz zusammengefasst: Folge dem Trend, aber vergewissere dich immer wieder, ob er noch mit den fundamentalen Daten zusammenpasst! Das ist in der Tat der wesentlichste Punkt bei der Anlage in Aktien. Als Privatanleger benötigen wir ein klares System, statt nur blind „dem Trend" zu folgen. Zumal man sich fragen muss, welchen Trend man meint. Etwa den des DAX? Oder doch lieber des S&P 500? Oder gar des Nasdaq Composite? Je nachdem erhält man nicht selten unterschiedliche Trends!

Ohne verlässliche Indikatoren, die ein differenziertes Bild über den Trendverlauf an der Börse geben und die signalisieren, ob ein Trend überhaupt in die richtige Richtung geht, ob er kurz- oder mittelfristig ist und ob er sich nicht schon übertrieben weit nach vorn bewegt hat, ist das Ergebnis nur ein Handeln „aus dem Bauch heraus" und damit ein ständiges Kaufen und Verkaufen.

Obendrein folgt der Aktienmarkt sehr viel mehr als früher den Erwartungen der Konjunkturentwicklung. Die Schwierigkeit für uns als Anleger ist, dass wir vor der Jahrtausendwende, als noch die Zinsen und weniger die Konjunktur die Richtung vorgegeben haben, sehr einfach den Stand der Dinge – sprich: den Stand der Zinsen – ablesen konnten.

Sicherheit geht vor! Also verlieren Sie nicht unnötig Geld! Wenn Sie bei einer Investition einmal 50 Prozent Ihres Einsatzes verlieren sollten, benötigen Sie anschließend 100 Prozent Gewinn, nur um diesen Verlust wieder aufzuholen!

Welche Signale sind beachtenswert?

Die Umlaufbahnen von Planeten und Monden lassen sich exakt berechnen. Wie sich aber euphorische oder verängstigte Börsianer verhalten, ist völlig unmöglich vorherzusagen. Ich glaube zwar, ich habe im Laufe von 50 Börsenjahren sehr treffsichere Methoden für einen optimalen Ein- und Ausstieg entwickelt, aber die wirklich bestmöglichen Zeitpunkte für Käufe und Verkäufe sind nicht zu berechnen. Wenn man sie auch nur ungefähr erfasst, ist das schon ein Erfolg.

Die Signale der Anleihezinsen, des Ölpreises und des Rohstoffindex CRB sind immer gut, wenn man vor Inflation Angst hat. Aber für die deflationären Gefahren eignen sie sich überhaupt nicht.

Der Dollar trägt seit der Einführung des Euro auch nicht mehr Entscheidendes zur Bestimmung von Kauf- und Verkaufszeitpunkten bei. Früher, zu DM-Zeiten, war ein starker Dollar fast immer ein Garant dafür, dass dem Aktienmarkt keine Gefahr droht. Aber das stimmte schon im Crash-Herbst 2008 nicht mehr.

Der Dow Utility Index hat seine besten Signale in einer Zeit gegeben, in der auch die Anleihezinsen gute Signale gaben. Dies ist darauf zurückzuführen, dass er in Konkurrenz zu den Anleihezinsen steht. In den letzten 20 Jahren waren seine Signale aber oft nicht mehr brauchbar.

Hingegen haben sich folgende Indikatoren in den letzten 15 Jahren gut bewährt:

1. Die kurzfristigen Zinsen. In ihnen drückt sich die Politik der Zentralbanken am besten aus. Die Kontrolle dieser Signale hat jedoch gezeigt, dass man diesen Zinsen manchmal einen jahrelangen Vorlauf vor dem Aktienmarkt geben muss. Daher sollte man besser noch auf die Zinsstruktur (lange minus kurze Zinsen) achten.

2. Nach wie vor funktioniert der Saisonfaktor gut. Wenn sich ein solches Muster erst einmal etabliert hat, folgen ihm viele Anleger – nicht zuletzt, weil alle anderen es erwartungsgemäß ebenfalls so handhaben werden. Im Ergebnis verfestigt sich das Muster dann immer mehr. Da die Monate Mai bis Juli sowohl stärker als auch schwächer für Aktien verlaufen können, sollte man den Saisonfaktor der Einfachheit halber so anwenden, dass die Monate November bis Juli positiv gewertet werden, die Monate August bis Oktober negativ.

Darüber hinaus behalten wir auch die weiteren brauchbaren Methoden, Signale und Warnzeichen des letzten Kapitels im Auge, insbesondere die Entwicklung des S&P 500 Index und des DAX nach der Quartalregel.

Ich habe das System, das ich Ihnen jetzt vorstellen möchte, „Sicherheitssystem" genannt. Es ist einfach, klar und geht kaum Risiken ein, auch wenn es eine einhundertprozentige Sicherheit an der Börse gar nicht geben kann.

Dieses System beruht darauf, dass größere Risiken am Aktienmarkt radikal ausgeschlossen werden sollen. Das System wurde seit Anfang 1960 getestet und selten gab es größere Verluste über zehn Prozent, die jedoch stets schnell wieder aufgeholt wurden!

Regel 1: Verkaufe am letzten Freitag im Juli und steige frühestens am letzten Freitag im Oktober wieder ein.

Regel 2: Verkaufe auch, wenn DAX und S&P 500 nach der Quartalregel beide ein Verkaufssignal gegeben haben.

Regel 3: Ist die Zinsstruktur negativ, sollte schon verkauft werden, wenn nur einer der beiden (DAX und S&P 500) nach der Quartalregel ein Verkaufssignal gibt.

Regel 4: Kaufe normalerweise am letzten Freitag im Oktober, es sei denn, es gibt immer noch ein Warnsignal nach den Regeln 2 und 3.

Das ist schon alles. Sie benötigen zur Kontrolle jeden Freitag nur fünf Minuten, denn Sie arbeiten nur mit Wochenschlusskursen, nie mit täglichen Kursen. So können Sie auch leicht zwei Quartale (maximal 26 Kurse) überschauen. Sie können selbst wählen, ob Sie sich beim Kauf für Aktien entscheiden oder einfach ein DAX-Zertifikat kaufen. Wenn Sie Aktien kaufen, um den DAX noch zu schlagen, dann richten

Sie sich vor allem nach der „Relativen Stärke“ der Aktien. Diese wird im nächsten Kapitel beschrieben. Aber denken Sie immer daran, dass das Depot mindestens jeden Herbst neu bestückt werden muss.

Das Sicherheitssystem war seit 1960 sehr erfolgreich. Wer nach diesem System immer den DAX gekauft hätte, hätte seither eine jährliche Durchschnittsrendite von 8,30 Prozent erzielt. Das bedeutet: Wer am 1. Januar 1960 1.000 Euro gehabt hätte (umgerechnet, denn den Euro gab es damals noch nicht), wäre Ende 2024 im Besitz von 178.176 Euro. Das reicht natürlich nicht für eine solide Altersvorsorge. Aber wir haben ja nur den anfänglichen Besitz von 1.000 Euro berechnet und nicht die weiteren Sparmaßnahmen in den folgenden Jahren.

Ganns Quartalregel wurde bereits im letzten Kapitel erläutert. Sie ist nicht unfehlbar, aber solide. Sie können stattdessen auch charttechnische Methoden verwenden und zum Beispiel auf durchbrochene Trendlinien achten. Ich persönlich bevorzuge die mathematische Trendmethode der Quartalregel, weil sie zu eindeutigen Ergebnissen führt und nicht wie Chartbilder vieldeutig sein kann.

Abb. 7.1 Beispiel für ein Verkaufssignal aus dem Jahr 2022

	DAX	S&P 500	Zinsstruktur
01.10.2021	15.156	4.357,04	positiv
08.10.2021	15.206	4.391,34	positiv
15.10.2021	15.587	4.471,37	positiv
22.10.2021	15.543	4.544,9	positiv
29.10.2021	15.689	4.605,38	positiv
05.11.2021	16.054	4.697,53	positiv
12.11.2021	16.094	4.682,85	positiv
19.11.2021	16.160	4.697,96	positiv
26.11.2021	15.257	4.594,62	positiv
03.12.2021	15.170	4.538,43	positiv
10.12.2021	15.623	4.712,02	positiv
17.12.2021	15.532	4.620,64	positiv
24.12.2021	15.756	4.725,79	positiv
31.12.2021	15.885	4.766,18	positiv
07.01.2022	15.948	4.677,03	positiv
14.01.2022	15.883	4.671,14	positiv

	DAX	S&P 500	Zinsstruktur	
21.01.2022	15.604	4.411,64	positiv	
28.01.2022	15.319	4.431,85	positiv	
04.02.2022	15.100	4.500,53	positiv	DAX tiefer als 15.156 (1.10.2021)
11.02.2022	15.425	4.418,64	positiv	
18.02.2022	15.043	4.348,87	positiv	DAX tiefer als 15.156 (1.10.2021)
25.02.2022	14.567	4.384,65	positiv	
04.03.2022	13.095	4.328,85	positiv	

Das Sicherheitssystem gab nach zwei Warnsignalen am 18. Februar 2022 ein Verkaufssignal! Es folgten weitere Tiefstände bei beiden Indizes.

Wie zwingend ist die „Sommerpause" des Sicherheitssystems?

Drei Monate, von August bis Oktober, sind eine lange Zeit. Müssen wir in dieser Zeit wirklich sklavisch alle Aktien meiden und ruhig zusehen, wie einige Aktien vielleicht schon wieder kräftig steigen? Immerhin ist das zum Beispiel im Jahr 2024 passiert! Und in den Jahren 2003 und 2009 wäre es ebenfalls sehr schade gewesen, die Aufwärtsbewegung in den Sommermonaten nicht mitzumachen!

Nein, „sklavisch" müssen wir uns nicht an das Sicherheitssystem halten. Ausnahmen gibt es immer. Aber es gilt zu bedenken, dass in den drei oben genannten Jahren immer die Zentralbanken mitgeholfen haben, die Rezession zu überwinden. Das tun sie keineswegs immer und nur selten hat man zwischen August und Oktober etwas am Aktienmarkt versäumt. Wer in dieser Zeit keine Aktien hielt und stattdessen Urlaub machte, lag meist richtig.

Zu bedenken ist auch, dass die Börsen in den Jahren 2003 und 2009 noch bis März von einer tiefen Baisse des Vorjahres geprägt waren, von der sie sich erst ab April erholten. Da war es unnötig, Ende Juli schon wieder auszusteigen.

Umgekehrt kann es aber auch nötig sein, sich bereits Ende April zumindest von einem Teil der Aktien zu trennen, weil auch die Monate Mai und Juni sehr oft schon Schwäche gezeigt haben. Überhaupt ist es ratsam, nicht immer von einem „Entweder-oder“ auszugehen, sondern manchmal auch Kompromisse zu machen und eine „Teils, teils“-Strategie zu verfolgen. Hundertprozentige Gewissheit gibt es nie – sonst gäbe es keine Börse mehr.

Unter welchen Umständen könnte man also trotzdem in den Monaten August bis Oktober am Aktienmarkt engagiert bleiben? Wenn sich der Aktienmarkt gerade in einer Erholungsphase nach einer tiefen Baisse befindet wie im obigen Beispiel beschrieben. Bedingung: Alle drei Signale (DAX, S&P, Zinsstruktur) müssen positiv sein und es sollte möglichst kein Warnsignal kurzfristiger Methoden vorliegen!

Wie oft gab es seit 1960 größere Verluste mit dem Sicherheitssystem?

Seit Anfang 1960 war man mit dem Sicherheitssystem nur in 54 Prozent der Zeit am Aktienmarkt investiert, das heißt, in 46 Prozent der Zeit war man draußen! In den „Aus-Zeiten“ waren zum Teil sehr hohe Zinsgewinne durch Festgelder oder Anleihen möglich. Hohe Verluste waren sehr selten.

Die folgenden Zahlen beziehen sich stets auf einen DAX-Indexanleger, also nicht auf mögliche Verluste mit einzelnen Aktien. Die Angaben der Verluste beziehen sich außerdem immer auf den Verkauf zum Ausstiegssignal gegenüber dem ersten Einstiegssignal. (Einstieg also nicht zu einem beliebigen Zeitpunkt!)

Hier die Verluste, soweit sie größer waren als 3,0 Prozent. Kleinere Verluste, die etwa ein Dutzend Mal auch vorkamen, werden nicht angegeben.

1960 gab es einmal einen Verlust von -5,6 Prozent.
1962 gab es einmal einen Verlust von -8,5 Prozent.
1965 gab es einmal einen Verlust von -11,2 Prozent.
1973 gab es einmal einen Verlust von -12,3 Prozent.
1979 gab es einmal einen Verlust von -5,5 Prozent und dann im gleichen Jahr noch einmal -4,7 Prozent.
2002 gab es einmal einen Verlust von -15,4 Prozent.
2020 gab es einmal einen Verlust von -8,45 Prozent.
2022 gab es einmal einen Verlust von -4,3 Prozent.

Die Verluste wurden aber stets, meist schon im folgenden Jahr, wieder aufgeholt.

Bilanz des Sicherheitssystems für alternative Aktienindizes

Wir haben bisher nur die Erfolge dieser Methode mit dem DAX betrachtet. Österreichische oder schweizerische Anleger wollen aber vermutlich wissen, ob die Methode auch für den ATX, den SMI oder den Euro Stoxx 50 gut funktioniert hätte. Und wer gern US-Aktien kauft, ist an der Bilanz für den S&P 500 interessiert. Zunächst gilt für alle: Sie wären dann nur etwa in der Hälfte der Gesamtzeit am Aktienmarkt investiert gewesen. Trotzdem hätten Sie prima Renditen erzielt, egal welchen Aktienindex Sie gehandelt hätten. In der folgenden Tabelle finden Sie die umgerechnete jährliche Durchschnittsrendite im Vergleich zum Daueranleger. Beim DAX-Anleger sind die Dividenden schon dabei. Beim S&P 500, SMI, Euro Stoxx 50 und ATX kommen die Dividenden noch hinzu. Und bei allen Indizes müsste man eigentlich noch die Zinsen aus Festgeldern in den „Park-Zeiten" hinzurechnen, freilich abzüglich der Bankprovisionen bei den regelmäßigen Käufen und Verkäufen.

Abb. 7.2 Durchschnittsrendite Daueranlage vs. Sicherheitssystem

Index	Daueranlage seit 1970	Sicherheitssystem seit 1970
DAX	6,45 Prozent	9,40 Prozent
S&P 500 (USA)	7,00 Prozent	7,00 Prozent
SMI (Schweiz)	4,15 Prozent	7,40 Prozent
Euro Stoxx 50	5,35 Prozent	7,90 Prozent
ATX (Österreich)	5,50 Prozent	8,40 Prozent

Die Methode hat fast jede größere Baisse der letzten 50 Jahre vermieden. Nur einmal, im Jahr 2002, musste vom 15. März bis 7. Juni ein größerer Verlust verkraftet werden. Beim DAX waren es rund 15 Prozent.

Wie erhalte ich die Daten?

Wenn Sie dieses Sicherheitssystem anwenden wollen, benötigen Sie einige Daten. Als Erstes brauchen Sie die Wochenschlusskurse des DAX und des S&P 500. Sie finden sie zum Beispiel im Videotext. Beim DAX müssen Sie am Freitag bis zum Börsenschluss um 18 Uhr warten, beim S&P 500 etwa bis 22:15 Uhr mitteleuropäischer Zeit.

Aber wie erfahren Sie etwas über die Zinsstruktur? Die „langen Zinsen" bekommen Sie am einfachsten im Internet. Geben Sie ein: „Rates & Bonds – Bloomberg". Dort finden Sie eine Tabelle der Renditen der zehnjährigen Staatsanleihen unter anderem für die USA und Deutschland. Für die einjährigen Eurozinsen geben Sie ein: „global rates euribor". Dann werden Ihnen die kurzfristigen Zinssätze für den Euro unter Banken angegeben. Notieren Sie sich jeden Freitag die Zinssätze, die für zwölf Monate angegeben sind! Für die einjährigen Dollarzinsen geben Sie ein: „americas one year government bond yield". Sie erfahren, zu welchen Zinssätzen in den USA Anleihen mit einer Restlaufzeit von einem Jahr gerade gehandelt werden. Bis September 2024 gab es ähnlich wie beim Euribor auch „Libor-Zinssätze" unter Banken für den Dollar. Diese wurden aber früher zu oft manipuliert.

Wir behelfen uns also beim Dollar mit dem Vergleich der zehnjährigen und der einjährigen Anleihezinsen. Jedenfalls haben Sie dann die Zahlen und können sowohl für die USA als auch für Deutschland feststellen, ob die Zinsstruktur gerade normal oder invers ist.

Selbstverständlich finden Sie diese Daten auch, wenn Sie im Internet die Homepage meines Börsenbriefs aufrufen: *https://boersensignale.de/login/login-boerse-aktuell/*. Wenn Sie dann nach „Benutzer“ gefragt werden, geben Sie ein: „wochenbericht“, und beim „Kennwort“ dann „boersensignale“.

Kapitel 8

Die richtige Aktienauswahl

Bei der Aktienauswahl ist es wie bei der Zusammenstellung einer Fußballmannschaft!

Wenn sich ein Fußballmanager und der Trainer beraten, wie eine Mannschaft zusammengestellt werden muss, geht es zunächst einmal um die Frage, welche Spieler im Moment fit, gesund und erfolgreich sind. Und zum Zweiten geht es darum, wie teuer die Spieler sind und wie ihre Zukunft einzuschätzen ist. Selbst erfolgreiche Spieler werden manchmal verkauft, wenn sie zu teuer geworden sind. Und fußkranke Spieler und solche, die gerade wenig Selbstvertrauen aufweisen, haben in einer Mannschaft auch nichts zu suchen.

Entsprechend müssen Sie auch Ihre Aktienauswahl überprüfen. Ihre Auswahl soll Ihnen möglichst rasch Kursgewinne einspielen. Und Sie wollen ja preiswert einkaufen und nicht total überteuerte Werte in Ihrer Auswahl haben. Freilich sollte man an diesem Management auch ein wenig Spaß haben.

Der ewige Streit zwischen Chart- und Fundamentalanalyse

Immer wieder streiten Aktienanalysten, welches Analyseverfahren denn nun das richtige und gewinnbringendste sei. Ist es die Chartanalyse, die davon ausgeht, dass sich alle kursrelevanten Informationen bereits im Aktienkurs widerspiegeln? Oder ist es die Fundamentalanalyse, die den Wert eines Unternehmens anhand von Fundamentaldaten zu ermitteln versucht?

Der Ansatz der Chartanalyse besteht darin, aus historischen Kursverläufen auf zukünftige Entwicklungen zu schließen. Dabei werden die technischen Indikatoren mithilfe von mathematischen Formeln berechnet und grafisch in den Chart übertragen. Die wichtigsten Verfahren, Schulter-Kopf-Schulter-Formation, Doppelboden, Doppelspitze und die Analyse von Trendlinien, habe ich ja bereits beschrieben.

Die Fundamentalanalyse betrachtet hingegen die betriebs- und volkswirtschaftlichen Daten eines Unternehmens. Dabei setzt sie die Unternehmenszahlen in Relation zum aktuellen Aktienkurs, um zu erkennen, ob der Markt beziehungsweise der derzeitige Kurs eher unter- oder überbewertet ist. Zu den wichtigsten Kennzahlen gehören der zu erwartende Gewinn je Aktie, der Wert des Unternehmens im Verhältnis zum Umsatz, der Buchwert je Aktie, der Cashflow und die Kapitalrendite.

Vorteile beider Methoden nutzen

Doch welche Analysemethode ist nun die erfolgreichere? Welcher sollten die Anleger folgen? Jedes Lager wird Ihnen sofort darlegen, dass nur seine Methode die einzig richtige sei, und dazu zahlreiche Beispiele anführen. Richtig ist aber, dass beide Methoden ihre Stärken und Schwächen haben. Charttechniker können Ihnen sehr detailliert erklären, warum in der Vergangenheit ein Abwärts- oder Aufwärtstrend klar erkennbar war. Spricht man sie aber auf die Zukunft an, so wird die Argumentation oft recht schwammig. Sie werden vorwiegend Sätze mit „könnte", „müsste", „wenn, dann" zu hören bekommen.

Der Fundamentalist wiederum muss aufwendig alle Daten zusammentragen, Geschäftsberichte und Konjunkturdaten studieren sowie Branchen analysieren, um seine Kennzahlen zu erhalten. Findet er eine unentdeckte Perle, bleibt er oftmals bei seiner Meinung, selbst wenn die Kurse massiv gegen ihn laufen.

Begehen Sie nicht den Fehler, sich einem der Lager anzuschließen, denn es ist keine Glaubensfrage! Vielmehr müssen wir die Stärken beider Methoden nutzen. Die Relative Stärke ist eine der wichtigsten und nachweislich erfolgreichsten technischen Indikatoren. Mit ihrer

Hilfe können wir schnell erkennen, ob ein Aufwärtstrend besteht, dem wir uns anschließen können. Doch Trendstärke allein ist noch kein Kaufgrund. Wir müssen die wichtigsten fundamentalen Kennziffern berücksichtigen sowie regionale und Branchentrends beachten. Erst durch diese Kombination von Technik und Substanz haben wir ein hohes Maß an Sicherheit und gute Chancen auf Kursgewinne.

Wer nur allein auf die Trendstärke achtet, das Fundamentale also außen vor lässt, hat natürlich immer nur die „Überflieger-Aktien" in seinem Depot. Solange sich die Börse in einer starken Aufwärtsbewegung befindet, kann eine solche Strategie hohe Gewinne erzielen. Doch wehe, wenn es zu einer Marktkorrektur kommt oder sich die Unternehmensdaten eintrüben! Sehr oft verzeichnen dann gerade diese Aktien heftige Kursverluste.

Das Beispiel des Kurznachrichtendienstes Twitter zeigt das eindrucksvoll. Dank eines kräftigen Kursanstiegs erreichte die Aktie im Frühjahr 2015 einen hohen Relative-Stärke-Wert. Doch die Gefahr einer Korrektur stieg dabei kräftig mit.

Abb. 8.1 Twitter-Aktie vs. Nasdaq Composite

Kursdebakel bei der Twitter-Aktie – 75 Prozent Verlust.

Mit einem KUV von 23 und einem KBV von 10 war die Aktie damals hoffnungslos überteuert, zumal das Unternehmen keine Gewinne erzielte oder eine Dividende zahlte. Als Twitter am 28. April 2015 schwache

Quartalszahlen vorlegte, drehte die Euphorie in Verkaufspanik. Ein Blick auf die fundamentalen Daten hätte genügt, um die damaligen Mondpreise der Aktie zu erkennen. Heute ist die Aktie nicht mehr an der Börse, Elon Musk ist Alleinbesitzer und Twitter heißt jetzt „X".

Gerade junge Unternehmen sind sehr innovativ und haben hohe Wachstumszahlen. Doch wehe, wenn die Umsatz- und Gewinndynamik nachlässt, die Mitgliederzahlen unerwartet fallen oder die Konkurrenz aufholt. Dann drohen empfindliche und schnelle Verluste.

Wie erkenne ich die Aussichten eines Unternehmens?

Unternehmen veröffentlichen ihre Zahlen zum vergangenen Quartal meist in den folgenden ein bis zwei Monaten. Zusätzlich – und für die Börse nicht minder wichtig – geben sie Ausblicke auf die kommenden Monate. Diese Ausblicke dienen den Anlegern als Orientierung, wie sich die Zukunft der Unternehmen gestalten könnte. Sie sind jedoch nur eine Momentaufnahme, in einigen Monaten kann sich das Bild wieder völlig gewandelt haben, wenn zum Beispiel die Aufträge wegbrechen oder plötzlich anziehen.

Um ständig auf dem Laufenden zu bleiben und die Aussichten eines Unternehmens realistisch einschätzen zu können, müsste man stets in engem und vertrauensvollem Kontakt mit der Unternehmensleitung stehen, die Bilanzen genau überprüfen und obendrein ein Experte der jeweiligen Branche sein. Es liegt auf der Hand, dass dies bestenfalls große Finanzinstitute, aber nicht Privatanleger leisten können.

Woher soll man wissen, ob in einem Unternehmen zukunftsweisende Ideen geboren werden? Und können diese Ideen dann auch in neue und erfolgreiche Produkte umgesetzt werden?

Auch die Zahlen, die bilanztechnisch überprüfbar sind, wie Umsatzrenditen oder Wachstum, sind noch kein ausreichender Beleg dafür, dass dies auch anhält und an der Börse honoriert wird. Hohe Wachstumsraten des vergangenen Quartals können in der Folge ebenso gut wieder nachgeben. Gerade wenn die Wirtschaft „brummt", kann das betreffende Unternehmen darunter leiden, dass seine Wachstumsraten alsbald viele neue Konkurrenten anlocken. Oder die Konjunkturlage verschlechtert sich derart, dass die zuvor ausgegebenen Wachstumsraten wieder kassiert werden müssen, was immer wieder bei relativ vielen Unternehmen der Fall ist.

Auch möglich ist, dass all die guten Unternehmenszahlen und Erwartungen schon längst in übertriebenem Maße in den Kursen enthalten sind, sodass die entsprechende Aktie erstens schon sehr teuer (hohes KUV und KBV!) und damit anfällig für Rückschläge ist und zweitens der Kurs gar nicht mehr sonderlich steigen wird.

Vorsicht bei hoch bewerteten Highflyern

In den vergangenen Jahren konnte man als Börsenneuling sehr viel dazulernen. Zum Beispiel, dass immer Vorsicht angebracht ist bei Aktien, die von einigen Börsendiensten hochgejubelt und massiv empfohlen werden. So auch während der Coronakrise, als einige Aktien maßlos überbewertet wurden. Wenn Anleger sie in der Annahme kauften, dass diesen Aktien doch die Zukunft gehören müsse, mussten sie teilweise bitterböse Überraschungen hinnehmen.

Abb. 8.2 BioNTech SE in Euro | WKN A2PSR2

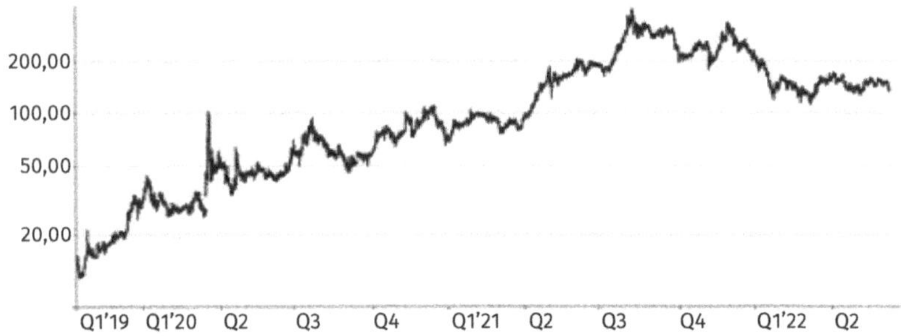

Die BioNTech-Aktie war in der Coronakrise 2020/21 der große Renner. ©Tai-Pan

Ein Beispiel ist der Impfstoffhersteller BioNTech. Im August 2021 kostete die Aktie an manchen Tagen fast 400 Euro. Wer sich damals näher mit den Umsätzen und dem Buchwert beschäftigte, stellte fest, dass die Aktie ein KUV von 162 und ein KBV von 57 aufwies. Das heißt: Das Unternehmen wurde mit dem 162-fachen Jahresumsatz und dem 57-fachen Buchwert an der Börse notiert! Bei Pharma-Aktien sind zwar auch Bewertungen mit dem 5-fachen Jahresumsatz oder Buchwert nicht ungewöhnlich, aber ist ein KUV von über 100 tatsächlich noch vertretbar?

Einige Börsenprofis meinten damals, dass die KUV-Zahlen in diesem Fall veraltet seien. Nach den neuesten geschätzten Umsatzzahlen würde BioNTech nur noch mit dem gut zweifachen Jahresumsatz bewertet. Aber vorsichtshalber verwende ich nie geschätzte Umsatzzahlen, weil sie sich ja erst noch bestätigen müssen. Deshalb gehe ich in der Regel immer von den festgestellten und publizierten Jahresumsätzen aus.

Dass die Bewertung von BioNTech maßlos übertrieben war, sieht man an dem darauf folgenden Kurssturz um fast 40 Prozent! Das hat freilich nichts mit der Qualität des Unternehmens zu tun, die ich gar nicht bezweifle, sondern einfach mit der hohen Überbewertung an der Börse. Anleger sind eben oft so unvorsichtig, dass sie nur einem Trend folgen, ohne zu berücksichtigen, dass dieser schon längst mehrfach in den fundamentalen Zahlen enthalten ist.

Andere Beispiele sind US-Werte wie Netflix, PayPal und Snap.

Abb. 8.3 Netflix Inc. in Euro | WKN 552484

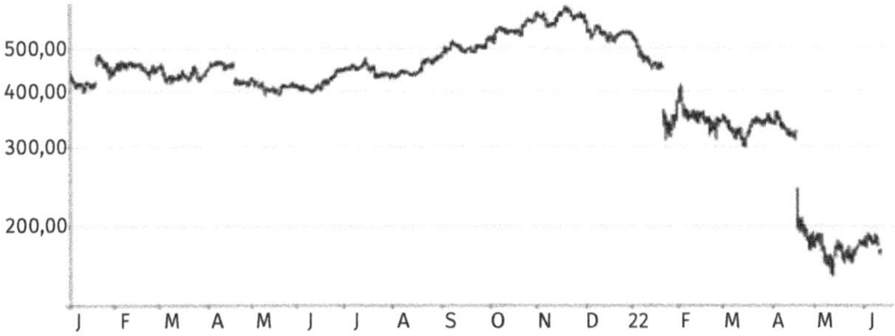

Der Absturz von Netflix im April 2022 hatte Gründe. ©Tai-Pan

Netflix wurde als Pionier der Unterhaltungsbranche geschätzt. In einer Zeit, in der die Menschen aus Furcht vor Ansteckung zu Hause blieben, war das kein Wunder. Aber warum bewertete man diese Aktie zeitweilig mit dem 15-fachen Jahresumsatz und dem 40-fachen Buchwert? Heute ringt die Firma nach hohen Verlusten von Abonnenten mit neuen Unternehmenskonzepten!

Abb. 8.4 PayPal Holdings, Inc. in Euro | WKN A14R7U

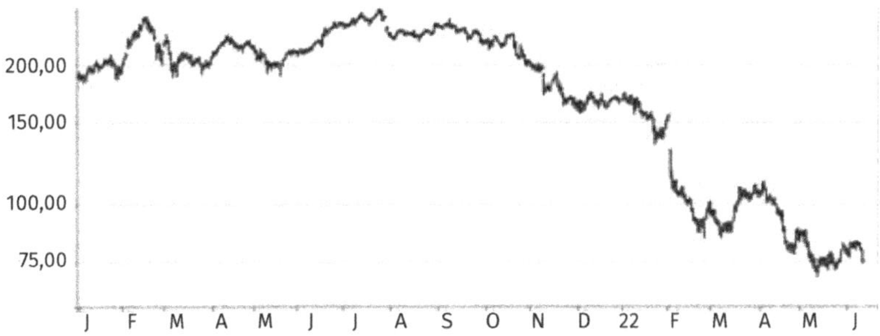

Auf die Überbewertung PayPals im Jahr 2021 folgte im Jahr 2022 ein Katzenjammer. ©Tai-Pan

PayPal hat lange davon profitiert, dass es bequem Zahlungen nach Onlinebestellungen ermöglicht hat. Aber musste man die Aktie im ersten Halbjahr 2021 gleich mit dem fast 20-fachen Jahresumsatz und 20-fachen Buchwert bewerten? Es war doch offensichtlich, dass einem solchen Geschäftsmodell schnell Konkurrenz erwachsen würde.

Abb. 8.5 Snap Inc. in Euro | WKN A2DLMS

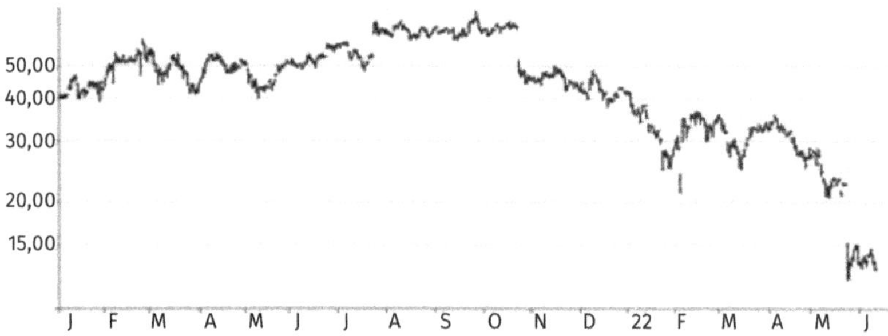

Nach toller Bewertung im Oktober 2021 brach der Snap-Kurs im Mai 2022 zusammen. ©Tai-Pan

Snap hatte sich als Spezialist für Videokommunikation profiliert. Das war wichtig in Zeiten von Corona! Die Geschäftsidee selbst ist nicht schlecht. Über eine App kann man sich gegenseitig Fotos senden, die sich kurz darauf selbst wieder löschen. Dabei setzt der US-Konzern vor allem auf Werbeeinnahmen. Allerdings waren das KUV (48) und KBV (60) im Oktober 2021 viel zu hoch und so folgte auch hier der Absturz. Den Nutzern wurde die viele Werbung auf den Smartphones immer lästiger. Sie sehnten sich nach mehr Privatsphäre. Prompt wurden bei Snap die Umsatzerwartungen verfehlt.

Abb. 8.6 TeamViewer in Euro | WKN A2YN90

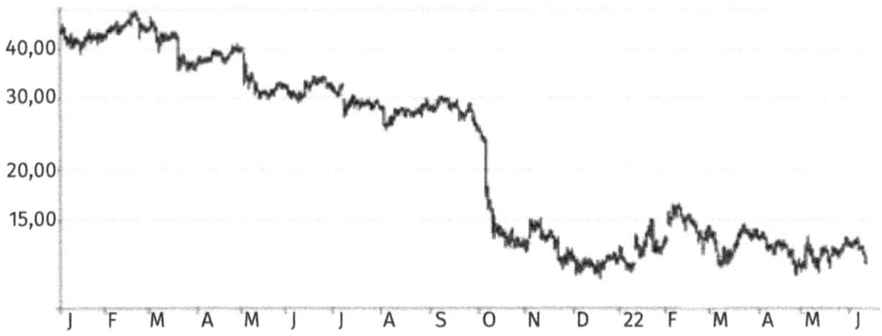

Nach dem Ende der Coronazeit brach die Anzahl der Videokonferenzen und damit der TeamViewer-Kurs ein. ©Tai-Pan

Auch der deutsche MDAX-Wert TeamViewer war im Jahr 2021 deutlich überbewertet. Die Aktie war von März bis Juli 2020 von 22 auf 54 Euro gestiegen. Viele Kleinanleger sprangen hier noch mit auf, denn es hieß, dem Onlinedienst für Videokonferenzen müsse die Zukunft gehören. Wirklich? Die geschätzten Umsatzzahlen waren viel zu hoch, das Geschäft lief deutlich schleppender als erwartet. Nach dem Kurssturz war die Aktie für weniger als zwölf Euro zu haben. Und mit einer Bewertung mit dem fünffachen Jahresumsatz und siebenfachen Buchwert war sie trotzdem noch viel zu teuer.

All diese Aktien waren nur deshalb so gestiegen, weil zahlreiche Anleger einfach dem Trend folgen. Sie kaufen das, was steigt. Und viele von ihnen wissen vermutlich gar nicht, was ein Kurs-Umsatz-Verhältnis ist und wie hoch es bei diesen Aktien bereits war.

Zur Erinnerung: Das Kurs-Umsatz-Verhältnis drückt aus, in welchem Verhältnis der Börsenwert des Unternehmens (Summe aller Aktien!) zum jährlichen Umsatz des Unternehmens steht. Der Analyst James O'Shaughnessy hat anhand der US-Kurse von 1950 bis 1995 nachgerechnet, wie hoch ein „faires" KUV sein sollte, und kam auf den Durchschnittswert 1,0. Freilich, solange ein Unternehmen stark wächst, darf das KUV anfangs auch noch gut und gern das Doppelte, Dreifache oder Fünffache betragen. Aber irgendwann ist so ein hohes Wachstum auch einmal beendet!

Ich könnte noch sehr viel mehr Beispiele aufzählen, in denen unbedarfte Anleger auf vorübergehende Kurssteigerungen hereingefallen sind. Abschließend bleibt festzustellen: Es lohnt sich, neben der Relativen Stärke, die den Trend anzeigt, auch die wichtigen Bewertungen anzusehen, ehe man kauft!

Das Kurs-Umsatz-Verhältnis (KUV) ist wichtiger als das Kurs-Gewinn-Verhältnis (KGV)

Die wichtigste fundamentale Kennzahl für eine Aktie ist das Kurs-Umsatz-Verhältnis, denn es ist am wenigsten manipulierbar. Gewinne und Buchwerte können von einem geschickten Bilanzbuchhalter weitgehend gedehnt, versteckt oder verlagert werden. Bei Umsätzen geht das nicht so einfach. Wer zum Beispiel Umsätze einfach erfindet, wie die Manager von Wirecard oder der ebenfalls inzwischen verschwundenen Neue-Markt-Firma namens Comroad, landet im Gefängnis.

Nun könnte man die Frage stellen, ob ein niedriges KUV nicht darauf hindeutet, dass die Firma unrentabel arbeitet, denn die Umsätze bringen offenbar nicht genügend Gewinne, um den Kurs hochzutreiben. Sollte man daher nicht besser das KGV (Kurs-Gewinn-Verhältnis) betrachten, das mit dem Quotienten aus Börsenkurs und dem Gewinn pro Aktie errechnet wird? In den meisten Börsenpublikationen wird daher auch häufig das KGV veröffentlicht. Es drückt aus, wie viele Jahre ein Unternehmen bräuchte, um bei unveränderter Gewinnsituation seinen jetzigen Börsenkurs zu verdienen. Ein KGV von 6 bis 10 gilt als preiswert, KGVs von 20 aufwärts gelten als teuer.

Trotzdem bevorzuge ich für die Beurteilung eines Unternehmens seinen Jahresumsatz. Er ist eben nicht manipulierbar. Und wenn die

Umsätze nicht genügend Gewinn bringen, so kann sich das schnell ändern, wenn die Verlustlöcher im Unternehmen oder unrentable Bereiche geschlossen werden. Im Allgemeinen kann schon angenommen werden, dass eine Unterbewertung vorliegt, wenn die Kursentwicklung zu weit hinter der Umsatzentwicklung zurückbleibt. Ist der Kurs umgekehrt zu weit vorgeprescht, ist eine Pause bei den Kurssteigerungen zu erwarten, bis die Geschäftstätigkeit – also der Umsatz – wieder entsprechend aufgeholt hat.

Viele Anleger setzen auch auf das KCV (Kurs-Cashflow-Verhältnis), das etwas besser als das KGV verdeutlicht, wie flüssig das Unternehmen in finanzieller Hinsicht ist. Das KCV hat allerdings den Nachteil, dass es selten aktuell zur Verfügung steht. Zahlreiche Tests haben gezeigt, dass eine Aktienauswahl auf Basis des KCV kaum bessere Ergebnisse liefert als auf Basis des KGV.

Bei Finanztiteln (Banken und Versicherungen) sowie bei Immobilienwerten und Beteiligungsgesellschaften ist die Ermittlung von Jahresumsätzen übrigens nicht sehr sinnvoll, weil diese nicht mit den Umsätzen von Industrieunternehmen vergleichbar sind, sondern im Wesentlichen aus Prämien, Zinsen oder Mieten bestehen. Bei diesen Aktien sollte mehr auf den „Buchwert" geachtet werden, der ja ebenfalls von den Unternehmen veröffentlicht werden muss.

Ein hohes Kurs-Buchwert-Verhältnis allein muss nicht gefährlich sein!

Der Buchwert entspricht dem Eigenkapital. Er wird berechnet, indem man vom Bilanzwert alles abzieht, was an Fremdkapital und Schulden darin enthalten ist. Trotzdem ist der Buchwert eine Frage der Einschätzung. Wie viel sind Häuser, Grundstücke und Maschinen wirklich wert? Bilanzbuchhalter haben hier viel Spielraum. Im Extremfall kann der Buchwert sogar negativ sein! Dann wäre das KBV „unendlich". Bei vielen Unternehmen ist der Buchwert wohl viel zu niedrig angesetzt. Man sieht das daran: Bietet eine vom Buchwert her „teure“ Aktie über vier Prozent Dividendenrendite, dann ist sie von ihrem Börsenkurs her wohl kaum zu hoch, sondern eher zu niedrig bewertet. Sonst könnte sie nicht eine so verhältnismäßig hohe Dividende zahlen. Buchwerte sind eben nicht so verlässlich wie Jahresumsätze, sie müssen also durch andere Kennzahlen wie Kurs-Gewinn-Verhältnis (KGV) und Dividendenrendite ergänzt werden.

Wie wichtig sind Dividendenrenditen?

Kaufen Sie keine Aktie nur wegen der Höhe der Dividende! Sie erinnern sich? Zum einen werden Quellensteuern von 25 Prozent abgezogen, bei den meisten Auslandsaktien noch zusätzlich 15 bis 30 Prozent!

Eine hohe Dividende ist aber auch eine Gewähr, dass das Unternehmen solide finanziert ist. Allerdings nur unter der Voraussetzung, dass die Dividende nicht gekürzt oder gar gestrichen wird!

Die BASF-Aktie zum Beispiel bot im Jahr 2023 eine Dividendenrendite von acht Prozent und gab auch bekannt, dass die Dividende nicht gekürzt werden soll. Trotzdem lief die Aktie nur unterdurchschnittlich. Das war auch kein Wunder, denn die Anteilseigner waren misstrauisch, ob nicht zugunsten der Dividende notwendige Investitionen gekürzt werden. So etwas nimmt die Börse immer übel. Und ein Jahr später folgte tatsächlich die Ankündigung einer Kürzung!

Es gibt also durchaus gute Gründe, der Dividendenhöhe nur eine untergeordnete Bedeutung beizumessen. Zudem sind die Ausschüttungen ja bekannt und schon in den Kursen enthalten, weshalb der Kurs auch gleich nach der Ausschüttung um die Höhe der Dividende fällt. Extrem hohe Ausschüttungen beruhen auf Sonderfaktoren und sind einmalig.

Die Relative Stärke als entscheidendes Kriterium

Auch die von Analysten ausgerufenen Kursziele einzelner Aktien sind bei der Frage, ob ein einzelnes Unternehmen vielversprechende Aussichten hat, zu vernachlässigen. Besser setzen wir auf die handfeste Kursentwicklung. Und hierbei hilft uns die Relative Stärke (RS) einer Aktie.

Das System der Relativen Stärke beruht auf dem Börsenverhalten von Insidern, Großanlegern und Spezialisten, die auch die Branchen und ihre Unternehmen sehr gut kennen. Ihr Wissen und ihre Erwartungen fließen in den Aktienkurs ein, und es gibt erfahrungsgemäß meist gute Gründe dafür, wenn eine einzelne Aktie relativ stark ist. Daher ist eine gute Relative Stärke ein unabdingbares Kriterium bei unserer Aktienauswahl. Relative Stärke (RS) bedeutet konkret, dass die Aktie gut im Trend liegt und im Vergleich innerhalb einer Branche oder eines Landes ganz weit vorn steht.

Doch ab wann ist eine Aktie relativ stark? Nun, hierfür betrachten wir den 15-Monats-Durchschnitt einer Aktie und schauen, ob der aktuelle Kurs ober- oder unterhalb dieses Durchschnitts notiert. Die Berechnung lautet: Aktueller Kurs (in Euro) x 100 geteilt durch den 15-Monats-Durchschnitt des Aktienkurses. Beträgt die RS also zum Beispiel 125, dann bedeutet das, dass die Aktie 25 Prozent über ihrem 15-Monats-Durchschnitt notiert. Beträgt die RS 85, dann liegt der Aktienkurs um 15 Prozent unter dem 15-Monats-Durchschnitt.

Freilich ist auch die RS nicht unfehlbar, denn auch Kenner irren sich hin und wieder! Oder es gab ohnehin ganz andere Gründe für den dann meist kurzfristigen Kursanstieg. Wenn man seine Investitionen jedoch nicht nur auf wenige Länder, Branchen oder Unternehmen konzentriert, sondern einigermaßen ausgewogen verteilt, lässt sich ein Fehlsignal der RS im Einzelfall auch verschmerzen. Ohnehin sollte man sich nicht nur auf die RS verlassen, sondern unbedingt auch auf den Preis schauen, also die Bewertung nach KUV und KBV! Denn insbesondere nach bereits starken Kurssteigerungen sind die Kurse mitunter einfach schon ausgereizt. Wenn eine Aktie etwa in der Spätphase einer Hausse zwar noch relativ stark, aber nach den genannten Kriterien schon teuer ist, dann sollte man von einem Kauf besser absehen.

Sicherlich kann der Kurs einer hoch bewerteten Aktie auch noch eine Zeit lang steigen, und unter besonderen Umständen kann man bei höheren KUV/KBV-Werten auch einmal hohe Bewertungen tolerieren, wie zuletzt manche Titel während der Covid-Krise bestätigt haben. Doch von solchen Aktien sollte man nie zu viele besitzen und überhaupt nie zu viel seines Geldes in einzelne Werte investieren, denn eine Korrektur kommt oft allzu schnell und unerwartet.

Die übersichtliche RS-Vergleichstabelle

Eine bloße Berechnung der RS für eine einzelne Aktie bringt noch nicht viel. Sehr viel wesentlicher ist die Anordnung der zu vergleichenden Aktien in einer übersichtlichen Tabelle. Die Aktie mit der höchsten Relativen Stärke steht dann auf Platz 1, die mit der geringsten Relativen Stärke, also die trendschwächste, auf dem letzten Platz. Diese übersichtliche Tabelle erspart mir auch den Trendvergleich über Chartbilder.

Relative Stärke wird fälschlicherweise von vielen als „Momentum" bezeichnet. Doch das ist kein verständlicher Begriff. Es geht darum, herauszufinden, was sogenannte „Insider" gerade gezielt kaufen. Aber dazu gilt es, den richtigen Betrachtungszeitraum zu finden, um die Aktien herauszufiltern, die stärker als andere steigen und dies vermutlich auch noch weiter tun werden.

Zunächst liegt es nahe, die Aktien zu kaufen, die in den letzten zwei Wochen ihren Kurs am meisten verbessert haben. Eben weil das so naheliegt, bekomme ich diese Anregung öfters. Mir wurde schon vorgeschlagen, bei jeder neuen RS-Tabelle in Klammern den Stand von vor 14 Tagen anzugeben, um zu verdeutlichen, welche Aktien in der Liste nach oben oder nach unten gerutscht sind.

Nun, all das wurde in den letzten Jahrzehnten häufig getestet. Aber leider bringt es nichts! Eine Aktie, die zwei Wochen lang besonders gut läuft, kann danach ebenso schnell wieder zurückfallen. Wenn dies etwas bringen würde, wäre es zweckmäßig, die Relative Stärke gleich nach einer anderen Formel zu berechnen, nämlich: Neuer Kurs x 100 geteilt durch den Kurs von vor zwei Wochen. Insgesamt betrachtet verwenden viele Analysten zu kurze Zeiträume, denn auch bei einem Betrachtungsraum von zum Beispiel zwölf Wochen erhält man noch zu viele „Strohfeuer-Aktien", die nach kurzem kräftigem Anstieg, der meist durch irgendwelche Nachrichten hervorgerufen wurde, wieder fallen.

Wirkliche Relative Stärke sollte auf Käufen von Insidern beruhen, die nach und nach monatelang zukaufen. Ich gebe gern zu, dass das Prinzip der Relativen Stärke nur funktionieren kann, wenn es Börsenteilnehmer gibt, die doch etwas mehr wissen als andere. Sie müssen nicht einmal Manager des Unternehmens sein. Es genügt, wenn sie beispielsweise einen großen Fonds managen und sich entschlossen haben, in ein bestimmtes Unternehmen einzusteigen. Sie können ihre Käufe nicht auf einmal tätigen, nur nach und nach. Dies spiegelt sich dann sofort in der Tabelle der Relativen Stärke wider.

Meine Tests erstrecken sich über 50 Jahre und ich habe natürlich auch ganz kurze Zeiträume wie zwölf Wochen getestet. Aber meine Form der Berechnung (Neuer Kurs x 100 geteilt durch den Durchschnitt der Wochenschlusskurse der letzten 15 Monate) hat unter dem Strich mit Abstand die besten Ergebnisse gebracht! Alle anderen Berechnungsmethoden waren schlechter, von manchen Ausnahmen zu bestimmten Zeiten abgesehen.

Dass die Gefahr besteht, bei dieser RS-Berechnungsmethode Aktien auszuwählen, die schon lange gut laufen, ist mir bewusst. Deshalb achte ich bei Neuempfehlungen in der Regel darauf, dass es sich nicht um Aktien handelt, die schon ein halbes Jahr oder länger in ihrer Landes- oder Branchenliste in der RS ganz vorn stehen. Außerdem empfehle ich in einer bereits lang andauernden Aufwärtsbewegung meist gar keine weiteren Aktien mehr zum Kauf, weil eine Korrektur wahrscheinlich wird. Am liebsten empfehle ich Aktien dann, wenn eine Korrektur beendet ist, weil dann auch die Kurse der starken Aktien noch niedrig sind.

Aktien halten, solange sie zu den 200 stärksten gehören!

Wann ist es Zeit, eine Aktie zu verkaufen, die nicht mehr so recht mitzieht? Ich beobachte 700 Aktien weltweit, die sich zum Kauf für europäische Anleger eignen, darunter auch amerikanische und asiatische Titel. Es hat sich bewährt, Aktien von der Empfehlungsliste zu streichen und durch stärkere zu ersetzen, wenn ihre Relative Stärke so weit gesunken ist, dass die Aktie nicht mehr zu den 200 stärksten von 700 gehört (wobei diese Regel „200 aus 700" nicht immer funktioniert, manchmal verkauft man dabei noch zu früh).

Die richtige Lösung heißt: Trends analysieren und die Wendepunkte möglichst früh erkennen! Dazu haben wir unsere Instrumente aus 100 Jahren Börsengeschichte zusammengestellt. Wir müssen nun unterscheiden zwischen dem „allgemeinen Trend", der alle Börsen weltweit betrifft, und der speziellen Einschätzung von Aktien, bei denen uns die Relative Stärke hilft, gute und schlechte Unternehmensnachrichten mit hoher Wahrscheinlichkeit schon Monate im Voraus zu erahnen. Laufen Sie also nicht immer scheinbar neuen Informationen hinterher! Eine wöchentliche Kontrolle der Relativen Stärke genügt völlig.

Es ist ohnehin nicht auszuschließen, dass das tägliche Sammeln und Analysieren von Daten für Aktienanleger nur zu Stress und gefährlichem Halbwissen führt, aufgrund dessen man unter Umständen schlechter abschneidet als der nahezu Uninformierte! Dies jedenfalls hat ein Experiment gezeigt. Hierzu wurden Aktienhändler in Gruppen eingeteilt, um einen simulierten Aktienhandel zu betreiben. Die Bestinformierten (Insider) bekamen alle wichtigen Informationen zuerst, später wurden diese Daten auch den anderen Gruppen nacheinander zugänglich gemacht. Eine einzige Gruppe erhielt gar keine Informationen, sondern nur die laufenden Kurse – wie auch alle anderen. Das zunächst überraschende Ergebnis war, dass diejenigen, die keine Infos bekamen, eine deutlich bessere Rendite erzielten als alle mittelmäßig Informierten! Uninformierte konnten eine durchschnittliche Marktrendite erwirtschaften, nur die Insider waren leicht besser.

Wie kommt dieses Ergebnis zustande? Nun, die schlecht und mittelmäßig Informierten handeln zu einem Zeitpunkt, an dem die Insider die Kurse aufgrund ihrer zuvor noch exklusiven Informationslage bereits in die entsprechende Richtung bewegt haben. Die Informationen sind also schon längst in den Kursen enthalten, wenn alle anderen auf die für sie dann „neuen" Informationen reagieren. Der Preis ist schon längst oben, wenn sie kaufen, oder unten, wenn sie verkaufen. Wer aber gar keine Informationen hatte, orientierte sich einfach am laufenden Trend und lag damit meist richtig. Doch deswegen spiegelt der jeweilige Stand eines Aktienkurses noch lange nicht in jedem Fall den aktuellen Stand aller Informationen wider, denn die Bedingungen des erwähnten Experiments können die Wirklichkeit gar nicht vollständig abdecken. In der Realität enthält der gegenwärtige Kurs einer Aktie immer auch eine Menge an unrealistischen Hoffnungen und Ängsten, wie sich an den Kursschwankungen der letzten Jahrzehnte unschwer erkennen lässt.

Freilich halte ich es für wichtig, neben den Trends auch immer wieder auf mögliche Übertreibungen zu achten. Immer wieder muss daher auch auf das Kurs-Umsatz-Verhältnis (KUV) und das Kurs-Buchwert-Verhältnis (KBV) hingewiesen werden, die uns anzeigen, wie hoch oder wie niedrig eine Aktie im Vergleich zu anderen bewertet ist.

Die Grundregel lautet aber: Hoch bewertete Aktien sofort verkaufen, wenn sie nicht mehr zu den 200 stärksten gehören.

Wo beginnen wir die Kandidatensuche?

Doch welche der 200 stärksten Aktien sollte man eigentlich kaufen, wenn man zum Beispiel nur in zehn Werte investieren will? Einfach die relativ stärksten unter den 200? Oder die mit der höchsten Dividendenrendite? Oder die mit dem niedrigsten KGV oder KUV oder KBV? Oder gar die mit null Dividende oder null Gewinn? Denn die größten Kursgewinne erzielt man ja bekanntlich mit ursprünglichen Verlustaktien, die dabei sind, die Gewinnzone (wieder) zu erreichen!

Oder nimmt man aus den 200 einfach die Großkonzerne, die den höchsten Börsenwert haben? Denn diese sind ja am besten analysiert und vor negativen Überraschungen am meisten gefeit?

Welche Zeiträume sollten getestet werden? Ich habe natürlich keine Zeiträume genommen, in denen die Aktien nach deutlichen Verkaufssignalen anschließend gefallen sind. Wenn es allgemein abwärtsgeht, dann versagen alle Auswahlsysteme. Auch gute Aktien werden dann in Panik verkauft, um sich wenigstens noch einige Kursgewinne zu sichern. In der Regel bin ich nach dem „Sicherheitssystem" vorgegangen. Bei einem Kaufsignal (oft Ende Oktober) wurde gekauft und Ende Juli verkauft. Ab und zu wurden auch Sommermonate überprüft, in denen es kein deutliches Verkaufssignal gegeben hatte. Bei Kaufsignalen des „Sicherheitssystems" wurden also je zehn Aktien „gekauft" und nach drei bis neun Monaten (je nachdem, wann es ein Verkaufssignal gab) das Ergebnis festgestellt.

Ich habe all diese Varianten in einem umfangreichen Test überprüft und dabei die Zahlen aus den letzten 20 Jahren berücksichtigt. Die Aktien der größten Konzerne konnte ich dabei schnell ausschließen, denn ihr Ergebnis entsprach in etwa dem Abschneiden der großen Aktienindizes (S&P, DAX).

Eine kleine Bemerkung am Rande: Das heißt nicht, dass man solche Aktien überhaupt nicht kaufen sollte. Wenn mich Bekannte oder Freunde fragen, welche Aktien sie kaufen sollten, und ich nicht die Absicht habe, deren Depots ständig zu überwachen, dann rate ich Schweizern einfach, die acht größten SMI-Werte zu kaufen. (Mit „Größe“ ist hier die Börsenbewertung gemeint!) Das sind zurzeit Nestlé, Roche, Novartis, UBS, Richemont, ABB, Zurich und Holcim. Die größten DAX-Werte sind derzeit SAP, Siemens, Airbus, Deutsche Telekom, Allianz und Mercedes. Aus Gründen der Branchendiversifikation würde ich noch BASF und die DHL Group hinzufügen. Die fünf größten österreichischen Aktien sind Verbund, OMV, Erste Group Bank, Raiffeisen Int. und Andritz. Bei US-Aktien würde ich nicht die hoch bewerteten Hightech-Werte nennen, sondern die größten Dow-Jones-Werte mit einem maximalen KUV von 3,0. Das wären J.P. Morgan, Walmart, United Health, Home Depot, Chevron, Walt Disney, Intel und IBM.

Zurück zum Test: Die meisten Methoden waren gut und haben im Durchschnitt deutlich besser abgeschnitten als die Indizes, auch wenn die Ergebnisse in den einzelnen Jahren sehr unterschiedlich waren. Aber auch die besten Auswahlmethoden erwiesen sich nicht immer für jede Aktie als Volltreffer. Und das ist auch gut so. Wenn es sichere Methoden gäbe, die immer funktionieren, gäbe es keine Börse mehr.

Ergebnis der Studie:

Platz 1: Diese Methode wählte unter 700 Aktien diejenigen zehn aus, deren Relative Stärke zu Beginn des Tests am höchsten war, ließ aber diejenigen weg, die ein KUV über 3,0 beziehungsweise (bei Finanz- und Immobilienwerten) ein KBV über 4,0 meldeten.

Platz 2: Diese Methode wählte unter 700 Aktien zuerst diejenigen 200 aus, die das niedrigste KUV hatten. Anschließend wurden unter diesen 200 die zehn relativ stärksten Aktien genommen. Nachteil der Methode, obwohl sie sehr gut abschneidet: Man hat nie Wachstumsaktien dabei, sondern hauptsächlich Unternehmen, die hohe Umsätze benötigen, um ordentliche Gewinne zu machen. Außerdem fehlen die Finanz- und Immobilienwerte. Der Abstand von Platz 1 zu 2 war aber nur minimal.

Platz 3: Diese Methode wählte unter 700 Aktien zunächst alle aus, die zuletzt keine Dividende ausbezahlt hatten. Unter diesen wurden dann die zehn relativ stärksten Titel gekauft. KUV und KBV blieben unberücksichtigt.

Platz 4: Diese Methode ermittelte unter 20 verschiedenen Branchen zunächst die zehn relativ stärksten Branchen. Aus jeder der zehn relativ stärksten Branchen wurde dann die relativ stärkste Aktie gekauft. KUV und KBV blieben unberücksichtigt.

Platz 5: Diese Methode wählte zunächst unter 700 Aktien die 200 relativ stärksten aus. Anschließend wurden die 45 Aktien mit der besten Dividendenrendite ermittelt. Davon wurden dann die zehn relativ stärksten Titel gekauft. KUV und KBV blieben unberücksichtigt.

Das Ergebnis zeigt zunächst, dass es fünf gute Methoden gibt, nach denen eine Aktienauswahl getroffen werden kann. Die Unterschiede im Ergebnis sind nicht groß und alle diese Methoden haben den DAX deutlich geschlagen. Außerdem hat sich gezeigt, dass der Relativen Stärke einer Aktie zunächst alle anderen „fundamentalen" Daten untergeordnet werden sollten. Am besten funktioniert die Relative Stärke übrigens in den Monaten November bis Januar. Ab Februar sollte man die Relative Stärke nicht mehr ausschließlich verwenden, sondern stärker auf die Aktienbewertungen (KUV, Dividendenrendite, KGV) achten. Daher ist es zweckmäßig, sein Aktiendepot nicht konstant zu halten, sondern immer wieder neu auszurichten. Der Zeitpunkt zum Verkauf Ende Juli und zum Kauf Ende Oktober ist dafür vermutlich recht gut gewählt.

Gewinne laufen lassen, Verluste glattstellen!

Sie haben nun Aktien gekauft. Manche laufen gut, manche nicht so gut. Wie geht es nun weiter? Weitverbreitet ist etwa die Annahme, dass Aktien billig seien, die zuletzt gefallen sind. Es gibt daher Börsenteilnehmer, die allen Ernstes schon bei der Auswahl der Aktien die aktuellen Kurse mit dem Kursverlauf der letzten Monate vergleichen und dann diejenigen Aktien bevorzugen, die billiger geworden sind. Ein solches Verfahren mag noch gelten bei der Auswahl des Landes oder der Branche, nicht aber beim einzelnen Unternehmen, in dem man sich engagiert.

Zunächst einmal ist es ja durchaus schätzenswert, wenn man „billig" kaufen will. Wir alle haben gelernt, dass es gut sein muss, „Gelegenheitskäufe" zu tätigen. Tatsache ist aber, dass der Vergleich mit dem bisherigen Kursverlauf nichts darüber aussagt, ob eine Aktie wirklich billig oder teuer ist. Bewährt hat sich vielmehr, dass bei der Aktienauswahl diejenigen bevorzugt werden sollten, die in der Nähe ihrer Jahreshöchstkurse stehen, aber gleichzeitig immer noch niedrig bewertet sind (KUV, KBV, KGV). Wenn ich so etwas in einer Versammlung äußere, folgt meist zunächst Verblüffung und dann heftigster Widerspruch. „Wenn Sie immer zum Höchstkurs kaufen, dann werden Sie doch nie gewinnen können!" Irrtum! Denn ich kaufe ja nicht „zum Höchstkurs". Ich kaufe allenfalls zum „bisherigen Jahreshöchstkurs". Das ist ein großer Unterschied. Denn viele überraschende Kurssteigerungen oder Kursschwächen stellen sich im Nachhinein oft als begründet heraus. Warum Großanleger die einen Titel nach und nach gekauft und die anderen vernachlässigt haben, erfährt man tatsächlich oft erst sehr viel später.

Aber der größte Fehler, den Börsenneulinge begehen, besteht darin, die aktuellen Kurse stets mit den persönlichen Kaufkursen zu vergleichen und zu erwarten, dass jede Aktie, die man gekauft hat, im Gewinn liegen muss. In meiner Sprechstunde höre ich oft die Bemerkung: „Diese Aktie kann ich nicht verkaufen, denn bei der liege ich im Verlust." Dass jede Aktie steigen muss, die man gekauft hat, ist nur in einer sehr steilen Aufwärtsbewegung der Fall. In der Regel gibt es immer Aktien, die sich viel schlechter als der Durchschnitt entwickeln und die man früher oder später gegen solche tauschen sollte, die besser im Trend liegen. Am besten vergisst man nach einem Kauf sofort, zu welchem Preis man eine Aktie eingekauft hat. Denn für die Zukunftsaussichten des Unternehmens ist dies völlig irrelevant. Wer immer wieder auf seine Kaufkurse zurücksieht, macht häufig den Fehler, sich von seinen im Gewinn liegenden Papieren zu trennen und bei denjenigen nachzukaufen, die angeblich noch „Nachholbedarf" haben. Am Ende hat er lauter schwache Aktien in seinem Depot, die sich nicht nach oben bewegen wollen, während mit anderen Werten in dieser Zeit die schönsten Gewinne zu erzielen wären.

Eine der wichtigsten Regeln im Börsengeschäft lautet: Gewinne laufen lassen, Verluste glattstellen! Also gute Aktien halten, schlechte auch mit Verlust verkaufen. Das ist genau das Gegenteil von dem, was wir als Kinder gelernt haben, nämlich zu einmal getroffenen Entscheidungen zu stehen, notfalls bis zum bitteren Ende. Es ist bereits in der Erziehung sehr fragwürdig, nach solchen Prinzipien zu verfahren; umso mehr müssten wir als Erwachsene solche Verhaltensweisen abstreifen können. Man muss sich dann aber eingestehen, im Irrtum gewesen zu sein. In der Schule wurde uns gelehrt, welche Schande es ist, Fehler zu machen. Bei der Aktienauswahl geht es aber nicht um „Fehler" oder „Richtiges", sondern um Wahrscheinlichkeiten. Als Börsenteilnehmer sind wir gezwungen, getroffene Entscheidungen immer wieder zu ändern, ohne dass wir uns dies als Korrektur von Fehlern anrechnen müssen. Die Märkte sind nun einmal nicht statisch, sondern dynamisch, und neue Situationen erfordern neue Reaktionen. So werden wir zwar stets sorgfältig prüfen müssen, ob eine getroffene Entscheidung für eine Aktie, ein Land oder eine Branche wirklich geändert werden muss. Aber wir müssen korrigieren, wenn die Voraussetzungen, unter denen wir einst gehandelt hatten, nicht mehr gegeben sind. Das gilt auch dann, wenn wir eine Position mit Verlust beenden müssen. Wer aus dem Bedürfnis heraus, immer recht zu behalten, niemals korrigiert, zeigt nur seine Starrheit und Unbeweglichkeit und wird an der Börse niemals größere Erfolge verzeichnen können.

Gibt es Branchen, die von einer Aktienbaisse weniger stark betroffen sind?

Auch bei schwacher Konjunktur und fallenden Aktienkursen brauchen Menschen etwas zu essen oder werden krank und benötigen Medikamente. Insofern laufen in schwachen Börsenzeiten Nahrungs- und Pharmawerte traditionell relativ gut. Auch heizen, kochen und telefonieren muss man immer, weshalb Telefon- und Energiewerte grundsätzlich gefragt sind.

Achten Sie dabei aber auf zwei Einschränkungen: Die Relative Stärke der einzelnen Unternehmen ist trotzdem wichtig, die betreffenden Aktien sollten nicht in der unteren Hälfte ihrer RS-Landesliste rangieren. Außerdem sollten sie eine Dividende zahlen.

Die zweite Einschränkung lautet: Erwarten Sie nicht, dass diese Branchen dann in der nächsten Aktienhausse unbedingt eine Vorreiterrolle einnehmen! Wenn Börse und Konjunktur gut laufen, sind meist folgende Branchen gefragt: Banken, Versicherer, Autobauer und -zulieferer, Software, Elektronik, Bau, Maschinen-/Anlagenbau und Chemie!

Aus diesem Grund ist es nicht ratsam, sein gesamtes Anlagekapital zu früh in Pharma- und Nahrungsmittelwerte zu stecken!

Daueranlage mit „guten Dividendenaktien"?

Sie haben nun sehr viel über die richtige Aktienauswahl erfahren und auch feststellen müssen, dass es gar nicht so einfach ist, eine solche Auswahl zusammenzustellen. Lohnt sich die Mühe überhaupt? Die Aktien schwanken und so genau kann man diese Schwankungen auch nicht vorhersehen oder berechnen! Genügt es dann nicht einfach, zu wissen, wann die Kurse insgesamt unter ihrem fairen Wert liegen und dass gute Dividendenaktien eine vernünftige Rendite bringen im Unterschied zu Anleihen oder Gold? Warum also nicht einfach nur „gute Dividendenaktien" kaufen?

Ich habe ja bereits erwähnt, dass ich Freunden und Bekannten genau diesen Rat gebe, wenn ich weiß, dass sie ohnehin nicht die Zeit haben, sich ständig um das Börsengeschehen zu kümmern. Es ist auch verständlich, dass man gerade im Sommer, zur Urlaubszeit, nicht dauernd mit Börsenschwankungen konfrontiert werden will. Warum also nicht einfach risikoarme Aktien ins Depot nehmen, die in den letzten zehn Jahren meist ihre Dividende gehalten oder sogar erhöht haben?

Hier sind 26 Aktien aus Deutschland, der Schweiz, Österreich, Großbritannien, Frankreich, den Niederlanden und den USA, mit denen es sich in den letzten zehn Jahren gut leben ließ und die nicht überbewertet sind.

Die Zusammenstellung soll einen guten Branchenmix bieten und ist für Anleger gedacht, die wenig Zeit haben. Trotzdem empfehle ich Ihnen natürlich, vor allem auf Aktien mit hoher Relativer Stärke und niedrigem KUV zu setzen und dies immer wieder selbst zu überprüfen.

Abb. 8.7 Aktienzusammenstellung

Aktie	Land	Branche
ABB	CH	Maschinen
Nestlé	CH	Nahrung
Novartis	CH	Pharma
Roche	CH	Pharma
EVN	A	Energieversorger
Wienerberger	A	Baustoffe
Erste Group	A	Bank
Münchener Rück	D	Versicherung
Henkel	D	Konsum, Reinigungsmittel
SAP	D	Software
Mercedes	D	Autobau
Siemens	D	Elektronik, Anlagenbau
Allianz	D	Versicherung
Dt. Telekom	D	Telefon
DHL Group	D	Transport
BASF	D	Chemie
Shell	GB	Energie
Rio Tinto	GB	Rohstoffe
Saint Gobain	F	Baustoffe
Stellantis	F	Autobau
Unilever	NL	Nahrung
ING	NL	Direktbank
Citigroup	USA	Bank
AT&T	USA	Telefon
Walt Disney	USA	Medien
Walmart	USA	Konsum

Indexfonds oder Aktien?

Immer wieder erreichen mich auch Anfragen, ob es nicht bequemer sei, einfach Indizes in Form eines ETFs oder Indexfonds zu kaufen, statt sich die Mühe mit der Aktienauswahl zu machen. Nun, im Prinzip spricht nichts gegen den Kauf eines ETFs, denn er repräsentiert einfach einen ganzen Aktienindex. Der Fondsmanager achtet dabei nur darauf, dass der Inhalt in der Gewichtung genau mit der Zusammensetzung des Index übereinstimmt. So ein Fonds wird also nicht aktiv gemanagt.

Ein Vorteil von ETFs ist, dass sie als börsengehandelte Papiere im Unterschied zu Index-Zertifikaten auch von der finanziellen Lage des Anbieters unabhängig sind. Sie würden also nicht in die Konkursmasse eingehen, falls der Anbieter zahlungsunfähig wird.

Allerdings halte ich den Kauf von ETFs aus folgenden Gründen nicht für eine besonders gute Empfehlung: Ich setze lieber auf eine gute Aktienauswahl, wofür die in diesem Buch genannten Kriterien sehr hilfreich sein können. Damit lassen sich höhere Kursgewinne erzielen. Außerdem gilt es aufzupassen: Die meisten Index-ETFs unterschlagen die Dividenden! Beim DAX kann das nicht passieren, da sein Kurs die Dividenden enthält! Für die Schweiz käme der SPI (Swiss Performance Index) infrage, auch bei ihm sind die Dividenden drin! Zudem kosten ETFs eine, wenn auch geringe Extragebühr.

Aufpassen müssen Sie auch, wenn Sie mit geringen monatlichen Beträgen einsteigen. Dann können die Bankprovisionen extrem hoch sein! Wenn Sie schon regelmäßig mit gleichen Beträgen kaufen wollen, dann also nicht monatlich mit 400 Euro, sondern jährlich mit 5.000 Euro! Das ist bei den meisten Banken bedeutend günstiger.

Durch den Kauf eines ganzen Index werde das Risiko von einzelnen Aktien vermieden, heißt es. Und zur Sicherheit könnte man ja auch ETFs auf einen Weltindex kaufen, um das Länderrisiko weiter zu vermindern. Aber bedenken Sie: Zunächst einmal enthalten die Indizes im Schnitt meist überteuerte Aktien – eben auch, weil viele Anleger solche ETFs kaufen. So lag etwa das Kurs-Umsatz-Verhältnis (KUV) des Schweizer SMI Ende 2024 bei 3,40, also viel zu hoch. Die Gesamtheit der von uns beobachteten Schweizer Titel (also inklusive des SMI) hatte zum gleichen Zeitpunkt nur ein KUV von 1,90!

Abb. 8.8 KUV SMI vs. KUV Schweizer Aktien

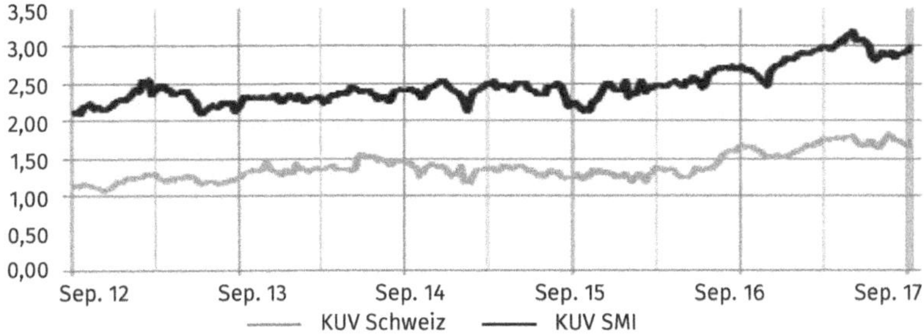

SMI-Aktien sind seit Jahren deutlich teurer als andere Schweizer Aktien, wie der Vergleich aus den Jahren 2012 bis 2017 zeigt.

Auch beim DAX oder beim Dow Jones ist das KUV höher als der Durchschnitt der übrigen Aktien. Das Risiko lässt sich mit einem ETF also nicht so gut streuen wie bei einer eigenen Aktienauswahl.

Die Auswahlmethoden, um einen Index in aller Regel zu schlagen, möchte ich noch einmal so zusammenfassen:

1. Relativ starke Aktien mit einem nicht zu hohen KUV oder KBV

2. Relativ starke Aktien mit niedrigem Kurs-Umsatz-Verhältnis

3. Relativ starke Aktien, deren Unternehmen im Moment noch keine Dividende zahlen

4. Die relativ stärksten Aktien der zehn stärksten Branchen

5. Aktien mit gleichzeitig hoher Relativer Stärke und hoher Dividendenrendite

Der Unsinn mit dem Thema „Nachhaltigkeit"

An der Börse werden sogenannte „nachhaltige" Aktien immer beliebter. Doch sind sie auch eine gute Wahl für Ihr Aktiendepot? Es ist ja schön, dass sich auch in der Wirtschaft immer mehr Menschen für Klimaschutz, Umwelt, Frieden und Menschenwürde einsetzen wollen. Aber wenn Sie der Meinung sind, dass dies über den Aktienmarkt erfolgen sollte, indem Sie zum Beispiel nur „saubere Umweltaktien" kaufen, dann unterliegen Sie einem mehrfachen Irrtum.

Erstens sind die anderen Unternehmen, von deren Produkten wir leben, nicht „unsauber". Zweitens beeinflussen Sie kein Unternehmen, wenn Sie seine Aktien kaufen oder meiden. Drittens fördern Sie mit dem Kauf von „ESG-Nachhaltigkeitsfonds" nur eine Branche, die entdeckt hat, dass sie unter dem Titel „ESG" (Environment, Social, Governance) tolle Gewinne machen kann, weil es genügend Dumme gibt, die das glauben. Das ist für diese Branche ein Wachstumsmarkt! Die Summen, die Jahr für Jahr in „ethische Investments" fließen, wachsen rasant.

Dies alles ist schon seit 20 Jahren in meinen Büchern nachzulesen. Im Jahr 2021 aber wurden durch die Ermittlungen gegen Nachhaltigkeitsfonds der DWS auch die großen Medien auf diesen Unsinn aufmerksam. Die DWS ist eine Tochtergesellschaft der Deutschen Bank und wird im SDAX notiert. 2021 wurde in den USA überprüft, ob sie nicht zu lax mit den Kriterien für nachhaltige Investments umgegangen ist. Die Folge war ein kräftiger Kursverlust, als das Ende August 2021 bekannt wurde.

Abb. 8.9 DWS Group GmbH & Co. KGaA in Euro | WKN DWS100

Im August 2021 wurde der DWS vorgeworfen, die Kriterien für Nachhaltigkeitsfonds nicht richtig beachtet zu haben. ©Tai-Pan

Und das *Handelsblatt* schrieb am 17. September 2021 auf seiner Titelseite: „Achtung, Öko-Schwindel – Wie Anleger mit pseudogrünen Investments hintergangen werden." *DER SPIEGEL* schrieb am 19. September 2021: „Seit die Klimakrise die Schlagzeilen dominiert, boomt das Geschäft mit nachhaltigen Aktienfonds. Jetzt packt ein Insider aus und enthüllt die Scheinheiligkeit der Branche."

Um nicht missverstanden zu werden: Natürlich ist es sinnvoll, in Unternehmen zu investieren, die alternative Energie produzieren, die Umwelt reinigen, an der Waffentechnik nicht beteiligt sind, Kinderarbeit ablehnen, ordentliche Löhne zahlen, keine quälenden Tiertransporte durchführen und keine mit Tierversuchen hergestellten Kosmetika vertreiben. Aber erstens haben hier viele Unternehmen hinzugelernt und sind auf dem Weg der Besserung. Zweitens sind die Grenzen recht fließend, und die meisten Unternehmen haben viele Standorte und Abteilungen, die nicht alle über einen Kamm zu scheren sind. Drittens: Seit dem russischen Überfall auf die Ukraine beurteilt man auch Hersteller von Rüstungsgütern ganz neu. Viele empfinden es heute als unbedingt nötig, hier stärker zu investieren. Ob man sich an einem Rüstungskonzern wie Rheinmetall beteiligen will, diese ethische Entscheidung muss jeder Anleger für sich selbst treffen; Andersdenkende dürfen hier nicht abqualifiziert werden. Viertens: Wer wirklich etwas für den Natur- und Umweltschutz tun will, sollte bei seinen Einkäufen als Konsument bestimmte Produkte meiden und sich zum Beispiel im Bund Naturschutz engagieren. Das ist sinnvoller, als zu meinen, mit der Auswahl von bestimmten Aktien nun genug für die Zukunft unserer Erde getan zu haben.

Wie aussichtsreich sind Wasserstoffaktien?

Ein Beispiel für den Boom grüner Investments sind „Wasserstoffaktien", da Wasserstoff bei der Verbrennung im Gegensatz zu fossilen Energieträgern kein CO2 freisetzt und er auch als Energiespeicher genutzt werden kann. Wasserstoff ist der Brennstoff für Brennstoffzellen. Die Brennstoffzellen wandeln diesen zugeführten Brennstoff in einer chemischen Reaktion in elektrische Energie um. Diese ist dann einsetzbar in Fahrzeugen, der Schifffahrt, der Industrieproduktion oder zur Gebäudeerwärmung. So weit das Grundprinzip.

Anleger, die von der Zukunft dieser Technologie überzeugt sind, kaufen Aktien von Unternehmen, deren Geschäft die Herstellung der Brennstoffzellen ist, wie etwa die kanadische Ballard Power mit einem viel zu hohen KUV! Wer allerdings Wert auf ein explizit grünes Investment legt, der muss darauf achten, wie der Wasserstoff gewonnen wird, denn während Wasserstoff selbst zwar ohne CO2-Rückstände verbrennt, wird bei seiner Herstellung sehr viel CO2 freigesetzt. Er kann mithilfe fossiler („grauer" Wasserstoff) oder erneuerbarer („grüner" Wasserstoff) Energieträger hergestellt werden – und das ist freilich ein entscheidender Unterschied. „Violetter" oder „roter" Wasserstoff wird durch Atomenergie gewonnen. Derzeit ist Gas die Hauptenergiequelle in der Wasserstoffproduktion. Die Verbreitung grünen Wasserstoffs hängt letztlich sehr davon ab, wie stark sich insbesondere die Solar- und Windenergie durchsetzen können. Bisher ist die Produktion aus Wasser- und Sonnenenergie durch die Wasserelektrolyse noch immer verhältnismäßig teuer und man benötigt bis zu acht Mal so viel Energie, als wenn man erneuerbare Energien direkt nutzen würde. Daher empfehlen Experten, ihn auch nur dort zu verwenden, wo sein Einsatz noch alternativlos ist, etwa in der Stahl- und Chemieindustrie oder auch in Flugzeugen.

Grüne Wasserstoffaktien sind zum Beispiel die norwegische Nel ASA oder die US-Aktie Plug Power. Wie bei Hoffnungswerten üblich, sind die Bewertungen momentan aber noch viel zu hoch.

Abb. 8.10 Nel ASA in Euro | WKN A0B733

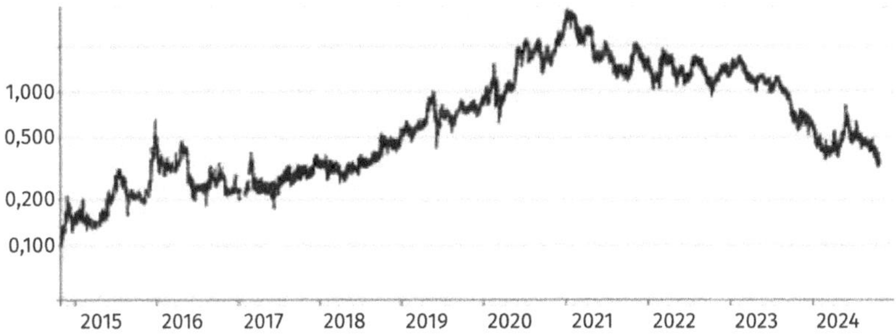

Zuletzt überwog bei Wasserstoffaktien die Skepsis.

Freilich, bei deutlich niedrigerem KUV und viel Risikobereitschaft mag die Aktie von Nel ASA für ein „grünes Investment" in diesem Bereich in Zukunft schon mal eine Überlegung wert sein.

Kapitel

9

Strategien mit der Anlage Gold

Gold gilt allgemein als Schutz vor Krisen aller Art. Doch das hat sich nur teilweise bewahrheitet. Auf jeden Fall schützt Gold vor Geldentwertung wie 1923 und 1948 in Deutschland. Es schützt auch vor einem fallenden Dollar. Ein anschauliches Beispiel für Misstrauen gegenüber dem Dollar sind die Jahre 1977 bis 1979. Die Anleger vermuteten damals, die US-Regierung und die US-Zentralbank ließen den Dollar absichtlich fallen, um die heimische Wirtschaft anzukurbeln und Importe zu erschweren.

Abb. 9.1 Goldpreis pro Feinunze in US-Dollar

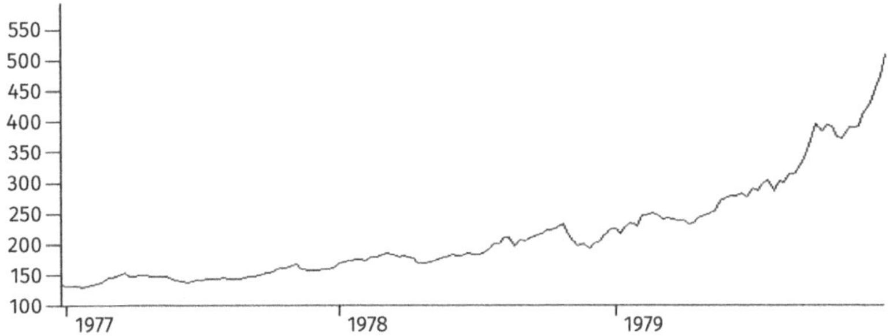

Der Goldpreis wurde von 1977 bis 1979 durch die Schuldenpolitik und die darauffolgenden Inflationsraten nach oben getrieben.

In solchen Fällen hat der Goldpreis also schon heftige Sprünge machen können. Doch damit war es vorbei, als die US-Zentralbank ab 1980/81 die Zinsen stark anhob, um Spekulationen gegen den Dollar zu unterbinden. Als dann auch noch in den 1990er-Jahren das „Ende der Inflation" verkündet wurde, war Gold, das Anfang 1980 auf 800 Dollar pro Feinunze gestiegen war, zeitweilig nur noch etwa 260 Dollar wert. Und das geschah trotz der Krise am Aktienmarkt mit dem Zusammenbruch des Neuen Marktes in den Jahren 2001/02! Da war es plötzlich nicht mehr Gold, sondern der Dollar, der als „Krisenschutz" galt. Auch während der Finanzkrise in der zweiten Jahreshälfte 2008 (Zusammenbruch der Bank Lehman Brothers) war es merkwürdig ruhig um den Goldpreis, während der Dollar kräftig zulegte.

Gold ist auch kein Schutz gegen „Deflation", die durch Pleiten und hohe Arbeitslosigkeit gekennzeichnet ist. In einer solchen Krise ist Bargeld Trumpf!

Halten wir also fest: Gold ist ein „Sachwert" wie Immobilien oder auch Aktien und ist dann begehrt, wenn das Misstrauen gegenüber „Geldwerten" (Anleihen, Bankguthaben) wächst. Aktien wären zwar auch ein guter Schutz gegen Inflation, sind aber besonders anfällig, wenn die Inflation durch hohe Zinsen bekämpft wird. Teilweise gilt das auch für Gold und Immobilien, wobei es hier darauf ankommt, wie ernsthaft man die Inflationsbekämpfung von Regierungen und Zentralbanken einschätzt.

Es ist also nicht so, dass Gold dann steigt, wenn Aktien fallen, oder Gold fällt, wenn Aktien steigen. Beide können auch parallel steigen oder fallen.

Noch wichtiger ist es daher, den Trend des Goldpreises selbst zu beobachten.

Abb. 9.2 Goldpreis in US-Dollar (2019–2024)

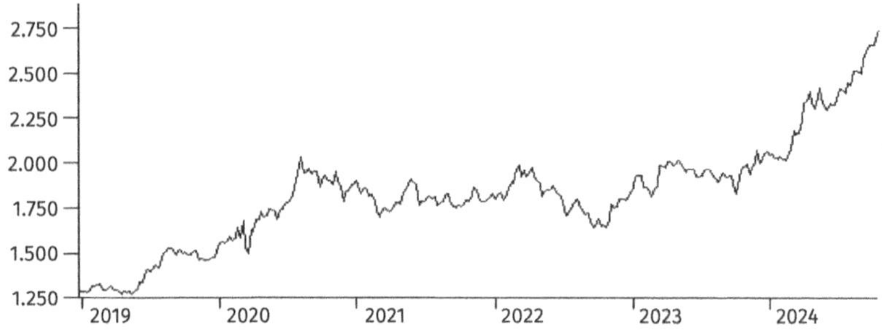

Der Goldpreis reagierte erst mit Verspätung auf den kräftigen Anstieg der Inflation des Jahres 2022.

Gold als Alternative zum Aktien- und Anleihemarkt

Viele Anleger sind der Meinung, Gold, Silber und Platin seien Krisenmetalle und entwickelten sich gegensätzlich zum Aktienmarkt. Das stimmt aber nur zum Teil. Als von 2003 bis 2007 und von 2009 bis 2011 die Aktien kräftig stiegen, ging es auch bei den Edelmetallen aufwärts. Im Finanzkrisenjahr 2008 fielen nicht nur die Aktien, sondern auch Edelmetalle.

In der Vergangenheit hatten Edelmetalle ihre größten Chancen, wenn Inflation oder Misstrauen in die Zahlungsfähigkeit von Staaten und Banken herrschten. Steigende Zinsen konnten dann zunächst den Aufschwung der Edelmetalle nicht bremsen. Denn solange die Überzeugung herrscht, dass die Zinsen noch weiter steigen, wird sich jeder hüten, Anleihen zu kaufen, weil ja dann Kursverluste drohen.

Gefährlich wurde es aber für die Edelmetallkurse dann, wenn hohe Zinsen sich nach unten zu drehen begannen. Dann beeilte man sich, Anleihen zu kaufen, um sich die hohen Renditen zu sichern. Die zinslosen Edelmetalle waren dann unattraktiv.

In welcher Form kann man Gold kaufen?

Sie können Gold in Form von Münzen oder Barren kaufen. Das lohnt sich aber nur, wenn Sie es als Daueranlage besitzen wollen. Und dann müssen Sie es sehr sicher in einem eigenen Tresor oder Banktresor aufbewahren.

Viel besser und auch der einfachste Weg ist der Kauf eines Gold-Zertifikats, das Sie wie Aktien an der Börse bequem kaufen und verkaufen können. Unter der Wertpapierkennnummer (WKN) A1EK0G können Sie zum Beispiel ein Gold-Zertifikat von XTrackers erwerben. Ende Oktober 2024 betrug der Kurs 162,95 Euro. Hinter XTrackers steht die DWS, die Fondsgesellschaft der Deutschen Bank.

Wann steigt man ein, wann steigt man aus?

Auch beim Gold kann man aus den Bewegungen der Vergangenheit lernen. Die Hauptregel lautet wie beim Aktienmarkt auch hier: Folge dem Trend, aber schütze dich vor Übertreibungen!

Es liegt nahe, auch beim Gold Ganns Quartalregel auszuprobieren: aussteigen bei neuem Tief (im Vergleich zu Quartal und Vorquartal), einsteigen bei neuem Hoch.

Aber diese Variante erwies sich als etwas zu kurzfristig. Der aus dem Dollarraum kommende Anleger erwirtschaftete nur eine Rendite von 5,80 Prozent jährlich. Das muss zwar nicht schlechter sein als die Daueranlage in Gold (Rendite 6,55 Prozent), denn in den Zeiten, in denen nicht in Gold investiert wurde, wäre das Kapital ja anders angelegt worden. Trotzdem ist es unbefriedigend.

Als optimal hat sich folgende Regel erwiesen: Kaufen Sie bei einem 17-Wochen-Hoch des Goldpreises in Dollar und verkaufen Sie bei einem 28-Wochen-Tief! Es ist auch logisch, dass Einstiegssignale eher kommen müssen als die Signale zum Verkauf. Denn langfristig entwickelt sich der Goldpreis ja nach oben, ebenso wie der Aktienmarkt.

Der Dollar-Anleger in Gold erzielte damit seit 1970 eine Rendite von 8,90 Prozent. Der Euro- oder D-Mark-Anleger erzielte 5,95 Prozent, wenn er zu denselben Zeitpunkten kaufte und verkaufte wie der Dollar-Anleger. Denn der Dollar hat sich ja im Vergleich zur D-Mark oder zum Euro mit der Zeit abgewertet. Nach dem Europreis des Goldes sollte man sich übrigens nicht richten, die Rendite wäre dann schlechter! Die wirkliche Rendite wäre aber höher, wenn man nur die Zeiten berücksichtigt, in denen man tatsächlich in Gold engagiert war.

Mit Gold hätte man auch ohne die Beachtung der obigen Ein- und Ausstiegssignale seit 1960 eine jährliche Durchschnittsrendite von 6,55 Prozent erzielt, wenn man jährlich 600 Euro in einem Gold-Zertifikat angelegt hätte. Das hätte seit 1960 nach 65 Jahren einen Wert von 556.328 Euro erbracht.

Dabei ist noch zu berücksichtigen, dass der Goldpreis von 1960 bis 1968 konstant war und erst danach wirklich frei gehandelt wurde. Seit Anfang 1970 brachte eine Daueranlage in Gold im Durchschnitt eine Rendite von 6,20 Prozent, gerechnet in Euro. Gerechnet in Dollar, der sich stärker entwertet hat, sogar 7,80 Prozent.

Zum Vergleich: Die Daueranlage im S&P 500 Index brachte für den Dollar-Anleger im Schnitt 7,00 Prozent, die Daueranlage im DAX in Euro 6,45 Prozent (also wie beim Gold).

Die heutigen Inflationszahlen von zwei bis drei Prozent sind relativ niedrig, ebenso wie die Zinsen. Andererseits gibt es aber auch die Sorge vor der Zahlungsunfähigkeit von manchen Staaten und Banken, die ihnen Geld geliehen haben.

Sind Anleihen unattraktiv wie im Moment, dann stellt sich für Anleger die Frage, was im Moment günstiger ist: Aktien oder Edelmetalle?

Das lässt sich grafisch darstellen, wenn man den Goldpreis in Dollar mal 100 nimmt und durch den Kurs des S&P 500 teilt. Dann sieht man, ob Gold nun besser oder schlechter im Trend liegt als der amerikanische Aktienindex.

Abb. 9.3 Goldpreis im Verhältnis zum S&P 500

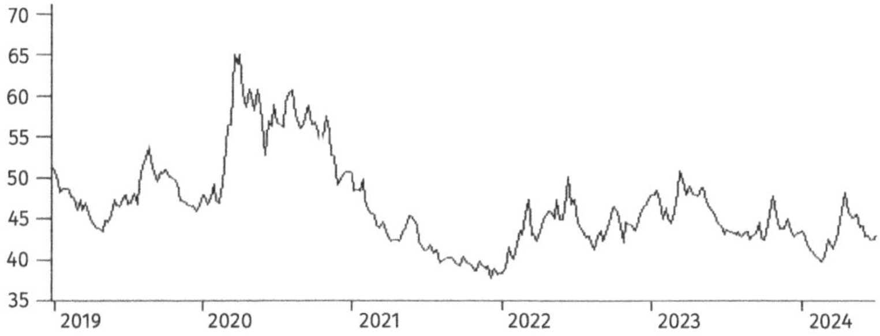

Liegt der Goldpreis gegenüber dem amerikanischen Aktienindex relativ im Aufwärtstrend und ist gleichzeitig absolut ebenfalls steigend, dann lohnt es sich besonders, in Gold zu investieren.

Wie der Aktienmarkt, so steigt auch der Goldpreis langfristig. Seit Anfang der 1970er-Jahre hat sich der amerikanische Aktienindex S&P 500 ungefähr um das 25-Fache gesteigert. Etwa ebenso stark stieg der Goldpreis, der als besonders sicherer Inflationsschutz gilt. Auch Unternehmensbeteiligungen (= Aktien!) schützen ja vor Geldentwertung. Aber Gold hat den Vorteil, dass es seit Jahrtausenden seinen Wert erhalten hat, während einzelne Unternehmen dem zeitlichen Wandel unterliegen und durchaus wertlos werden können.

Silber und Platin werden auch industriell stark genutzt und hängen deshalb auch von der allgemeinen Entwicklung der Metallpreise ab, die manchmal wegen geringer Nachfrage in der Flaute sind.

Abb. 9.4 Metall-Index seit 2019

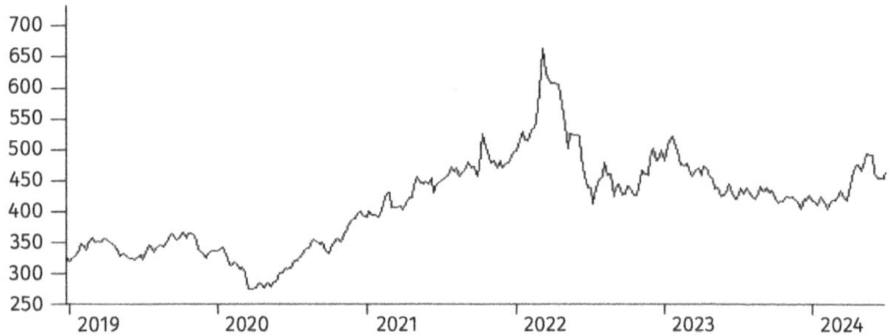

In diesem Metall-Index sind die Kurse von Kupfer, Zink, Nickel, Aluminium und Blei enthalten.

Seit 2020 ging es bei den Metallpreisen wieder aufwärts. Ein Kurseinbruch erfolgte im Frühjahr 2022 nach dem russischen Überfall auf die Ukraine, denn der Metall-Index ist auch ein Frühindikator für die Weltkonjunktur. Ein Anstieg deutet in der Regel darauf hin, dass die Nachfrage wieder zunimmt und umgekehrt – was auch Auswirkungen auf den Aktienmarkt hat.

Kapitel 10

Haben politische Börsen kurze Beine?

Politische Kurse

„Politische Börsen haben kurze Beine“ lautet ein altes Sprichwort, das sicherlich von erfahrenen Börsianern geprägt wurde. Gemeint ist, dass man sich bei politischen Ereignissen in seinem Anlageverhalten weder von Vermutungen noch Ängsten bestimmen lassen sollte, denn die Wirtschaft wird von Sachzwängen getrieben. Und daran müssten sich auch politische Parteien anpassen – allen Wahlkampfprogrammen zum Trotz.

Sehr oft hat sich das auch bewahrheitet. Wie kopflos viele Anleger bei politischen Ereignissen reagieren, möchte ich zunächst an einem französischen Beispiel aus dem Jahr 2012 zeigen. Am Montag, den 23. April 2012 wurde in Frankreich gewählt. Nach dem ersten Wahlgang lagen die Sozialisten unter François Hollande deutlich vorn. Nicht nur der französische Index CAC 40 fiel an diesem Tag um rund drei Prozent. Mitgezogen wurden auch der DAX, der spanische IBEX und der niederländische AEX um den gleichen Prozentsatz.

Abb. 10.1 Frankreichs CAC 40 Index (2012)

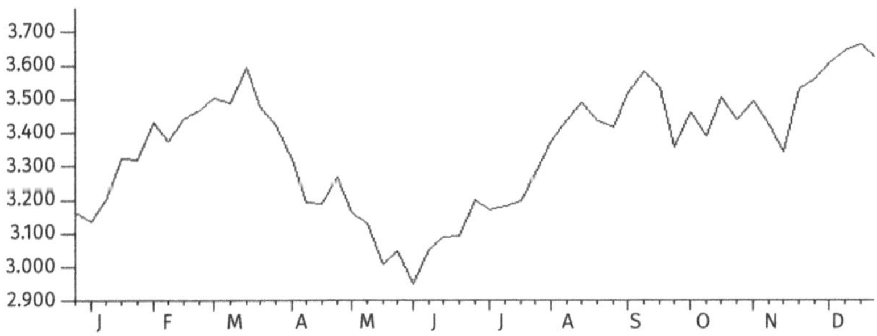

Nach einem Kursgewitter von März bis Mai 2012 erholten sich die französischen Aktien wieder schnell.

Was befürchtete man? Dass Europa jetzt auseinanderfällt, weil die Sozialisten in Frankreich das Kommando übernehmen? Ich habe damals geschrieben: „So anders sieht das Programm des vermutlichen neuen Präsidenten François Hollande nun auch nicht aus. Er will nicht nur sparen, sondern auch Wachstum und Beschäftigung fördern. Jedenfalls sind sich alle Regierungen in Europa weiterhin einig, dass es hier keine Rückschritte im Zusammenhalt Europas geben darf. Da es bei einem Auseinanderfallen nur Verlierer gäbe, wird man auf jeden Fall beieinanderbleiben."

Der Wahlsieg der Sozialisten in Frankreich 1981

Die Älteren unter Ihnen erinnern sich vielleicht noch an das Jahr 1981, als die Sozialisten in Frankreich mit François Mitterrand zum ersten Mal den Präsidenten stellten, der es dann auch bis 1995 blieb. Damals griffen die Sozialisten sehr viel stärker in die Wirtschaft ein und verstaatlichten die meisten Großkonzerne. Trotzdem brach die Wirtschaft nicht zusammen und man gewöhnte sich daran. Die meisten Verstaatlichungen haben dann die Sozialisten selbst wieder rückgängig gemacht.

Auch damals reagierte die französische Börse zunächst sehr unfreundlich, geradezu panikartig. Der Kurseinbruch vom Mai/Juni 1981 war aber bereits Ende August wieder aufgeholt. Und nach weiteren vier Jahren, Ende 1985, hatte sich der CAC 40 verdreifacht!

Abb. 10.2 Frankreichs CAC 40 Index (1980–1985)

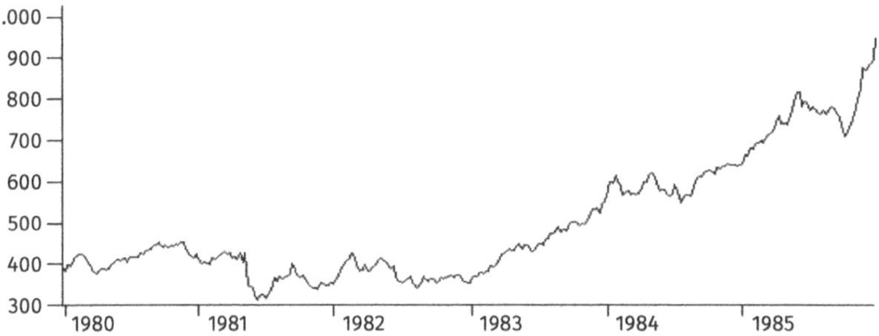

Die Kursverluste 1981 beim CAC 40 erscheinen im Nachhinein nur als kleine Korrektur.

Das Brexit-Referendum 2016

Nun könnte man sagen: Nun ja, das ist so in Europa! So große Änderungen gibt es da nicht in der Politik. Selbst Großbritanniens Entscheidung, aus der EU auszutreten, hat sich nicht so schrecklich ausgewirkt, wie man zuerst befürchtet hatte. Zwar sind die Kurse im Juni 2016 zuerst leicht gefallen, aber dann haben sie sich wieder erholt, obwohl der Brexit ja ein dauerhaftes und nicht nur vorübergehendes Ereignis war wie viele andere politische Börsenkurse.

Abb. 10.3 Londons FT 100 Index (2016)

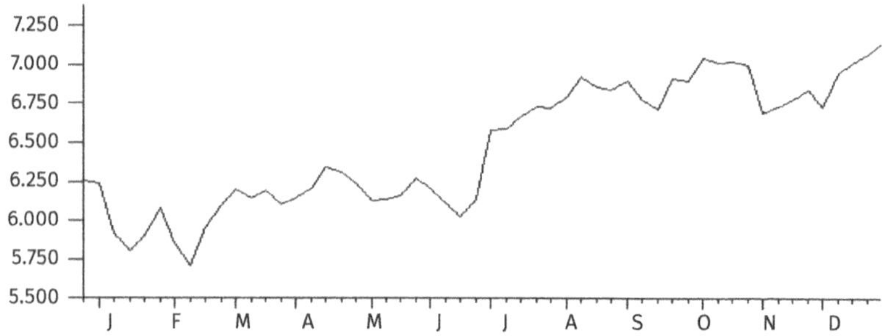

Das „Brexit-Referendum" im Juni 2016 hat der Börse nicht wehgetan.

Was passiert wohl, wenn Marine Le Pen in Frankreich die Regierungsgeschäfte übernehmen sollte? Die Börsen würden zunächst stark negativ reagieren. Aber vermutlich würde Frankreich weder die EU noch den Euro verlassen.

Gibt es einen Einfluss der Bundestagswahl auf die deutsche Börse?

In Deutschland stellt sich für viele Anleger regelmäßig die Frage, ob sie das zu erwartende Ergebnis einer Bundestagswahl bei ihrer Anlageentscheidung berücksichtigen sollten, zum Beispiel, ob bei einem klaren Wahlsieg der CDU/CSU wieder verstärkt deutsche Aktien gekauft werden?

Betrachtet man die Kursentwicklungen vor und nach den Bundestagswahlen seit 1960, gibt es kein einheitliches Kursverhalten, auch nicht in Abhängigkeit davon, welche Partei die Wahlen gewann. Politische Überlegungen spielen hierzulande immer nur kurzfristig eine Rolle. Mittelfristig entscheiden die Weltbörsen aufgrund der Zentralbankpolitik und der weltweiten Konjunkturentwicklung, wie es weitergeht. Das wird besonders am Börsenverhalten nach SPD-Siegen deutlich.

Der Einfluss von SPD-Wahlsiegen auf die Börse war auch in der zweiten Hälfte des 20. Jahrhunderts keineswegs so negativ wie oft dargestellt. Die Ablösung der CDU/CSU-geführten Regierung im Jahr 1969 hatte zunächst keinerlei Auswirkung auf die Börse. Erst schwache Wirtschaftsdaten 1970/71 führten zu einer Aktienbaisse, aber nicht nur in Deutschland, sondern weltweit.

Als im Herbst 1982 die CDU/CSU mit Helmut Kohl wieder die Regierung übernahm und die SPD-geführte Regierung Helmut Schmidts ablöste, ging es zwar an der Börse wieder kräftig aufwärts. Aber das war der weltweiten Konjunkturerholung zu verdanken, nicht dem Regierungswechsel in Bonn. Der Aktienmarkt meldete neue Höchstkurse auch in den USA, Japan und im übrigen Europa.

Abb. 10.4 Commerzbank-Index (1981–1983)

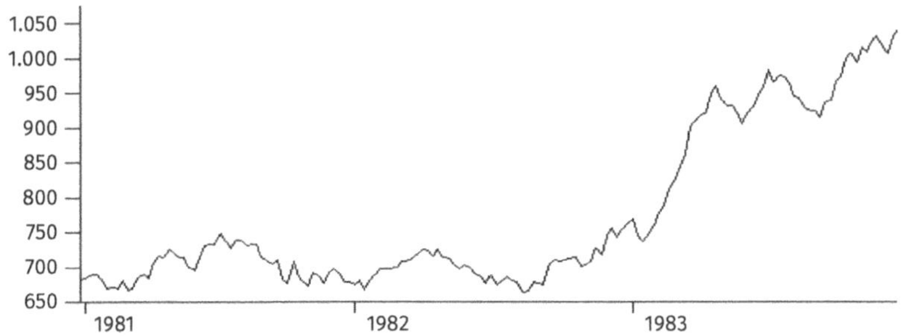

Die Kursentwicklung 1981–1983 ist hier nach dem „Commerzbank-Index" dargestellt, den DAX gibt es erst seit 1988.

Abb. 10.5 S&P 500 (1981–1983)

Nebenbei bemerkt: Als im Jahr 1933 in Deutschland die Nationalsozialisten an die Macht kamen und es in den folgenden Jahren wirtschaftlich wieder aufwärtsging, war auch das der allgemeinen weltwirtschaftlichen Entwicklung zu verdanken, die sich nach der Deflation 1930 bis 1932 langsam wieder erholte. Die deutsche Bevölkerung allerdings glaubte, der „Führer" habe die Wirtschaft und damit das Volk gerettet.

Abb. 10.6 S&P 500 (1933–1935)

Ab 1933 ging es weltwirtschaftlich wieder aufwärts, wie der US-Aktienindex zeigt.

Amerikas Sorge um den freien Handel

Die Amerikaner reagieren seit jeher sehr aggressiv an der Börse, wenn sich in Europa oder auch in Lateinamerika etwas politisch ändern sollte, was den freien Markt und Welthandel gefährden könnte.

Sehr positiv reagierten sie 1976 auf den Staatsstreich am 24. März in Argentinien, als Isabel Perón gestürzt wurde und Militärs die Macht übernahmen. Die argentinischen Aktien stiegen im Schnitt um das 10-Fache, weil eine angeblich kommunistische Gefahr als abgewendet galt. Den Amerikanern und auch der Börse war, wie schon 1973 in Chile, der argentinische Übergang in eine Diktatur offenbar lieber, trotz der Missachtung der Menschenrechte und der Morde an politischen Gegnern. Dabei kam Argentinien nie wirklich aus seiner Krise heraus, weil dem Markt das Vertrauen fehlte. 1982 musste die Militärregierung nach einem Krieg mit Großbritannien schmählich abtreten.

Im Jahr 2012 beklagten sich amerikanische Politiker und deren Medien über Europa, hier werde zu sorglos mit der Finanzkrise umgegangen, man verlasse sich zu sehr auf Hilfen des Internationalen Währungsfonds (IWF). Man kleckere nur, anstatt zu klotzen. Die Verschuldung Griechenlands beunruhigte nicht nur, sondern man rechnete allgemein mit einer Staatspleite und dem Ausscheiden Griechenlands aus dem europäischen Währungsverbund. Auch Spanien wurde schon als das „neue Griechenland" bezeichnet. US-Hedgefonds machten Leerverkäufe bei spanischen Anleihen und Bankaktien. Sie verkauften also spanische Wertpapiere, die sie gar nicht hatten, in der Erwartung, sie später billiger zurückkaufen zu können. Prompt stufte die US-Ratingagentur S&P dann auch spanische Anleihen gleich um zwei Punkte herab. Eigentlich sollten internationale Ratingagenturen neutrale Institute sein, die den Anlegern in aller Welt Hinweise geben, wie kreditwürdig Staaten und Unternehmen sind. Aber hier urteilte die Ratingagentur nicht objektiv, denn die Verschuldung Spaniens, bezogen auf das Sozialprodukt, war damals sogar geringer als die Deutschlands! Was Spanien belastet hatte, waren seine Banken, die unter dem Rückgang der Immobilienpreise um 20 Prozent litten. Ausgangspunkt der Finanzkrise 2007/08 waren übrigens die unbesorgt vergebenen Hypotheken in den USA, die gewiefte US-Institute in Form von Anteilscheinen in alle Welt weitergaben und dabei kräftige Hilfe auch von europäischen Banken bekamen.

Abb. 10.7 Rendite spanischer Staatsanleihen (2008–2012)

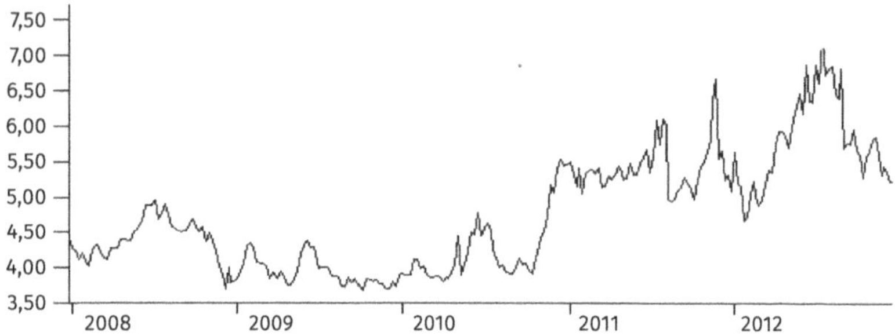

Die Rendite spanischer Staatsanleihen wurde im Jahr 2012 durch Spekulationen nach oben getrieben.

Abb. 10.8 Rendite griechischer Staatsanleihen in Euro (2008–2012)

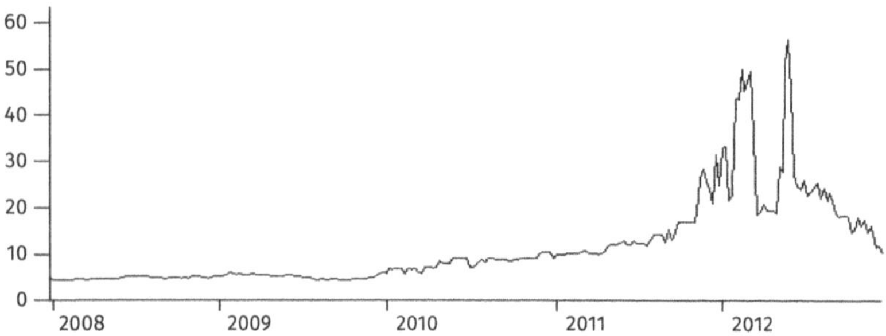

Wer mutig war, konnte im Jahr 2012 griechische Staatsanleihen mit einer Rendite von 58 Prozent erwerben.

Apropos US-Ratingagenturen! Diese stuften auch deutsche Banken und Versicherungen im Jahr 2003 massiv herab, weil Deutschland sich nicht am Krieg gegen den Irak beteiligen wollte. Von einer objektiven Beurteilung konnte also keine Rede sein. Nun, das war schnell wieder vergessen, aber an der Börse muss man offenbar mit solchen kurzfristigen irrationalen Vorgängen leben. Sie sind deshalb auch nicht so gut vorhersehbar, weil es im Moment der Entstehung solcher politisch bedingten Kursstürze schwer vorherzusehen ist, welche langfristigen Auswirkungen sich daraus ergeben. Das gilt ebenso für Naturkatastrophen, die Coronakrise und auch den russischen Angriffskrieg gegen die Ukraine – letzterer ist in seinen Auswirkungen ja bis heute nicht ausgestanden.

Politische Börsen können auch „lange Beine" haben!

Politische Krisen beeinflussen die Börsenkurse zwar, doch meist nicht nachhaltig. In der Regel handelt es sich um kurzfristige Kursschwankungen, die man als Privatanleger besser einfach aussitzt, statt hektisch und auch meist zu spät zu reagieren.

So hatte auch der eigentliche Beginn des Ukraine-Konfliktes Ende 2013 mit den umstrittenen Geschehnissen rund um den Maidan Anfang 2014, der Absetzung der damals russlandfreundlichen Regierung sowie der Annexion der Krim durch Russland den Aktienmarkt nicht langfristig beschädigt. Die Kurse schwankten, folgten dann aber den saisonalen Mustern.

Abb. 10.9 DAX in Punkten | WKN 846900

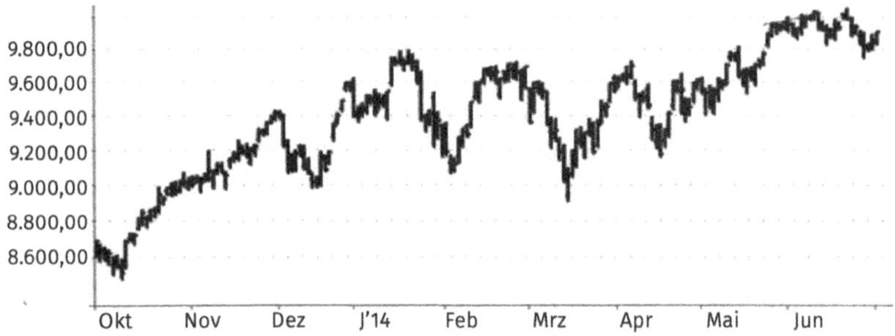

In den Jahren 2013/14 war die Börse trotz der Spannungen in der Ukraine positiv gestimmt. ©Tai-Pan

Politische Störfaktoren frühzeitig anhand bewährter Indikatoren zu erkennen, ist ohnehin nicht möglich. Somit kann man sich nur am Trend der Indizes selbst orientieren, um zu erkennen, wie kurz oder lang die Beine einer politischen Börse wohl sind: Denn es besteht immer die Gefahr, dass der Aktienmarkt auch *mittelfristig* nachgibt. Politische Faktoren schlagen in der Regel schlicht dann voll zu Buche, wenn die sonstigen Umstände, die das Geschehen an der Börse entscheiden, ebenso zumindest als kritisch einzuschätzen sind.

Im Fall des Ukraine-Kriegs war es im Februar 2022 durchaus richtig, sehr schnell zu reagieren und alle russischen Aktien sofort zu verkaufen – weil sie danach für deutsche Anleger fast wertlos waren! Ich habe Ende Februar 2022 deshalb auch ganz schnell eine Sonderausgabe mit dieser Warnung herausgegeben.

Der russische Überfall auf die Ukraine hat nicht nur unsägliches Leid über viele Menschen gebracht, sondern war leider auch das Ende eines Versuchs, mithilfe wirtschaftlicher Beziehungen Russland ins Lager demokratischer Staaten herüberzuziehen, mit denen sich arbeitsteiliges Wirken zum Wohle aller durchführen lässt.

Viele meinen, Wladimir Putin habe sich in den letzten 25 Jahren sehr verändert. Man verweist auf eine Pressekonferenz mit Bundeskanzler

Gerhard Schröder am 2. April 2004, nachdem die baltischen Staaten der NATO beigetreten waren. Damals lobte Putin die NATO mit folgenden Worten: „Hinsichtlich der NATO-Erweiterung haben wir keine Sorgen mit Blick auf die Sicherheit der russischen Föderation." Und er fügte ein paar Tage später hinzu, jedes Land habe das Recht, seine eigene Form der Sicherheit zu wählen. Dass diese Äußerungen nur taktisch bedingt waren, erkannten damals die wenigsten Journalisten. Tatsächlich arbeitete Putin aber bereits an einer Gleichschaltung der russischen Medien und der russischen Justiz. Und die Verfolgung Andersdenkender sogar im Ausland (Vergiftungen angeblich Abtrünniger, Berliner „Tiergartenmord") ging nicht etwa auf übereifrige russische Geheimdienstler zurück, sondern auf Putin selbst, wie man heute weiß, als Putin den freigekauften Tiergartenmörder öffentlich umarmte.

Putin war sich immer bewusst, dass niemand Russland bedroht. NATO und Russland arbeiteten anfangs unter Putin ja auch zusammen. Aber später ärgerte ihn die ungeschickte Bemerkung des US-Präsidenten Barack Obama, Russland sei nur eine „Regionalmacht". Das nagte sehr an ihm. Offenbar beschloss er daraufhin, dem Westen nun zu zeigen, dass Russland durchaus in der Lage sei, seine frühere Großmachtstellung wiederzugewinnen. Und zu diesem Zweck erfand er die Legenden, die NATO habe Versprechen gebrochen, die Ukrainer seien gar kein eigenes Volk und die jetzige (frei gewählte!) Regierung der Ukraine seien Nazis, Mörder und Drogenabhängige.

Ja, das war nun 2022 das Ende eines Versuchs, trotz irritierender Vorkommnisse (Blutbäder in Tschetschenien und Georgien, Annexion der Krim und der Ostukraine) durch gemeinsame Projekte und Handel Russland in die Gemeinschaft demokratischer Staaten einzubinden. Das wäre gerade für uns Mitteleuropäer sehr wichtig gewesen, weil niemand weiß, ob man sich auf die gute Zusammenarbeit mit den USA auch künftig noch verlassen kann.

Welche Unternehmen wurden durch den Überfall auf die Ukraine besonders getroffen?

Durch den russischen Überfall ist auch für das Börsengeschehen viel kaputtgegangen. Es betrifft viele gemeinschaftliche Projekte mit Russland und fast alle Branchen. Zwischen dem 11. und 25. Februar 2022 hat es vor allem die russischen Aktien getroffen:

Sperbank (Geschäftsbank)	-70 Prozent
Evraz (Bergbau, Stahl)	-52 Prozent
Lukoil (Öl)	-41 Prozent
Rosneft (Öl)	-37 Prozent
Gazprom (Gas)	-36 Prozent
Severstal (Stahl, Kohle)	-23 Prozent
Tatneft (Öl und Gas)	-23 Prozent
Norilsk Nickel (Rohstoffe)	-18 Prozent
Aeroflot (Luftfahrt)	-17 Prozent

Abb. 10.10 Gazprom (ADR) in Euro | WKN 903276

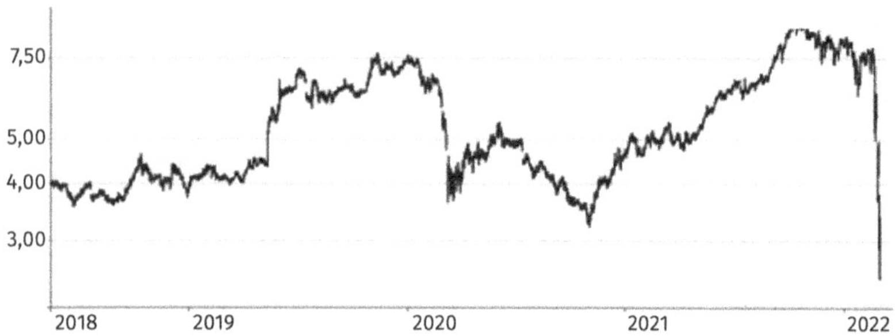

Die auch in Deutschland vor 2022 stark gehandelte Gazprom fiel Ende Februar 2022 rasant.

©Tai-Pan

Bis auf Evraz, deren Originalaktien in London gehandelt werden, waren die bei uns gehandelten Papiere dieser Unternehmen nur „ADR"-Papiere. Das sind amerikanische Zertifikate, denen zwar die Originale in vollem Umfang zugrunde liegen, die aber davon abhängig sind, ob die US-Börse noch bereit ist, diese Papiere überhaupt zu handeln. Übrigens sind auch viele asiatische und lateinamerikanische Wertpapiere nicht Originalaktien, sondern ADR-Zertifikate. Der Handel mit russischen Papieren ist jetzt ohnehin ausgesetzt, wohl auf lange Zeit. Meine Vorhersage Anfang Februar 2022, dass der DAX bei einem russischen Einmarsch in die Ukraine um 30 Prozent einbrechen würde, hat sich jedenfalls zunächst auch voll bestätigt.

Verlierer der politischen Entwicklung war auch die deutsche Aktie Uniper. Der im MDAX gehandelte Energieversorger hatte mit Gazprom eng zusammengearbeitet, zum Beispiel am Projekt Nord Stream 2. Uniper hatte schon kurz vorher auch seine Dividende massiv gekürzt.

Abb. 10.11 Uniper SE in Euro | WKN UNSE02

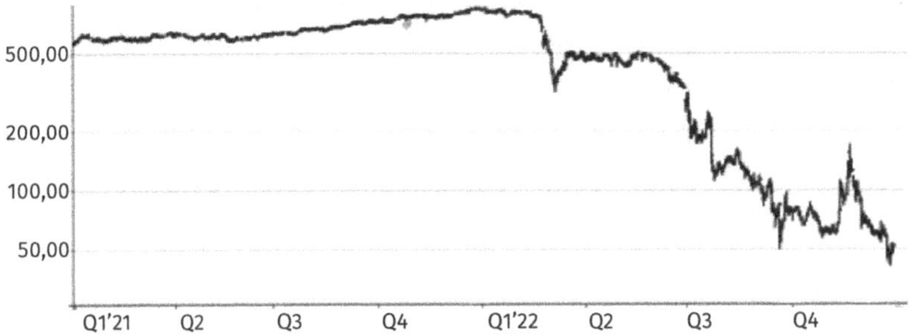

Die Uniper-Aktie wurde im Jahr 2022 vom Ukraine-Krieg massiv getroffen.

Abb. 10.12 Raiffeisen Bank Intl. AG in Euro | WKN A0D9SU

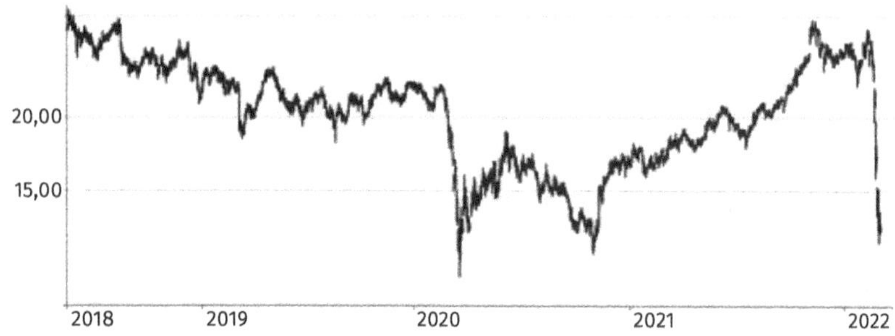

Die österreichische Raiffeisenbank erlitt zweimal, 2020 (Coronakrise) und 2022 (Ukraine-Krieg), plötzlich und unvermutet einen Kurseinbruch. ©Tai-Pan

Besonders schlimm traf es auch die österreichische Raiffeisenbank, weil sie stark in Osteuropa verankert ist. Zwar wurden alle Unternehmen, die enge wirtschaftliche Beziehungen zu Russland unterhielten, beeinträchtigt, besonders aber Finanzinstitute. Selbst ungarische Banken wurden von Kurseinbrüchen nicht verschont, obwohl sich Ungarn weiter um ein gutes Verhältnis zu Russland bemühte.

Abb. 10.13 OTP Bank in Euro | WKN 896068

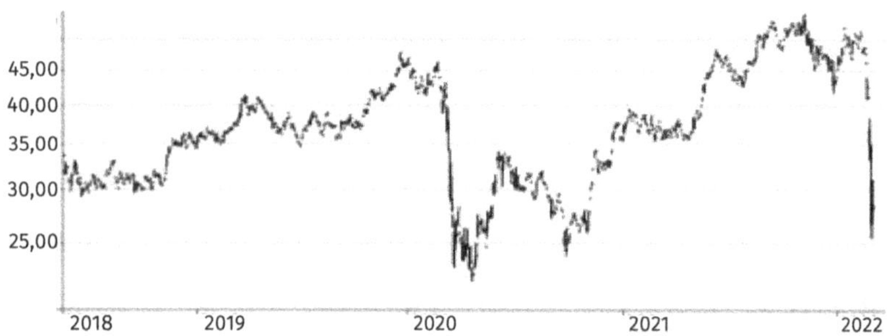

Die Kursverluste der ungarischen OTP Bank betrugen etwa 50 Prozent. ©Tai-Pan

Auch Energieversorger blieben nicht verschont. Die österreichische OMV zum Beispiel hatte eng mit Russland und dem Nord-Stream-2-Projekt zusammengearbeitet und war an Projekten in Russland beteiligt.

Abb. 10.14 OMV AG in Euro | WKN 874341

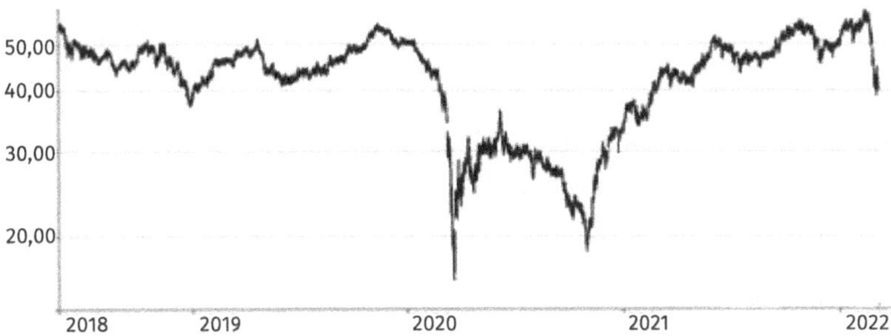

Der Energieversorger OMV musste nach der Coronakrise 2020 zwei Jahre später erneut aus politischen Gründen Federn lassen. ©Tai-Pan

Und wer meinte, die USA seien vom Ukraine-Krieg doch kaum betroffen und daher ein sicherer Raum für Aktienanlagen, wurde bald eines Besseren belehrt.

Abb. 10.15 S&P 500 (2021–2022)

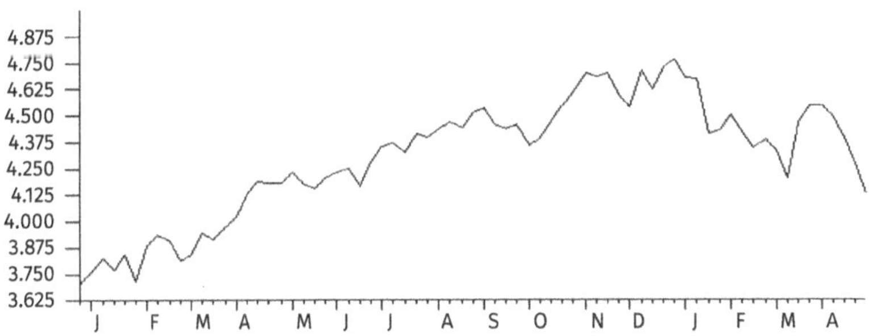

Der amerikanische S&P 500 war 2021 noch kräftig gestiegen, wurde aber ebenfalls vom Ukraine-Krieg 2022 in Mitleidenschaft gezogen.

Weltweit hielten sich die Aktienmärkte angesichts des Ukraine-Kriegs zwar noch recht wacker, vor allem manche US-Aktien. Sie waren auch weit genug von dem Kriegsgeschehen entfernt und einige US-Konzerne profitieren tatsächlich sogar teilweise vom Ausfall Russlands für die Weltwirtschaft. Aber dann zeigte es sich doch, dass auch sie nicht vor einer Aktienbaisse gefeit sind.

Die deutsche Bundesregierung stand stark unter Druck, nicht nur Waffen an die Ukraine zu liefern, sondern sich auch an einem kompletten Öl- und Gasembargo gegen Russland zu beteiligen. Aber ein Gasembargo schien zunächst höchst gefährlich, vor allem für die deutsche Chemie-, Nahrungsmittel- und Stahlproduktion. Die Börsen hatten auch schon heftig reagiert, als im April 2022 Russland die Gaslieferungen an Polen und Bulgarien stoppte.

Der deutsche Chemiekonzern BASF rechnete nach dem Überfall Russlands auf die Ukraine mit der „schwersten Wirtschaftskrise seit 70 Jahren". Wirtschaftsexperte Peter Bofinger war der Meinung, dass ein sofortiger Gasstopp für die deutsche Wirtschaft einer unkalkulierbaren „Notlandung" gleichkäme. Aber nicht nur russisches Gas, sondern auch russisches Nickel und Titan waren übrigens kurzfristig noch nicht zu ersetzen. Aus diesem Grund hatte die Bundesregierung dazu auch noch keine Stopps aus Russland veranlasst, sondern dies auf das Jahr 2024 verschoben. Es wäre auch naiv gewesen, zu glauben, dass Putin bei einem sofortigen Öl- und Gasstopp seine Truppen aus der Ukraine gleich abziehen würde. Es war also nicht einfach für die Bundesregierung, richtig zu reagieren. Trotzdem kam es nicht so schlimm wie befürchtet. Deutschland kam in den Jahren 2023 und 2024 mit einer leichten Rezession davon.

Die Auswirkungen der erneuten Wahl Donald Trumps in den USA 2024

Was Anleger 2024 politisch stark beschäftigte, waren die Folgen der Wiederwahl von Donald Trump im November. Vor allem seine handelsfeindlichen Pläne gaben Anlass zur Sorge. Bereits in seiner ersten Amtszeit hatte die Börse heftig auf die Einreisebeschränkungen für Menschen muslimischen Glaubens reagiert. Ganz zu schweigen von den Lügen und den menschenverachtenden Äußerungen Trumps, der Beleidigung der Justiz und der Medien sowie der Befürwortung von Folter, die seltsamerweise nicht zu einem massiven Aufschrei der christlichen Kirchen in den USA führte! Und auch die Börse reagiert nur dann auf solche Äußerungen, wenn sie unmittelbar betroffen ist.

Donald Trump wird von einem Großteil der amerikanischen Arbeitnehmer verehrt, die die Einkommensverteilung im Land als ungerecht empfinden. Der amerikanische Traum, durch harte Arbeit vom Tellerwäscher zum Millionär werden zu können, hat sich als Illusion erwiesen. In Wirklichkeit nehmen die Unterschiede immer mehr zu, weil sich die Topmanager der Aktiengesellschaften ihre Boni und monatlichen Millionengehälter gegenseitig genehmigen. Doch da blickt der einfache Arbeitnehmer nicht mehr durch. Er lässt sich von Donald Trump einreden, dass es der Rest der Welt war, der der amerikanischen Arbeiterschaft ihren Wohlstand weggenommen hat. Zuwanderer nehmen angeblich Arbeitsplätze für zu billiges Geld weg, und die Europäer, Chinesen und Japaner vernichten mit Billigimporten die amerikanischen Arbeitsplätze. Die USA müssten nur endlich ihre eigenen Interessen vertreten. Dann könne der amerikanische Traum vom Tellerwäscher zum Millionär wieder Wirklichkeit werden. Zudem lockerte Donald Trump schon in seiner ersten Amtszeit die Bankenregulierung, senkte die Steuern, wovon vor allem Reiche profitierten, und startete Investitionsprogramme. Das gefiel den meisten Börsianern.

Merkwürdigerweise nahmen die Börsen Donald Trump seine Einschränkungen des freien Handels durch Zölle zunächst nicht übel. Dabei haben die USA seit dem Ende des Zweiten Weltkriegs selbst für offene Märkte gesorgt und davon auch profitiert. Aber die amerikanische Bevölkerung hatte ja auch erlebt, wie sinnlose Kriege geführt wurden wie in Vietnam, was zu einem Dollar-Absturz führte.

Abb. 10.16 100 US-Dollar in DM (1969–1974)

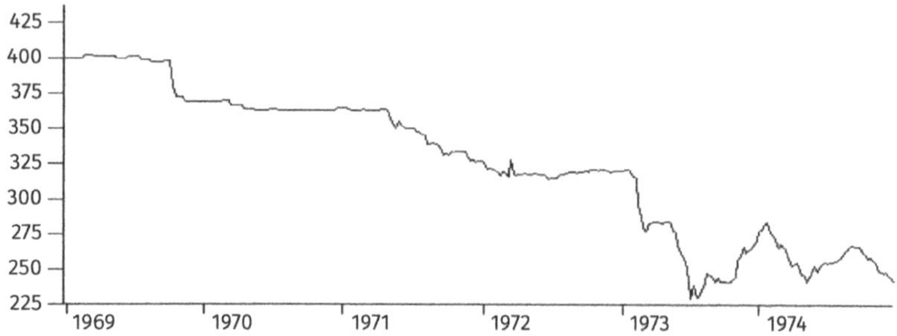

Der Vietnamkrieg sorgte 1969 bis 1974 für einen kräftigen Dollar-Verfall.

Deshalb begrüßte sie Donald Trumps Versprechen, sich aus den Konflikten der Welt herauszuhalten und sich stattdessen abzuschotten.

Der Irakkrieg, begonnen 2003, hatte ja ebenfalls zu einem Chaos geführt, das bis heute nicht überwunden ist. In den USA fehlte das Geld für die Infrastruktur, heruntergekommene Landstriche waren die Folge. Und dass die Reichen immer reicher wurden, war auch eine Folge der Senkung der Spitzensteuersätze durch die Republikanische Partei. Donald Trump will daran auch in seiner zweiten Amtszeit nichts ändern, sondern die Steuern weiter senken.

Offenbar glaubt er selbst, dass der Freihandel daran schuld ist, dass die US-Mittelschicht und die Arbeiterschaft in den letzten Jahrzehnten kaum Einkommenssteigerungen vorweisen können. Deshalb müsse es wieder hohe Einfuhrzölle geben und starke Nationalstaaten mit streng kontrollierten Grenzen. Damit liegt er auf einer Linie mit Marine Le

Pen in Frankreich, Geert Wilders in den Niederlanden und auch der AfD in Deutschland. Sollten die Konzerne dem Druck Trumps nachgeben und tatsächlich stärker in den USA statt in Europa und Asien produzieren, kämen hohe Belastungen und Gewinneinbußen auf sie zu. Doch ob sie sich dem Druck überhaupt beugen werden, ist völlig offen.

Jedenfalls war klar, dass die US-Börse nach der Wiederwahl Trumps nicht fallen würde. Letztlich wird sie mit hohen Steuerversprechen bei Laune gehalten. Und von vornherein stand auch fest, dass die Politik von Donald Trump in erster Linie den heimischen Unternehmen und Finanzinstituten nützen wird. Ein Angriff auf bestehende Regulierungen und Besteuerungen gilt als sicher. Insofern werden vor allem US-Standard- und Finanzwerte an der Börse profitieren.

Allerdings kann die Wahl Trumps durchaus einen längerfristigen negativen Einfluss auf die Börsen haben. Der internationale Handel und auch die Börse basieren auf Vertrauen, Toleranz und Menschlichkeit im Umgang miteinander. In den letzten Jahren ist aber nicht nur in den USA zu beobachten, dass Engstirnigkeit, Hass und Egoismus offenbar in Teilen der Bevölkerung auf dem Vormarsch sind. Hier droht einiges wieder kaputtzugehen, was seit Mitte der 1960er-Jahre an demokratischen Fortschritten errungen wurde und zu einem weltweiten Miteinander geführt hatte. Wir stehen am Scheideweg. Unterstützen wir eine gerechte Verteilung der Güter dieser Welt und ein Umsteuern in der Klimapolitik? Oder fallen alle Staaten wieder zurück in ihre nationalen Interessen? Das wäre nicht nur auf längere Sicht eine Katastrophe für die global ausgerichteten Unternehmen, sondern auch für die ganze Welt das Ende einer lebenswerten Gesellschaftsordnung.

Schlusswort

Was wir uns als Anleger von der Bundesregierung wünschen

Zunächst einmal wünschen wir uns, dass sich die Bundesregierung endlich dafür entscheidet, das Aktiensparen grundsätzlich als Altersvorsorge zu fördern, anstatt ein Engagement in Aktien nur als wüste Spekulation anzusehen, die gar nicht hoch genug besteuert werden kann.

Warum wird nicht einfach das schwedische Modell übernommen? Dort wird ein Großteil der Versicherungsbeiträge auf dem Kapitalmarkt angelegt und durch eine Staatsbehörde verwaltet, die nicht selbst Gewinn machen will. So eine Behörde fehlt in Deutschland, auch wenn man inzwischen eingesehen hat, dass das Aktiensparen gefördert werden soll. Aber die Verbraucher hierzulande müssen immer noch auf die Vermittler der Banken und Versicherer zugehen, die weiter mitverdienen wollen. Die unrentablen Riester-Produkte sollen weiterhin angeboten werden. Und die Fondsgebühren bleiben.

Dieses Buch soll ja mithelfen, dass Sie sich unabhängig machen und selbst Vorsorge für Ihr Alter betreiben können. Aber dann sollte endlich die Bürokratie bei der Quellensteuer beseitigt werden. Diese sollte im Inland bei Kursgewinnen allenfalls nur innerhalb einer

Spekulationsfrist von sechs oder zwölf Monaten erhoben werden, wie es früher ja schon einmal der Fall war. Man hatte das als ungerecht empfunden, weil es vor allem den Großvermögenden nützt. Gut, dann sollten aber wenigstens höhere Freibeträge für Kleinanleger eingeführt werden. Und bei Dividenden sollte bei ausländischen Papieren nicht eine zusätzliche Steuer abgezogen werden dürfen, die man sich mit mühevollen Anträgen zurückholen muss. Unnötige Bürokratie gehört abgeschafft! Es bestehen ja Abkommen zur Vermeidung der Doppelbesteuerung. Da ist es ungerecht, zunächst zwei Steuern abzuziehen und darauf zu hoffen, dass die Anleger keine Lust haben, komplizierte Anträge auszufüllen, um ihr Geld wiederzubekommen. Die Bundesregierung könnte leicht dafür sorgen, dass dieser Unsinn beendet wird.

Und schließlich könnte die Bundesregierung endlich auch etwas gegen die Ausplünderung unserer Unternehmen durch das Management tun. Es ist obszön, dass die Topmanager unseren Aktiengesellschaften Gehälter von einer Million Euro im Monat pro Person entnehmen, bloß weil sie in den Aufsichtsräten sitzen und sich gegenseitig solche Gehälter genehmigen können. Diese übersteigen in der Tat weit das, was im Vergleich zu den übrigen Beschäftigten als gerecht angesehen werden kann.

Den Politikern aller Parteien ist dieser Missstand bekannt. Aber sie berufen sich darauf, dass in den Hauptversammlungen keine Beschlüsse dagegen gefasst werden. Aber wie sollte das geschehen, wenn in den Hauptversammlungen ebenfalls hoch bezahlte Manager das Sagen haben? Hier helfen nur staatlich verordnete Obergrenzen von Gehältern oder, wenn das nicht geht, hohe Spitzensteuersätze, auch wenn man dabei leider auch die trifft, die als Selbstständige mit guten Ideen hohe Gewinne erzielen.

240 Seiten
broschiert
24,90 EUR (DE) / 25,60 EUR (AT)
ISBN: 978-3-86470-972-2

Ben Offenberger: Börse für Beamte

Beamte sind so gut versorgt, dass sie sich nicht um die Geldanlage kümmern müssen? Falsch, sagt Ben Offenberger, selbst Beamter – und Investor. Er weiß aus Erfahrung: Gegen Pensionslücken oder unvorhergesehene Ausgaben müssen sich auch Staatsdiener wappnen. Offenberger führt grundlegend an das Thema Geldanlage und Börse heran, aber immer mit der spezifischen Situation von Beamten im Blick. Er erklärt, weshalb auch für Beamte private Vorsorge wichtig ist, wie Börse funktioniert, welche Investmentvehikel und -strategien es gibt, welche psychologischen Fallen lauern und welche Vorteile Beamte beim Investieren genießen. „Börse für Beamte" ist eine punktgenaue Einführung in die Welt von Aktien, Dividenden, ETFs und Co.

Börsenbuchverlag

336 Seiten
broschiert
29,90 EUR (DE) / 30,70 EUR (AT)
ISBN: 978-3-86470-895-4

Michael Sincere:
Wie man an Aktienmärkten Geld verdient

Was lernen Sie hier? Wie man gewinnbringende Aktien findet und kauft. Die Bedeutung technischer Indikatoren wie MACD, RSI, Bollinger-Bänder, Stochastik oder gleitende Durchschnitte. Kurzfristige Trend- und Momentum-Strategien, High-Risk-Reward-Strategien wie Day-Trading, Handel mit Gaps, Kryptowährungen und Handel mit Pennystocks. Wie man überlebt und erfolgreich ist, wenn die Märkte einbrechen. Der Verkauf von Aktien und Optionen, die Kunst des Verkaufs von gedeckten Calls und vieles mehr. Und das Ganze von einem der anerkanntermaßen besten „Erklärer" der Börsenbuch-Branche.

Börsenbuch verlag